EDITION ALPHA

Herausgegeben von Philipp Wolff-Windegg

MICHAEL LANDMANN

Anklage gegen die Vernunft

ERNST KLETT VERLAG
STUTTGART

CIP-Kurztitelaufnahme der Deutschen Bibliothek

Landmann, Michael
Anklage gegen die Vernunft. – 1. Aufl. – Stuttgart: Klett, 1976.
ISBN 3-12-905380-8

Satz und Druck: Kösel GmbH & Co., Kempten

INHALT

ERSTER TEIL

ANKLAGE GEGEN DIE VERNUNFT

ANKLAGE GEGEN DIE VERNUNFT

ZWEITER TEIL

MENSCH UND GESCHICHTE IM STATUS RATIONALIS

MELANCHOLIEN DER ERFÜLLUNG

ERSTER TEIL

Anklage gegen die Vernunft

ANKLAGE GEGEN DIE VERNUNFT

Die Vernunft anzuklagen mag dem Menschen schlecht anstehen, da er nur durch sie Mensch wurde. Das gilt in dem doppelten Sinn, daß er nur durch sie 1. seit seiner Entstehung als Lebewesen überlebt und 2. in geschichtlich nie abschließbarer Zunahme seinem ethischen Anspruch nachkommt: sie ist sowohl das Anthropinon wie das Humanum. Der Angriff gegen die Vernunft wirkt als Angriff gegen den Menschen selbst. Etwas gegen die Vernunft zu sagen, erscheint daher als »reaktionär«: so als ob man bloß aus Traditionalismus das schlechte Alte gegen das vernunftgeprägte Bessere, oder gar: als ob man vor ihr nicht mehr zu rechtfertigende Privilegien verteidige.

Weil er befürchtet, in diesen »romantischen Irrationalismus« abzugleiten oder auch nur mit ihm verwechselt zu werden, deshalb fehlt dem, der die Vernunft vernünftig prüfen will, so oft das gute Gewissen. Aber daß sie gegen den Irrationalismus zu verteidigen ist, schließt noch nicht ein, daß sie deswegen schon rundum im Recht wäre. Als Pascal den gedemütigten Menschen rühmte und den sich rühmenden demütigte, bezeichnete er vielleicht auch die komplexe Zwischensituation der Vernunft.

Als Kant es unternahm, die Grenzen der Vernunft zu bestimmen, da war dies nicht Gegenaufklärung, sondern Triumph der Aufklärung. Denn er *zog* der Vernunft nicht Grenzen, sondern *zeigte* ihre Grenzen, die enger gesteckt sind als man bisher wähnte. Auch andere haben vor und nach ihm, in anderer Weise als er und nicht nur hinsichtlich der erkennenden Vernunft, *rationes* gegen die *ratio* gefunden. Auf ihrem Gipfel erkennt die Vernunft selbst ihren Ort in der menschlich-geistigen Welt, ihre Stellung gegenüber dem Sein, ihre Tragweite, ihre Gefahren. Sie erkennt ihre bisherige Einseitigkeit: kann sich also jetzt erst selbst verbessern; sie erkennt ihre grundsätzliche Schwäche: kann sich also jetzt erst sinnvoll mit andern Mächten verbünden. Selbstkritik der Vernunft ist ihre eigenste Aufgabe. Erst sie erfüllend wird sie aus einer Naturkraft zu einem geschichtlich Wachsenden. Nur die Vernunft selbst kann sich zur Raison bringen.

Die im folgenden zusammengefaßten Einwände sind alle geschichtlich gegen verschiedene Formen der Vernunft und von verschiedenen Positionen her schon erhoben worden. Es bedurfte aber vielleicht des gesteigerten Vernunftglaubens unserer »neuen Aufklärung«, um die Gemeinsamkeit ihrer Opposition hervortreten zu lassen.

I

Lebengestaltende Vernunft

a) Leidenschaft gegen Apatheia

Durch Vernunft können wir Gefühlsregungen in uns niederhalten, können verhindern, daß sie handlungsbestimmend werden. Das kann aus Zweckmäßigkeit, kann aber auch um des von der Vernunft klarer erkannten »Guten« willen geschehen. In der Stoa wird daraus eine Ethik: Vernunft soll, und soll immer, die »*Leidenschaften*« bezwingen, die ihr insgesamt als eine mindere, ja negative Sphäre gegenübergestellt werden. Der Mensch soll womöglich nur aus Vernunft leben, sich durch sie nicht verwirren lassen und so den Gleichmut bewahren.

Aber: das mag gegenüber Gefühlen wie Neid, Rachsucht, Machtgier, die unsere Moral verwirft, geboten sein (obgleich man vielleicht sagen wird: zum vollen Menschen gehört, daß er auch solche Regungen empfindet, wenn er sie dann auch nicht völlig von sich Besitz ergreifen lassen wird; und: andere Moralsysteme postulieren gerade diese Gefühle!). Neben den niederen stehen jedoch die großen, die hohen Affekte: Liebe, Enthusiasmus, Dankbarkeit. Auch sie können uns freilich »verwirren«; daher verdammt die Stoa mit jenen auch diese. Aber damit verkürzt sie uns vollends um eine Dimension unser selbst. Es gibt Leidenschaften, die zur Ganzheit des Menschen gehören, die ihm erst eine Richtung geben, die ihn adeln. Der reine Vernunftmensch ohne Emotionalität wäre unlebendig und flach.

Es gibt eine Geschichte der Rehabilitierung der Leidenschaft. Hamann ist in ihr eine wichtige, wenngleich späte, aus christlichen Quellen gespeiste Figur. Rousseau, der Sturm und Drang, die Romantik sind zu nennen. An Boehme knüpft Schelling in der Freiheitsschrift an: auch in Gott ist ein Dunkles als Folie der Güte und des Schaffens. Bei Hegel sind die geschichtsbewegenden die leidenschaftlichen, die andern nur »erhaltende Individuen«. »Subjektivität« und »Interesse« fordert Kierkegaard vom Glaubenden, »Chaos« Nietzsche für die Produktivität und Affekte sogar als Bedingung des Erkennens. Eine Zwischenstellung nimmt Schopenhauer ein: nach alter Tradition propagiert auch er noch Ertötung des Willens, aber in ihm und nicht mehr in der Vernunft erblickt er den metaphysischen Kern des Menschen.

b) Sinngebender Wert der Weltgüter gegen die Autarkie

Bleiben wir eine Weile bei der Stoa. Denn sie hat die Vernunft am meisten auf sich allein gestellt. An ihr lassen sich daher am sinnfälligsten auch die Kehrseiten solcher Verabsolutierung demonstrieren. Mit den Leidenschaften deklassiert die Stoa auch die *Güter der Welt*, auf die sie sich erstrecken. Sie tut es wieder aus Eudämonismus: wenn uns diese Güter genommen werden, dann soll uns das nicht aus dem Gleichgewicht bringen. Über ihnen allen steht, was letztlich allein Wert hat, die Vernunftperson und die ihr unentreißbare Tugend.

Das mag als Herauslösung und Bewußtwerdung des Innern und »Eigenen« in seiner überlegenen Selbständigkeit gegenüber allem »Fremden« geschichtlich ein bedeutsamer Schritt gewesen sein. Dennoch gerät er in eine Fragwürdigkeit durch das, was N. Hartmann das »Fundierungsverhältnis« der Güter- und Tugendwerte nannte. Reichtum und Ämter mögen als solche *adiaphora* sein, aber auf ihnen ruht auch die Verwirklichung geistiger und ethischer Werte, so daß sie von diesen her indirekt doch wieder im Rang steigen.

Auch hier wieder bleibt ferner in der Stoa das Niedrige und das Hohe ununterschieden. Es gibt weltlichen Tand, an den sein Herz zu verströmen klein ist. Dem Extravertierten gilt die Mahnung des Sokrates, sich »um sich selbst zu kümmern«. Wie steht es jedoch mit dem Kunstwerk, das ich gestalten, mit dem Staatskonzept, dem ich zum Sieg verhelfen will? Ist dies alles auch nur ein »Äußeres«? Leben hat nur Sinn durch ein Wofür, das außerhalb seiner liegt. Die Stoa will unsere Vernunft nicht nur autonom: kein Außerhalb ihrer soll ihr das Gesetz vorschreiben; sie will sie auch autark: sie soll sich selbst genügen. Sie isoliert sie gegen die Welt, macht sie akosmisch. Mit der Welt aber raubt sie ihr das Wofür. Seine Tugend bewährend, lebt der stoische Weise nur für sich selbst. Sein Dasein ist sinnleer.

c) Steigernder Stimulus des Schicksals gegen die Autonomie

Wenn widriges *Schicksal* uns Weltgüter vorenthält oder wieder entzieht, dann raubt uns dies für die Stoa im Grunde ebensowenig wie ihre Gewährung etwas gab. Dies ist ein Hauptgrund, weshalb die Stoa die Güter entwertet: das äußere Schicksal kann uns dann nichts mehr anhaben. Denn das Schicksal ist die empfindlichste Grenze der Autonomie: es stellt den Menschen in eine Situation, die nicht die Vernunft für ihn gewollt und geschaffen hat. Darum darf es, damit die Vernunft autonom sei, Schicksal als für uns bestimmendes nicht geben.

Wohl bejaht die Stoa das Schicksal im großen, die Heimarmene, die einem Weltlogos entspringt und der man sich daher unterordnen soll. Im konkreten Erleben aber raubt sie dem Schicksal seinen Schicksalscharakter: es ist für uns ebenso irreal wie die Güter es sind, die es schenkt oder neidet.

Damit aber rächt sich der Akosmismus der Vernunft zum zweiten Mal. In der Auseinandersetzung mit äußerem *challenge* erneuert sich der Mensch, wird erfinderisch, wächst über sich hinaus. Ohne diesen Dialog mit der Welt stagniert er. Der stoische Weise lebt nur aus einer schon fertigen Vernunft, sie ist keine lebendige Vernunft.[1]

Von zählbaren Ausnahmen abgesehen blieb die griechische Philosophie nach Aristoteles durch Jahrhunderte hindurch steril, weil sie die Welt als der Vernunft gleichgeordneten Partner ausgeschaltet hatte. Sollten ein neuer Vernunftautonomismus und -autarkismus uns bevorstehen, dann mit ihnen auch neue Sterilitätsjahrhunderte, eine zweite »Spätantike«.

d) Wirklichkeit gegen das bloße Bild von ihr

Die Vernunft ist das betrachtende Organ. Wer nur aus der Vernunft lebt, für den gewinnt die Welt keinen Lebensbezug, keine aufdringliche *Wirklichkeit.* Auch deshalb durften wir sagen, die Stoa irrealisiere die Welt. Wie das Äußere, so betrachtet aber die Vernunft auch das eigene Leben. Ihm fehlt nun ebenfalls die volle Wirklichkeit. Man solle, sagt die Stoa ausdrücklich, das Leben führen wie ein Schauspieler auf der Bühne: das Ganze ist nur Spiel und man schaut sich selbst dabei zu. Man soll sich dabei bewähren, aber es hat nicht den letzten Ernst. Und dies auch deshalb, weil, wie wir sahen, neben der Vernunft alles Äußere nicht voll zählt.

Anklage gegen die Vernunft ist hier eigentlich Anklage gegen das Bewußtsein, gegen die immer noch steigerbare Bewußtmachung (*conscientiation*), gegen die Reflexion. Daß das Zusehertum des Bewußtseins dem Leben die Unmittelbarkeit, seine Unschuld, seine wahre Gelebtheit raubt, das hat die Romantik als die große Gefahr des Bewußtseins empfunden. Es lähmt uns wie Hamlet, reißt uns immer wieder in seine eigene Besinnlichkeit zurück und läßt uns so den rechten Moment des Handelns verpassen. Jean Paul zeichnet in seinem Roquairol eine Figur, die jede Gefühlsregung sogleich in beobachtbare Distanz bringt, sie seziert, sie dadurch gar nicht mehr von innen lebt, sondern nur noch von außen reflektiert, und deren Ende der (zugleich geschauspielerte und reale) Selbstmord ist. Er

---

[1] Vgl. Verf., Virtus und Fatum, in: Pluralität und Antinomie, München 1963. Eine Lanze für das Schicksal, in: Das Ende des Individuums, Stuttgart 1971.

verbraucht die Unmittelbarkeit als Material des sich bespiegelnden Selbstgenusses.

Zugleich zentrisch und exzentrisch zu leben, einen zweiten Personkern außerhalb seiner selbst zu haben und von ihm aus auf sich bezogen zu sein, das kennzeichnet nach Plessner den Menschen als solchen. Neben sich zu stehen und sich zuzuschauen, das ist also im Ansatz kein Fehlgang, sondern Grundbedingung der menschlichen Stufe. Aber freilich kann dies als charakterologische Veranlagung sowie als Stigma eines späten Zeitalters auch wuchern. Bildet die Reflexion des Bewußtseins normalerweise nur eine vorbereitende »Phase der Handlung«, so kann diese Phase sich an Wert überbetonen und an Erstreckung überdehnen bis zur Verhinderung der Handlung. Von hier aus entsteht dann das Verlangen, nicht nur die Wucherung, sondern womöglich das Anthropinon als solches abzustreifen und nur noch von innen, aus dem Augenblick, aus der Ganzheit heraus zu leben. Der Mensch lebt dann habituell im Gefühl, ein Paradies der Unmittelbarkeit verloren zu haben, zu dem er zurückkehren möchte. In ihm wäre noch die »angeborene Farbe der Entschließung« durch zaudern-machende Nachdenklichkeit unangekränkelt. Geist bricht in die Urharmonie, in die Einheit des Menschen mit der Natur, von außen ein, er zerstört das Glück der »Pelasger« (wie sie von Schlegel über Bachofen bis Klages beschworen werden). Bei Nietzsche ist es Sokrates, der den griechischen »Instinkt« auflöste.

Für die Stoa besteht das menschliche Versagen im Aufstand der Affekte gegen die wahre Vernunftnatur. Das wiederholt sich noch im Paulinischen Gegensatz von *pneuma* und *sarx,* wenn auch das *pneuma* nicht Vernunft, sondern ein göttlicher Geist ist, der uns durch Gnade zuteil wird. Das wird bestritten durch einen in gewisser Weise genau entgegengesetzten Aufriß, für den gerade die Vernunft, hier begriffen als Reflexion, auf die Schuldseite rückt. Dieser Aufriß führt sich gern nicht nur individualethisch, sondern geschichtsphilosophisch durch. Der Geist ist sekundär, ist ein erst gewordener. Die Ursünde war das Essen vom Baum der Erkenntnis. Für eine mystische Richtung des 17. Jahrhunderts, von der, wie Robert Spaemann uns gezeigt hat, Fénélon abhängig ist, bildet die Introspektion — bei den Jansenisten als Waffe gegen Begierlichkeit gefeiert — eine Form des zu meidenden *amour-propre.* Die edelste Regung wird selbstsüchtig durch Reflexion. Deshalb preist schon Fénélon des »Geist der Kindheit«, das Naive *(ingénu),* weiß aber zugleich, daß man nicht kindlich sein »wollen« kann. Hier zweigen die »Utopien der Wiederherstellung« ab: Rousseaus Ruf zum »Zurück«, aber auch die differenziertere romantisch-Kleistische Wendung, daß wir, die Reflexion bis zum Höhepunkt steigernd, überwindend durch sie durchstoßen und eine »zweite Unschuld« erlangen. Wir kehren nach dem Umweg über die Reflexion ins Paradies zurück, das aber nicht identisch ist mit dem Urparadies. So spricht Kant (Mutmaasslicher Ursprung des Menschengeschlechts, 1786) von einem dritten Stadium, »bis vollkommene Kunst (= Kultur) wieder Natur wird.« Ebenso imaginiert Schiller (Über die erste Menschengesellschaft, 1790) eine Zukunft, in der freie und rationale Aktion selbst spontan sein wird, so wie seinerzeit der Instinkt spontan war. Der Mensch wird dem moralischen Gesetz ebenso gehorchen wie früher dem Instinkt. Kleist schreibt, »daß sie (die Grazie) in demjenigen menschlichen Körperbau am reinsten erscheint, der entweder gar keines, oder ein unendliches Bewußtsein hat.« Überall hier ist es das Leiden an der Gespaltenheit und Schuldbeladenheit des Menschseins, das diese geschichtsphilosophischen Trostphantasmagorien erzeugt. Da Vernunft den ursprünglichen Zustand der Einheit und Güte zerstörte, und da Vernunft als solche nicht wieder zu verlieren, nicht zu bekämpfen ist, soll eschatologische Vernunft ihn zurückbringen.

Noch Kierkegaards »Wiederholung« gehört hierher. In ihr wird die durch Schuld verlorene erste Unmittelbarkeit des Lebens uns durch Gnade neu geschenkt in »erworbener Unmittelbarkeit«. Während die Platonische Anamnesis nur zum zweiten Mal gibt, was wir schon früher besaßen, steht Kierkegaards »Wiederholung« darin der Hegelschen »Vermittlung« näher, daß beidemal ein neues Höheres entsteht.

Kierkegaard hat den spekulierenden Denkern (denen seine eigene, von ihm als Fluch empfundene schizothyme Veranlagung ihn beigesellte), bei denen sich der Wirklichkeit, auch der eigenen, das nur noch betrachtete Bild der Wirklichkeit substituiert, Gestalten wie Abraham und Hiob entgegenstellt, denen die Wirklichkeit der eigenen Existenz nicht entgleiten kann, weil sie — dies ist der Preis, den sie dafür entrichten — nicht betrachten sondern leiden. Eudämonismus verdünnt und verflüchtigt die Wirklichkeit. Es mit ihr aufzunehmen, ist nichts nur Intellektuelles, sondern bedeutet auch die seinsmäßige Auseinandersetzung mit ihrem Gewicht und ihrer Härte. Kierkegaard hat im Gegenzug gegen stoisches und romantisches Daseinsverständnis den *Ernst* als existentiale Kategorie herausgekehrt.

Eine andere Polemik Kierkegaards, die sich mit dieser überlappt und doch von ihr zu unterscheiden ist, liegt in Folgendem: Vernunft neigt dazu, unter die Kategorien, in denen sie die Welt begreift, auch das Subjekt zu subsumieren und es dadurch in seinem spezifischen Subjektcharakter zu überspringen. Weil Hegel alles in Begriffe auflöst, deshalb droht ihm auch das Subjekt zum Begriff zu werden. Daher kehrt Kierkegaard die unaufhebbare *Wirklichkeit* des Subjekts heraus. Ähnlich rettete schon Kant gegenüber naturwissenschaftlicher Erklärung auch des Erkennens die auf Mechanistik nicht zu reduzierende *Spontaneität* des Subjekts. Und abermals rettet später die Phänomenologie, ebenfalls gegen Allvernaturwissenschaftlichung, das unmittelbar erlebende Bewußtsein sowohl unser selbst wie der Welt.

e) Gebet, Liebe, Dichtung, Tat gegen die theoretische Haltung

Was Kierkegaard »existieren« nennt, das läßt sich auffächern. Kierkegaard sagt: wir sind nicht da um zu denken, sondern um zu sein, und das Denken zerlöst das Sein. Aber was ist Sein? Man mag hier wieder die großen emotionalen Haltungen heranziehen, und Kierkegaard selbst war es, der den Menschen als Betenden und Liebenden im Auge hatte. Dagegen steht für ihn ganz auf seiten des Denkenden (dem er deshalb wie diesem das Verharren in der »ästhetischen Phase« vorwirft) der Dichtende, während die Romantik den Dichter gegenüber dem Philosophen als den Welthaltigeren, Weltdurchdringenderen gefeiert hatte. Klassischerweise — seit Euripides' Antiope — wird der *vita contemplativa* die *vita activa* konfrontiert. Sie wird entweder dem Einzelnen für seine eigene Vollkommenheit empfohlen: nur durch Tätigkeit bildet sich nach Goethe ein Charakter, gewinnt er Reife und weiteres Wachstum. Oder aber die Praxis wird empfohlen als eine politische zum Wohl aller, so wie nach Marx der Sinn aller Philosophie nur darin liegt, daß wir sie endlich »verwirklichen«.

Für Aristoteles war die Erkenntnis die höchste Fähigkeit in uns, das höchste Vollbringen. Auch Gott war für ihn ein Erkennender. Dies ist die Entscheidung der Philosophie. Religion und Kunst, Existenz und Praktizität aber fragen: welches ist der Ort der Erkenntnis und ihre zwar notwendige, aber doch auch wieder begrenzte Aufgabe im Ganzen des Lebens? Gibt es überhaupt eine »höchste« Fähigkeit? Und wenn: mit welcher Evidenz setzt man sie gerade in das Erkennen? Der Theoretiker könnte antworten: weil es den Menschen als Menschen auszeichnet. Die andern könnten replizieren: aber auch Beten, Lieben und Dichten zeichnen ihn aus, und das bei ihm stärker ausgeprägte Erkennen ist letztlich nur ein Weg zu seiner Praxis, die eine schöpferische Praxis ist. Vielleicht besteht die Grundkraft des Menschen, der es auch das Erkennen einzuordnen gilt, in der Kreativität?

f) Der »Einzelne« gegen den »allgemeinen Menschen«

Die Vernunft ist nicht nur die betrachtende, der sich vor die Wirklichkeit das Bild der Wirklichkeit schiebt. Sie ist auch die begriffsbildende, die alles Einzelne unter ein Allgemeines subsumiert. Auch damit aber verfehlt sie die Wirklichkeit, diesmal nicht, weil Wirklichkeit mehr ist als ihr Bild, sondern weil sie mehr ist als ihr Allgemeines, weil zur Konkretheit immer die *Einzelheit*, die *haecceitas* des Johannes Duns Scotus, das Dies-und-nichts-anderes gehört.

Wieder ist hier Kierkegaard zu nennen, der als Gegner des Hegelianismus in der Theologie für den Fluch der Vernunft, das, was sie erkennt, nicht nur zu erkennen, sondern eben damit in das bloße Komplement eines Allgemeinen aufzulösen, ein geschärftes Organ besaß. Die Spekulation, so sagt Kierkegaard, verwandelt nicht nur Gott in einen Begriff im großen System, sondern sie denkt auch so, als ob es gleichsam keinen Denker gebe. Sie betrachtet auch den Menschen *sub specie aeternitatis,* auch er ist für sie nur Repräsentant einer Idee. Damit aber leben wir an uns vorbei, betrügen uns in der Maske des Allgemeinen um uns selbst, bleiben uns aus. Sofern er als Wirklichkeit *existiert,* ist jeder ein »Einzelner« — »jener Einzelne« nannte Kierkegaard sich selbst. Dieses Eigensein des Einzelseins nimmt keiner uns ab. In ihm sind wir einsam. Entgegen den Verführungen der Vernunft, die es uns erleichtern will, müssen wir es in seiner Schwere übernehmen und durchstehen. Wir dürfen nicht »ästhetisch« leben, sollen von innen her sein, sollen handeln. Dazu aber bedarf es eines ausdrücklichen Aktes der Wahl. Wir erreichen uns nicht wissend, nur außertheoretisch in einem qualitativen »Sprung«.

g) Qualitative Individualität gegen quantitative

Man darf den »Einzelnen« Kierkegaards nicht, jedenfalls nicht primär, im Sinne der sich unterscheidenden *Persönlichkeit* verstehen (das gilt auch für die »Existenz« der Existenzphilosophie, die Werner Marx daher fehlinterpretierte). Im Gegenteil: im tiefsten Grunde — religiös gesprochen: vor Gott — sind wir nach dieser Überzeugung alle gleich. Was an der »Einzelheit« betont wird, ist nicht die Differenz gegenüber andern, sondern die Konkretheit gegenüber dem Allgemeinen. Sie ist zwar unersetzbar, aber nicht weil der andere qualitativ anders, sondern nur, weil er numerisch ein anderer ist. Die qualitative Eigenartigkeit bildet hier nur ein Akzidens der konkreten Einzelhaftigkeit.

Religiös-existentialistisches Begreifen des Menschen stimmt hier mit dem philosophischen überein. Wie die philosophische Vernunft, das Allgemeine suchend, auf der objektiven Seite auch am Einzelding nur das sieht, wodurch es an seiner Gattung teilhat und worin es sich somit von andern Exemplaren derselben Gattung nicht unterscheidet, so ist für sie auch auf der subjektiven Seite die Vernunft selbst, da sie idealiter das Gleiche erkennt, immer zu gleichen Resultaten gelangt, als Kraft in jedem Menschen ebenfalls die gleiche. Als Vernunftwesen sind wir gleich.

Ja in letzter Konsequenz ist die Vernunft in diesem und in jenem Menschen nicht nur die gleiche in dem Sinn, wie Exemplare einer Gattung einander gleichen, die immerhin noch numerisch unterschieden sind, sondern sie ist identisch. Sokrates und Kallias, so heißt es unverblümt bei Aristoteles, unterscheiden sich nur durch Fleisch und Knochen, also nur materiell, während es offenbar der gleiche Logos (der mehr als eine Idee denn als eine psychische Wirklichkeit gefaßt wird) ist, der in und aus ihnen beiden wirkt — Averroes kündigt sich hier schon an, der deshalb die persönliche Unsterblichkeit bestritt, und die *âme universelle unique* des Malebranche, während Leibniz gegen den *esprit universel* die Ich-haftigkeit betonte.

Zur Verteidigung und Gewinnung gleicher Grundrechte für alle hat der »quantitative Individualismus«, der die Gleichheit der Menschen lehrt, immer und noch im Vernunftglauben des 18. Jahrhunderts seine geschichtliche Funktion gehabt. Aus anderer als rationaler Wurzel dagegen erkennt der »qualitative Individualismus« der Renaissance und der Goethezeit ein Kostbares gerade darin, worin Menschen — aber auch Völker, Kulturen, Epochen — ungleich sind. Dieses steht jetzt nicht mehr wie im Platonismus als das vom Muster der reineren Idee abweichende auf der Negativseite. Deshalb wird das Unterscheidende seit der Renaissance auch gelebt und gefordert. In der neuen Welle des Vernunftimperialismus unserer Zeit droht es wieder zu versinken.

h) Freiheit und Schöpferkraft des Subjekts gegen die erkannten Objektivitäten

Wie die Vernunft, da sie sich selbst als das Bestimmende im Menschen in Anspruch nimmt und als Erkenntnisfähigkeit eine und immer dieselbe ist, der qualitativen Individualität entgegensteht, so steht sie auch dem entgegen, worin solche Individualität sich auswirkt und entfaltet, der *Freiheit* und der *Schöpferkraft.* Sie selbst zeigt das Wahre und Gute: diese Werte sollen wir anerkennen, sollen uns ihnen unterordnen, sind also ihnen gegenüber nicht frei; handelnd sollen wir sie nur nachahmen und realisieren, also nicht in unvorgesehen Neues ausgreifend schöpferisch sein. Freiheit und Schöpfertum könnten von der Vernunftnorm nur abweichen. Daher stehen sie, wie aus demselben Grunde auch das objektiv Individuelle, in der antiken Philosophie mit ihm auf der Schattenseite. Nicht, weil sie zufällig noch nicht entdeckt waren, sondern weil sie dem uns Sein und Wert vorausgebenden und uns durch sie bestimmenden Anspruch der Vernunft widerstreiten. Sie wachsen nicht auf ihrem Boden. Vernunft will uns in das von ihr erkannte Objektive binden; Freiheit und Schöpfertum dagegen sind Kräfte des Subjekts, durch die es, sich selbst darstellend und findend, seine Vernunftbindungen sprengt. Erst als der Nominalismus die Wirklichkeit über das Gedachte stellte, traten sie daher seit der Neuzeit nicht nur faktisch — faktisch wirkten sie immer, auch unter der Vernunftherrschaft, als ihre Gegenmächte —, sondern als bejahte und gerufene hervor.

Später, so im Deutschen Idealismus, haben »Vernunft« und »Freiheit« sich verbündet. Denn die Vernunft selbst erschien nun nicht mehr wie in der Antike als eine abbildende, sondern als eine spontane, als ein *intellectus agens.* Aber diese Selbstbegreifung der Vernunft ist fragwürdig. Und selbst wo sie zuträfe, bleibt die Vernunft die vorhergehende, vorzeichnende, die damit die Freiheit einschränkt. Fichte hat die Freiheit tiefer begriffen als alle vor ihm, aber er deutete sie noch als Vernunftfreiheit. Er erkannte nicht die zwischen Vernunft und Freiheit bestehende Antinomie. Die Vernunft befreit uns nur von —, nicht mehr: die Vernunft gibt uns die Freiheit zu —.

i) Erlebnis gegen Erkenntnis, Rezeptivität gegen Spontaneität

Nun dreht sich die Betrachtungsweise, aber nur scheinbar, um. Wir sagten: die Vernunft betrachtet, sie verlangt von uns, daß wir das von ihr erschaute Objektive akzeptieren und achten. Sie ist also hinnehmend (sie heißt ja auch die »Vernehmende«), *rezeptiv.* Daher beschränkt sie den produktiven Ausbruch der Freiheit und des Schöpferischen.

Aber auf der andern Seite ist Vernunft auch eine *aktive* Potenz. Sie will — wenn auch nach Maßgabe des erkannten Objektiven, also auf der Basis ihrer Rezeptivität — Leben, Welt, Geschichte beherrschen und gestalten. Auch als erkennende nimmt sie zwar hin, aber nicht nur, was sich ihr an der Oberfläche von selbst bietet: ordnend, analysierend, subsumierend, verknüpfend dringt sie tiefer ein. Sie bewährt an ihrem Gegenstand die *tätige* Kraft des Erkennens. Kein Zufall, daß Kant sie zu einer gestaltenden Instanz erhob, ja selbst dies ist bei ihm nur irdische Brechung davon, daß sie beim *intellectus archetypus* sogar eine schöpferische Instanz bildet: ihm kommt »spontanes Schauen« zu (die alte scholastische Einheit von Schaffen und Erkennen bei einem Gott, in dem das alttestamentliche und das aristotelische Prädikat koinzidieren), während diese Spontaneität bei uns endlichen Wesen durch die »lästigen Bedingungen« sinnlicher Rezeptivität gestört wird. Fichte und Schelling sprachen dann die setzende »intellektuelle Anschauung« als eine unbewußte Grundschicht doch auch dem Menschen zu. Damit konstruierten sie zwar und machten doch etwas sichtbar, was der tiefsten Prätention der Vernunft nicht fremd ist.

Damit steht sie im Gegensatz zur *ästhetischen* Kontemplation, die zwar *auch* ein Betrachten ist, aber ein Betrachten ganz anderer Art. Der ästhetische Mensch will das Betrachtete nicht nur erkennen: er läßt es auf sich wirken, genießt es, gibt sich mit dem Gefühl ihm hin. Er betrachtet lange und immer wieder, während die Vernunft, sobald sie erkannt hat, sich anderm zuwendet. Er ist also der ungleich rezeptivere. Die Vernunft nimmt hin und ordnet dabei doch ihrem Reich ein; der ästhetisch Schauende läßt sich in das Geschaute hineinziehen, geht in ihm auf.

Nicht nur in der ästhetischen, auch in der religiösen Situation aber und im täglichen Leben geschieht es, daß der Mensch von einem ihm Begegnenden ergriffen wird. Daß er nicht durch *Erkenntnis* Besitz von ihm ergreift, sondern im *Erlebnis* still vor ihm wird. Hier tritt er ihm nicht in erkennender Distanz gegenüber, sondern schwingt mit ihm in eins. Nicht nur der Geist faßt auf, die ganze Seele resoniert.

Immer wieder hören wir: nur durch die Vernunft wird der Mensch er selbst, erreicht er seine eigene mögliche Höhe. Sie befreit uns von den »Leidenschaften«, in denen wir passiv preisgegeben sind (auch darin liegt wieder ihr aktiver Charakter), von überkommener Meinung und verworrenen Sinneseindrücken (Platon, Descartes), vom Vorurteil und illegitimer Herrschaft (Aufklärung). Worauf es also ankommt, ist, spontane Akte der Vernunft zu vollziehen.

Aber: werden wir nicht wir selbst und erreichen wir nicht unsere Höhe auch durch *Rezeptivität?* Indem wir uns in ein Großes, das über unsere sonstigen Maßstäbe hinausgeht, versenken? Indem wir eine sich nur in der Gestaltetheit des Kunstwerks öffnende Tiefe uns anrühren lassen? Der Kantische Aufriß, nach dem Rezeptivität nur eine Sache der »Sinnlichkeit« und dazuhin der Spontaneität gegenüber eo ipso das Mindere sei, ist eng und falsch. Es gibt eine mehr als nur sinnliche, es gibt eine positive Rezeptivität.

Eine »Grenze« der Vernunft besteht nicht nur darin, daß es eine Welt jenseits ihrer Reichweite gibt, sondern auch darin, daß wir über Weltzugänge verfügen, die nicht aus ihrer Zurüstung stammen. Für Max Scheler hieß Vernunft gerade: sich einem Reichtum der Welt öffnen, für den wir nur danken können, weil wir ihn niemals geschaffen hätten. Das Tier kennt auch solche Hingabe nicht. Verglichen mit ihm sind wir die vernunftaktiveren *und* die empfangenderen.

j) Das Geschenk und das »von selbst« gegen das Erarbeitete

Wir sind Empfangende nicht nur in der Haltung des Empfangens, sondern auch in der Aktivität, ja sogar in der Aktivität der Vernunft. Auch wo wir uns auf ein Ziel hin anstrengen, da ist doch das Erreichen nicht nur Ergebnis der Anstrengung, sondern es kommt noch ein Moment dazu, das

Jaspers am schlichtesten umschrieb, als er sagte, wir erhielten uns *geschenkt*. Der Fromme weiß das auf seine Weise, bei allem Planen fühlt er sich doch von einer höheren Macht gelenkt, die allein das Gelingen gewähren kann. Aber auch die Dichter des Sturm und Drang wußten es, als sie gegenüber einem Rationalismus, der ein Gedicht artistisch nach poetischen Regeln glaubte »machen« zu können, wieder daran erinnerten: *poeta nascitur*. Ein Großer ist er nur, wenn nicht er dichtet, sondern wenn die »Natur«, wenn »es« in ihm dichtet.

Der Sturm und Drang entdeckte aber damit, durch den Exzeß des Vernunftstolzes provoziert, nur älteres Wissen wieder. In Ostasien ist es eine eigene Erziehungsmethode, den Menschen über das wollende Vernunft-Ich hinauszuführen in einen Zustand, in dem er dann nur noch als Instrument handelt, das einen nicht aus ihm stammenden Auftrag vollstreckt. Es wäre zu wenig gesagt, wenn man erklären wollte: das Gelernte muß selbstverständlich werden, die Regeln müssen sich automatisieren. Denn der Sturm und Drang hat (nach Pseudo-Longin) gerade gezeigt, daß das »Genie« *über* der Regel steht, daß es sich selbst die Regel gibt. Das Bewußtsein muß sich im »Unbewußten« erfrischen, erhält aus ihm seine Impulse, hieß es dann in der Psychoanalyse.

Hier wird eine Grenze der Vernunft deutlich, von der ab etwas, wie immer man es fassen möge, ohne sie auszuschalten (wie André Breton wollte), doch aus einer anderen Region zu ihr hinzutreten muß, gerade durch ihre Relativierung ihr hilfreich: *non tollit rationem sed perficit*.

II

Erkennende Vernunft*

a) Die Erkenntnisquellen von Gefühl und Tradition gegen Analyse und Berechnung

Es gibt viele *Quellen der Erkenntnis*. *Le coeur a ses raisons* (Pascal). Neben und vor dem Denken ist es Anschauung, die uns die Welt erschließt. Ehe Philosophie und Wissenschaft Erkenntnis methodisch intensivieren, hat schon die Tradition Erfahrungen gesammelt.

---

* Alle Erkenntnis setzt eine Abständigkeit vom Objekt voraus. Sie gelingt nur aus einer Distanz, die nicht zu klein, freilich auch nicht zu groß sein darf. Regressives Verlangen will diese Subjekt-Objekt-Spaltung wieder überwinden zugunsten

Evolutionistische Schematik faßt diese *Formen* der Erkenntnis als *Stufen.* Und in extremer Wendung sogar so, daß die eine Stufe nicht nur »höher« ist als die andere, sondern daß sie diese sogar ausstreiche und überflüssig mache, da nur sie eigentliche Wahrheit enthalte. Es ist eine fatale Tendenz der Vernunft, den sich als reiner und fortschrittlicher ausgebenden Erkenntnisformen das Feld zu überlassen und mit ihnen die andern geringzuschätzen. Vernunft heißt jetzt nur noch die jeweils neue, die sich besser dünkende, die subtilere Erkenntnisform. Wahrnehmung und *vetus opinio* werden bei Descartes von der begrifflich-mathematischen Vernunft, die allein *clare et distincte* erkennt, zur Verantwortung gezogen.

Aber die angeblich »höhere« Erkenntnisinstanz mag wohl Irrtümer der »niedrigeren« durchschauen und vermeiden, — gleichzeitig gehen durch die niedrigere schon gewonnene Wahrheiten in die höhere, wegen deren steileren Verifikationsanspruchs und weil auch sie nur eine Perspektive bildet, nicht ein. Ja sie selbst verfällt in neue Irrtümer oder zumindest Einseitigkeiten. Sie verbessert das dort Gesehene nicht nur, hebt es nicht nur (Hegelisch) läuternd empor, sondern verschüttet und überspringt es auch.

Weil die Intuition der sinnlichen Gewißheit, der Begriff der Anschauung eine neue Erkenntnisleistung hinzufügen, deshalb vergißt man, daß sie auch Erkenntnisleistungen fallen lassen. Man müßte sie nicht hierarchisch *über* diesen, sondern typologisch *neben* ihnen anordnen.

Gerade das Sich-in-Anspruch-Nehmen einer späten, logisch gesteigerten Vernunftform als der einzig wirklichen Vernunft hat in der Polarisierung zur philosophischen Entdeckung anderer Vernunftformen geführt, die jetzt ein eigenes Ethos zu entfalten beginnen. Gegen den Sokratischen Anspruch, jedes Wissen müsse sachlich motiviert sein, es müsse sich begründen können, stellt schon der junge Platon im »Ion« die These, daß aber die Dichter aus einem »göttlichen Geschenk«, aus Inspiration heraus schaffen. Ebenso billigt er im »Menon« den Staatsmännern zu, daß sie aus Erfahrung, praktischer Gewohnheit und Tradition — Nietzsche hätte gesagt: aus »Instinkt« — eine »richtige Meinung« besitzen, aus der sie den Staat lenken können. »Durch den Wahnsinn sind die größten Güter über Griechenland gekommen« (Phaidros; vgl. Verf. Der Gedanke des Irrationalen bei Platon, in: Elenktik und Maieutik, Bonn 1950). »Viel-

---

eines angeblich ursprünglicheren All-eins-Seins. Eine häufige Erfahrung ist aber auch: fragloses Eingebettetsein in einem Lebensumkreis schläfert die Erkenntnisbeziehung zu ihm noch gleichsam ein. Erst wenn das Vertrautsein sich lockert, reflektieren wir über ihn, durchschauen ihn, psychologisieren ihn. Dann mag eine Wehmut einsetzen über den Verlust der früheren Phase, in der das Wissen noch geringer, aber die Nähe größer, der Lebensatem stärker war.

leicht — so mußte er sich fragen — gibt es ein Reich der Weisheit, aus dem der Logiker verbannt ist?« (Nietzsche von Sokrates). Platon ist damit in gewisser Weise der erste »Romantiker«: im Unterschied zur historischen Romantik wendet er sich zwar gegen den Wahrheitsanspruch von Sprache und Mythos; aber auch er macht sich zum Anwalt von Vernunftformen neben der Hochratio. Schon bei Platon beginnt der Antagonismus zwischen einer aufklärerischen und einer romantischen Seite, der dann zum Stigma der modernen Seele wird. Wir bejahen die avantgardistische Vernunft, aber wir müssen auch gerecht sein gegen die Stationen, die sie glaubt hinter sich lassen zu dürfen.

Für Leibniz war das *Unbewußte*, dessen Entdecker er ist, nur ein privatives Noch-nicht des helleren Bewußtseins, zu dem das Unbewußte emporstrebt. Aber Herder und der junge Goethe entdeckten eine »Weisheit des Unbewußten« (sowie auch der Natur), die tiefer ist als das Wissen der Bewußtseinshelle, von ihr nicht erreicht wird und in ihr gerade verlorengeht. Für die quantifizierend-analytische Mechanistik beruhte das natürliche Weltbild mit seinen Qualitäten und Gestalten nur auf Verfälschung der wahren, meßbar-atomaren Wirklichkeit durch unsere Sinne. Aber die Goethezeit fand im natürlichen Weltbild wieder einen Gehalt, der den Filter der Physik nicht passiert und um den wir, müßten wir uns allein an ihre Wahrheit halten, betrogen wären. Sie sah in diesen Gehalten die lebensgemäßeren, gefüllteren, und speziell die Romantik kehrte dann zu den noch vorphilosophischen und vorwissenschaftlichen Frühzeiten zurück, die in ihren Ausdrucksformen Sprache, Mythos, Kunst, noch naturunmittelbarer, dem Geheimnis näher waren als unser später, mit all seinen Berechnungen und Begriffskünsten vordergründig bleibender Verstand. Er sperrt uns von den Wundern, von denen wir rings umgeben sind, gerade ab und in seine banale Welt ein. Die Hieroglyphen der Natur möchten zu uns sprechen, aber wir vernehmen sie nicht: über die Verstandesmauer hinweg dringt ihre Botschaft nicht bis zu uns vor. Hier hat später Dilthey angeknüpft mit seinem Bestreben, den in allen Objektivationsformen der Kultur eingebundenen Geist, die natürliche »Reflexivität des Lebens«, als dumpfere, aber noch reichere »Lebensphilosophie« zu retten gegenüber der dünneren »Hochphilosophie«. Hier setzt aber auch die Phänomenologie ein mit ihrer Ausschöpfung der durch wissenschaftliche Theorien noch unentstellten und für sie immer das Fundament bildenden »Lebenswelt«. Sie alle kehren hinter den Zweifel des Descartes zurück und entdecken einen Sinn gerade in dem, was sein an der Mathematik orientiertes Erkenntnisideal verwarf.

Aber es liegt nicht im *Wesen* der Vernunft, sich parteiisch auf seiten des Denkens und der exakten Wissenschaft zu schlagen. Sie kann Recht und

Kraft der andern Erkenntnisquellen durchaus einsehen, kann sie als Partialtriebe ihrer selbst in sich aufnehmen. An die Stelle von Gegnerschaft nach außen, gegen das »Irrationale«, tritt interne Spannung *innerhalb* der Vernunft. Insofern liegt hier keine Anklage gegen *die Vernunft* vor, sondern nur gegen die ihre Flügelspannweite verkennende voreilige Selbstinterpretation, gegen ihre Selbstverstümmelung.

b) Das Individuelle gegen den Begriff (Vgl. I f)

Nur eine Spezifikation hiervon ist das Folgende. Philosophie zielt — wir sagten es schon — auf das Allgemeine. Von ihm ist für Platon das real *Einzelne* nur ein schwächeres Abbild, dem sich eigens zuzuwenden keine Motivation besteht, denn es läßt sich an ihm nichts lernen, was nicht im Allgemeinen besser schon beschlossen lag. Erst als der Nominalismus entdeckte: »das Allgemeine ist tot«, entstanden die einzelforschenden neuzeitlichen Natur- und später die geschichtlichen Wissenschaften.

Dabei ist aber für die geschichtlichen Wissenschaften an ihrem Ursprung, in Romantik und Historischer Schule, und ebenso dann wieder in unserem Jahrhundert, das Einzelne nicht, wie in den Zwischenjahrzehnten des positivistischen 19. Jahrhunderts, nur ein (vom Nominalismus nach Streichung des Ideellen übriggelassenes) Materielles, ein *factum brutum.* Dem Einzelseienden ist (aus pantheistischer, aber auch christlicher Provenienz, denn für den Christen lassen sich das historische Leben und Sterben Christi und die Heilsbotschaft nicht trennen) ein Sinn eingewoben. Aber nun freilich nicht ein allgemeiner Sinn, für den es nur ein Beispiel wäre und der sich von ihm ablösen ließe, sondern ein nur an ihm haftender, mit ihm verwachsener, wie im Kunstwerk symbolhafter: deshalb kämpfen hier Historiker und Ästhetiker Schulter an Schulter gegen die Philosophen. Dieser Sinn läßt sich nicht isoliert denken, sondern erschließt sich nur dem (über bloße »Empirie« hinausgehenden) einfühlenden Anschauen des Einmaligen und Besonderen. »Denke dir die Aristokratie nach allen ihren Prädikaten, niemals könntest du Sparta ahnen« (Ranke). Einem rein philosophischen Typus wie Hegel bleibt dies fremd, er will doch wieder das historisch Konkrete auf eine Formel bringen, für die es steht, die durch es in die Welt kam, die von ihm bleibt. Meinecke wies gegen Croce nach, daß Hegel die neue historische Sehweise der Goethezeit nie begriffen hat.

Aber Vernunft ist nicht auf philosophisch verallgemeinernde Vernunft beschränkt. Sie kann verstehen, daß auch Erkenntnis des Individuellen notwendige, letzte Erkenntnis ist. Deshalb richtet sich auch hier die Anklage nicht gegen *die* Vernunft, sondern nur gegen eine Teilvernunft, die sich usurpatorisch als die eigentliche Vernunft in Anspruch nimmt.

c) Unexakte wesentliche Wahrheit gegen exakte unwesentliche

Es gibt andere Erkenntnisbestrebungen, die die Vernunft aus sich ausscheiden muß, weil sie, was von ihnen als Erkenntnis ausgegeben wird, nicht als solche gelten lassen kann. Sich auf ihre Verantwortung besinnende Vernunft darf nicht mehr, wie der frühe Mensch, den Wissensschatz der Tradition einfach übernehmen, darf nicht mehr Phantasien aufsteigen lassen und sie dann als Wahrheit ausgeben. Um der *Sicherheit* der Wahrheit, um der *wirklichen* Wahrheit willen wird sich die Erkenntnis, wie Bacon sagte, nicht Flügel sondern Gewichte anbinden, sie wird gegen sich selbst, gegen ihre eigene Gefahr des Sich-gehen-lassens ins bloß Erdachte, halt- und hemmungslos Spekulative, Konstruktive, hart und mißtrauisch sein. Sie muß jede Aussage durch eigenes Hinschauen auf die Sache auf ihre Evidenz prüfen, muß die Folgerungen auf ihre Stringenz, die verschiedenen Aussagen auf ihre Widerspruchsfreiheit prüfen.

Nehmen wir dabei an, sie sei von dem hohen Roß, das sie, historisch betrachtet, zuweilen reitet, bereits heruntergestiegen, sie billige den Wahrheitstitel nicht nur der gedachten oder womöglich nur der mathematisierten Wahrheit zu, sie sei eine tolerant liberale, Wahrheiten leben lassende Vernunft. Auch dann noch bleibt vieles, was sie nicht verifizieren kann und was sie daher verwerfen muß. Vernunft ist nicht nur Finden der Wahrheit durch Zugehen auf die Sache, sondern legitimerweise auch Zweifel (der von Descartes nur überspannt wurde), Kritik der früheren Wahrheitsvermeinungen. Gegenüber der aus neuer Sorgfalt der Vernunft gewonnenen *epistämä* sinken diese Wahrheitsvermeinungen zur bloßen *doxa* herab. Sie mögen richtig sein, aber (a) *non liquet;* zumindest (b) haftet ihnen der Mangel an, daß sie sich nicht begründen, nicht (oder nur pragmatisch durch den Erfolg) als Wahrheit ausweisen können (so Platon im »Menon«); sie erweisen sich (c) als eine bloß vorläufige Wahrheit, die sich noch auf eine höhere Stufe heben läßt (daher arithmetisierte Descartes die Geometrie; Hegels Übergänge von künstlerischer sinnlicher Anschauung über religiöse innerliche Vorstellung zu philosophischem Begriff). Oder sie müssen als Irrtümer gestürzt werden wie der Eingott die Götzen stürzt.

Aber nun zeigt sich: es gibt Sphären des Seins, bei denen das Verlangen der Vernunft nach Erhärtung der Wahrheit sich relativ leicht befriedigen läßt; andere (das Ganze gegenüber dem Einzelnen, das unsichtbare Seelische und Geistige gegenüber dem Sichtbaren), bei denen es sich nur schwerer, und solche (wie Wert, Sinn und Ziel), bei denen es sich zwingend vielleicht überhaupt nicht befriedigen läßt. Daher gibt es hinsichtlich der früheren Wahrheitsvermeinungen zwei Formen der Verdammung: entweder die Vernunft scheidet sie aus, um ihre neue, bessere Wahrheit an die Stelle zu setzen; oder aber sie scheidet sie aus, um sich hinsichtlich der Bereiche, denen diese Wahrheitsvermeinung galt, selbst Askese aufzuerlegen, um, wie Wittgenstein sagte, zu »schweigen«. An die Stelle des Wissens setzt sie das Problem und das Nichtwissen.

Indem wir *Sicherheit* des Erkannten gewinnen, verlieren wir also ganze *Bereiche* des Erkennens. Auf das Ideal der Sicherheit verpflichtet, durch Methode und Begründungszwang gefesselt, sich selbst fesselnd, bringt die Vernunft den Mut nicht mehr auf, auch über diese Bereiche noch ein Wissen zu wagen. Und zwar sind die Bereiche, die sich nicht »exakt« behandeln lassen, offenbar gerade diejenigen, über die etwas zu erfahren wir das größte Lebensinteresse haben. Zugespitzt formuliert: je wesentlicher die Sache, um so unpräziser und unverbindlicher die mögliche Wahrheit über sie. So zwingt sich die Vernunft selbst durch ihr eigenstes, höchstes und ihr unabstreitbares Postulat der Verläßlichkeit, unwesentlich zu werden. Gerade über das, wovon wir am dringendsten etwas von ihr zu hören wünschten, weiß sie nichts.

Das ist es, was man (ohne daß dies ihren großen geschichtlichen Auftrag ausschlösse) der Aufklärung dann oft als »Plattheit« angekreidet hat (verbunden mit ihrer nicht notwendigen Tendenz, die Dinge zu simplifizieren, sie auf zu einfache Formeln zu bringen). Sie bewegt sich mit ihren »vernünftigen Gedanken«, wie ihr Erbe, der Positivismus, mit seinen *matters of fact*, im engen Rahmen des Faßlichen und Demonstrierbaren; große metaphysische Fragen wie die nach Ursprung und Endzweck der Schöpfung, oder auch: nach Schicksal und Weltgerechtigkeit, nach Liebe und Tod, liegen außerhalb. Deshalb erzieht Vernunft die, die sich ausschließlich auf sie stützen, trotz ihrer humanen Ideen Freiheit, Gleichheit, Brüderlichkeit, doch letztlich zu einem Neobarbarismus, so wie sie umgekehrt auf diejenigen, die schon von Haus aus Barbaren sind, die größte Anziehung ausübt. Aufklärung ist, auch wegen ihres gradlinigen Praxisbezugs, die erste Station derer, die geschichtlich, sozial oder lebensgeschichtlich erst in den Geist hineinwachsen.

Das Verlangen der Menschen nach Gesamt-Welt- und Sinndeutungen ist so stark, daß, nachdem soeben noch durch die vereinigten Anstrengungen der Aufklärung und des »Alleszermalmers« Kant Metaphysik totgesagt worden war, im Deutschen Idealismus eine neue Metaphysik entstand. Ja Kant selbst billigt der Vernunft zu, Ideen wie Leuchttürme vor uns aufzurichten, die sie vor dem Verstand nicht ausweisen kann. Die idealistische Metaphysik erlebte zwar um 1850 ihren »Zusammenbruch«, dennoch sah auch unser Jahrhundert etwa ab 1905 eine Rückkehr zur Metaphysik. So schwingt das Pendel hin und zurück. Lösungen der drängenden Fragen wagen sich immer wieder hervor, als bloße phantasievolle Dichtungen weist vorsichtiger sich bescheidende Vernunft sie zurück. Rückzugsgebiete des »metaphysischen Bedürfnisses« sind aber auch die Kunst mit ihrer undogmatischen Art der Aussage, ja Neoreligiosität: eher bringt man das *sacrificium intellectus*, als auf dieses Bedürfnis zu verzichten. Ersatzgebiete waren auch die sogenannten »Weltanschauungen« und sind sodann die politischen Ideologien, die, indem sie das unübersehbar gewordene Geflecht der modernen Gesellschaft auf eine einzige Erklärungsformel bringen, sie mit Hilfe dieser Formel in revolutionärer Aktion zugleich wieder heil zu machen versprechen.

Die Jugend hängt diesen Ideologien an, weil sie um eine wegweisende Erhellung bei Philosophen und Wissenschaftlern vergeblich anpocht. Weil diese eine solche nicht mehr bieten, bemächtigen sich der Gesamtdeutung die politischen Manipulateure und machen sie zu ihrem Werkzeug. Früher stellte die Vernunft Systeme auf, die zwar falsch waren, mit denen sie aber noch eine Verantwortung für das Ganze erhob. Indem an die Stelle dieser extensiven Verantwortung mehr und mehr nur noch die intensive für die Unumstößlichkeit einzelner Ergebnisse tritt, wird das Ganze zum Raub des Scheinrationalismus und des Irrationalismus.

Beide Verantwortungen scheinen sich antinomisch-alternativ zu verhalten. Die gleiche Skrupulosität, die der bloßen *doxa* den Boden echter Wissenschaft abrang, überläßt nun, indem sie sich auf diesen Boden beschränkt, alles über ihn Hinausliegende doppelt der *doxa*.

d) Die Wahrheit früherer Stufen gegen ihre völlige Destruktion

Anders gesagt: die Vernunft ist a) ein destruktives Prinzip gegenüber fremden und früheren Wahrheitsangeboten. Sie entkräftet nicht nur einzelne Irrtümer, sie entthront ganze *Weltbilder*: das magische, das mythische, das monotheistische und zuletzt noch die aus ihr selbst aufsteigende und nun dennoch von ihr als voreilig und erschleicherisch widerlegte Metaphysik. Dieses Destruktive der Vernunft ist die Kehrseite ihrer eigenen Vervollkommnung. Wie sie dem Gesetz ihrer eigenen Perfektibilität gehorchen muß, so steht sie auch unter dem Zwang, das ihr Widersprechende außer Kraft zu setzen.

Aber offenbar kann die Vernunft dabei ein Optimum auch überschreiten. Generell gilt: Irrtum ist nie *nur* Irrtum, er enthält immer auch Momente der Wahrheit, sonst könnte er nicht einmal Irrtum sein. Weil er Irrtum ist, deshalb verwirft ihn die Vernunft; aber damit übergeht sie zugleich die mit ihm verflochtene Wahrheit. Schiller hat es ausgesprochen: die Homerische Götterwelt war zwar nur ein schöner Wahn, aber der griechische Mensch war durch sie reicher als wir in unserm kalten Monotheismus und mechanistischen Weltbild. Schillers Lösung aus dem Dilemma war, daß für das unwiderbringlich Entschwundene und doch zu Bewahrende die große Retterin die *Kunst* ist, von der es also zwei Formen gibt: eine naive Anfangskunst und eine zurückblickend-lebendighaltende Spätkunst (ursprünglich ist, was die »sentimentalische Dichtung« sucht, nicht die verlorene *Natur*, sondern die verlorene *Geschichte*!). Aber das kann nicht genügen. Die Vernunft selbst muß Wege finden, das Bleibende an ihren überwundenen Stufen in ihre höheren Stufen noch zu integrieren. Aus der Klage in Schillers »Die Götter Griechenlands« wird Hegelsche Geschichtsphilosophie und Dialektik.

Was Schiller über den Tod der Götter Griechenlands sagt, das gilt analog auch für den Tod des jüdisch-christlichen Gottes. Nietzsche, der über die Gottesfiktion spottete, hat zugleich gewußt, wieviel die Menschheit, indem sie diese Fiktion durchschaut, auch einbüßt, das ihr nicht, wie Feuerbach glaubte, dann erst wahrhaft zuwächst.

Die Vernunft zerstört und zerstört. Was setzt sie an die Stelle? Unreflektierter Fortschrittsglaube sagt: sie erobert immer noch weitere Gebiete, sie dringt noch mehr in die Tiefe. Aber das ist ein Vordergrundsaspekt. Wie nach außen hin destruktiv, so ist sie b) nach innen hin restriktiv. Sie ist eine an sich arbeitende, sich verbessernde. Was soeben noch als Kraft und Leistung an ihrer Spitze zu liegen schien, das erscheint ihr nun schon als Verfallstendenz, als ein Zurückbleiben hinter ihrer wahren Möglichkeit. Je mehr sie sich aber verfeinert, um so spezialistischer und vorsichtiger wird sie. Ihre immanente Perfektion als Vernunft macht sie unvollkommen als Werkzeug des Lebens. Sie stellt so hohe Ansprüche an sich selbst, daß sie den Ansprüchen derer, die von ihr Rat und Hilfe erwarten, nicht mehr genügen kann. Sie wird zugleich steil und nichtssagend dünn. Gegenüber dem Wissenschaftsaberglauben seiner Zeit (der auch wieder der unserer Zeit ist) hat Max Weber festgehalten: Die Wissenschaft ist weder der Weg zum wahren Sein, noch der Weg zur wahren Kunst, noch der Weg zur wahren Natur, noch der Weg zum wahren Gott, noch der Weg zum wahren Glück; auf die Frage, wie wir leben sollen, gibt sie uns keine Antwort.[2]

Max Webers, als eines Vertreters dieser Wissenschaft, die er als solche reinhalten wollte, Forderung war, daß der Wissenschaftler nicht den Propheten spielen soll. Damit überließ er aber den Propheten die Welt. Heute besinnt sich nachpositivistische Wissenschaft wieder auf ihren »emanzipatorischen Auftrag«, auf ihre »gesellschaftliche Verantwortung«, will die

---

[2] Vom inneren Beruf zur Wissenschaft, in: Soziologie, weltgeschichtliche Analysen, Politik, 2. Aufl. Stuttgart 1956, S. 322 f.

Fragen nach dem Ganzen und dem Ziel nicht mehr aus sich ausgrenzen. Sie will, was bisher noch dezisionistisch entschieden wurde, der Vernunft in die Hand geben. Die Frage ist, ob ihr das gelingen kann oder ob sie nicht bloß den Dezisionismus in die Mauern der dann nur noch vorgeblichen, in Wahrheit zur Ideologie geworden Wissenschaft selbst hereinholt.

III
Weltbauende Vernunft

a) Ganzheits- und zielgerichtete Vernunft gegen die instrumentelle

Wir haben damit bereits den Übergang gewonnen von der Frage nach der Erkenntnisbegabung der Vernunft zur Frage nach ihrer Leistung bei der Gestaltung der Wirklichkeit. Vernunft, so sagen Max Horkheimer und seine Schule, auf die zuletzt schon einzugehen war, steht als nur instrumentelle immer in der Gefahr, klug erdachte Mittel für beliebige — auch inhumane — Zwecke einzusetzen. »Er nennt's Vernunft ...« Es ist der alte Vorwurf schon des Sokrates gegen die *technai* und noch gegen die Künste, in denen die Sophisten unterwiesen: all dieses Können ist ethisch neutral. Der gute Arzt kann auch gut töten, und er weiß nicht, wann er heilen, wann töten soll.

Dieser Polemik lassen Sokrates und Platon die Therapie folgen: es muß eine »Wissenschaft des Guten« geschaffen werden, ihr als der »königlichen Kunst« sollen die andern Künste sich unterordnen, von ihr ihre Weisungen erhalten. Ebenso heute: gegen die »positivistisch halbierte« Vernunft der empirischen Wissenschaften bringt sich wieder die andere Hälfte der Vernunft ins Spiel, die dafür sorgen will, daß die Mittel für die richtigen Zwecke verwandt werden. Gegen eine Vernunft, von der wir sahen, daß sie vor lauter internem Perfektionismus das Wesentliche wegläßt, setzt hier eine Gegenbewegung ein.

Sie erinnert ein wenig an die Freiheitsphilosophie des Deutschen Idealismus, die, gerade weil die Naturwissenschaft damals die durchgängige Kausalbestimmtheit der Welt lehrte, sich um so eindringlicher vernehmen ließ: man will sich das Genommene nicht so leichten Kaufs rauben lassen; für Einsicht kommen Dekret und Pathos. Analog heute. Nachdem die Entwicklung der Vernunft stetig dahin führte, daß sie sich selbst beschränkte, ist schwer einzusehen, wie die bloße Einsicht in die Gefährlichkeit dieser Entwicklung, wie der bloße Wunsch, die Entwicklung möchte nicht so weiterlaufen, sie wieder zurückdrehen kann. Vielleicht erreicht Vernunft eine

Stufe, auf der sie nicht mehr sein kann, was sie sein möchte und müßte; auf der sie sich wohl noch ein Ideal setzt, aber im Wissen, daß sie hinter ihm zurückbleibt. Ihr Steigen war auch ihr Fallen. Was heute als die andere Hälfte der Vernunft reklamiert wird, das ist vielleicht nur — durch die vernunfterzwungene Selbstbescheidung der Vernunft notwendig gewordene — Weltanschauung.

Gerade dadurch, daß Weltanschauung sich, wissend daß sie es nicht ist, als Vernunftresultat ausgibt, wird sie intransigent. Schon bei Platon, bei dem die »Wissenschaft vom Guten« noch eher das gute Gewissen zu sich haben mochte, führte sie zum totalitären Staat der »Nomoi«. Das Gute muß als Perspektive beständig erinnert werden und ist dann Sorge, Mahnung; als inhaltlich jederzeit vorgeschriebenes ist es nur noch die Parteilinie, die im Politbureau ausgeheckt wird.

Die Instrumentalität der Vernunft, durch die sie auch dem Schlechten dienen kann, ist nur die Kehrseite ihrer Kraft, ihrer Freiheit. Wer sie einseitig an das Gute bindet, raubt ihr die Freiheit. In anderer Weise als der Positivismus läßt auch er sie wieder nicht ganz sie selbst sein. Die vorgeblichen Anwälte einer besseren Vernunft sind ihre neuen Fessler.

b) Die Abundanz von Sein und Sinn gegen Zweck, Nutzen, Motivation

Der Vorwurf gegen die instrumentelle Vernunft besagt nicht nur, daß sie keine Zwecke setzt, daß sie die Zwecke von andern Mächten übernimmt. Am Mittel selbst läßt sie seine Mittelhaftigkeit durchschlagen. Mit geringstem Aufwand sucht sie die größte Wirkung zu erreichen. Sie streift alles von ihm ab, was darüber, womit es seinem Nutzen dient, hinausginge.

Aus dieser Gebundenheit an Zweck und Nutzen erwächst ein neuer Vorwurf gegen die Vernunft. In der nicht vernunftgeprägten Wirklichkeit, und auch in dem zwar von Menschen, jedoch nicht exklusiv nur aus Vernunft Geschaffenen, herrscht nämlich noch eine *irratio essendi,* das »ohne Warum« Meister Eckharts, und auch wo eine Motivation vorliegt, da gibt es doch noch eine Abundanz von Sein und Sinn über die Motivation. Die Vernunft dagegen — und je mehr sie im Laufe der Zeit sich selbst findet und selbstbewußt wird, desto entschiedener — schafft nichts Überflüssiges: *nil facit frustra* — das gilt von ihr noch mehr als von der Natur. Aus ökonomischen Gründen, aber auch aus immanenter Verpflichtung gegenüber der »Rechenhaftigkeit« als solcher, kalkuliert sie alles durch. Wie sie auf knappste Formeln bringt, so baut sie mit knappstem Material auf engstem Raum. Was sie konstruiert, das strömt die Durchrationalisiertheit förmlich aus.

Eben dies aber läßt den Menschen, der nicht nur ein Vernunftwesen ist, unbefriedigt. *Le superflu, c'est le plus nécessaire.* Einesteils gewinnt er durch den vernunftbewirkten »Fortschritt« in vielen Beziehungen so unendlich, daß er ihn nie zum Stehen bringen oder zurückdrehen könnte. Auf der andern Seite empfindet er zunehmend das, was Max Weber die »Entzauberung« durch die Vernunft nannte. Es ist ja nicht so, daß die Vernunft das, was andern Kräften im Menschen entspricht, bestehen ließe, und bloß ihr Eigenes danebenstellte. Ihr Bestreben ist es vielmehr, in immer weitere Bereiche einzudringen, alles ihrer Herrschaft untertan zu machen. Diese nur noch von Vernunft bestimmte Welt empfinden wir sowohl als flach wie als kalt. Das Menschliche zieht sich zurück in die Zwischenräume des Errechneten. Nur in ihnen gedeiht es noch.

Polyklet, der in seinem Kanon das Schöne der Gestalt auf Zahlenproportionen zurückführte, hat doch auch gewußt, daß die Wirkung des Schönen nur zustandekommt, wenn es zugleich, sei es geringfügig, von der strengen Proportion abweicht. Sonst erscheint es als unlebendig und starr. Ähnlich der Verfasser der »Schrift vom Erhabenen«: Kunst mag Regeln befolgen, aber man darf es nicht merken. Sie muß als Natur imponieren, und eher noch darf sie sich über die Regeln hinwegsetzen.[3] Dasselbe meint später der Sturm und Drang, wenn er gegen das »Gemachte« das »Gewachsene« stellt. Von solchem Empfinden aus kommt schon der Hellenismus dahin, daß höher als alles Menschengeschaffene die Natur selbst steht. Kein behauener Stein kann so erfreuen wie *saxum vivum.*

Auf der Seite des Subjekts hatte Aristoteles die *vita contemplativa* als Gottgleichheit, als Teilhabe an der Unsterblichkeit, gefeiert. Aber bei Plotin ist der höchste Zustand der emotionelle Zustand der Ekstase, und erst in dieser Entrückung aus Ich und Vernunft gewinnen wir auch die wesentlichste Erkenntnis. In Traum und Rausch, so wandelt in der Neuzeit die Romantik das ab, tauchen wir zurück in die Weisheit einer noch gottnäheren Urzeit. »Muß immer der Morgen wiederkommen ...« (Novalis).

Wie in den Zwanziger Jahren auf der Erkenntnisebene — wir sprachen davon — der Ruf laut wurde: Ganzheitsschau gegen Analyse, Erlebnis gegen Erkenntnis, so auf der Realebene: Kultur gegen Zivilisation, Gemeinschaft gegen Gesellschaft. Joachim Ritter hat gezeigt, daß auch die Zuwendung zur Geschichte seit dem späteren 18. Jahrhundert indirekte Wirkung der sich immer mehr ausbreitenden Rationalität ist: Rationalität baut das sich bisher noch aus Traditionen speisende Soziale und Kulturelle damals

---

[3] Vgl. Verf., Die Ästhetik des hellenistischen Juden Hermagoras, in: Ursprungsbild und Schöpfertat, München 1966, S. 253 f.

neu aus deren eigenen Prinzipien. Diese Prinzipien sind ebenso zwingend wie ungemüthaft. Deshalb sucht sich der Mensch für die ihm entgleitende gelebte Tradition eine Kompensation in der betrachteten Geschichte.

Kompensation ist aber auch, wie das »Zurück zur Natur«, wie die Versenkung in die Geschichte, die Flucht in die Kunst: wie auch in ihr ein »ohne Warum« durchbricht, so gefällt sie »ohne Begriff« und spart so einen Raum aus jenseits der rationalen Motivationen und Allgemeinheiten. In den selbstgegebenen Gesetzen der Kunst — z. B. daß der gleiche Strophenaufbau sich wiederholen, daß auf ein Reimwort ein gleichklingendes folgen muß — herrscht zwar Motivation, aber nicht rationale Motivation. Unser Bedürfnis nach Konsistenz scheint gestillt, auch wo logisch Inkonsistenz herrscht. Schönheit trägt uns über die Aussagen hinweg, die uns in Prosa nicht genügen würden, ja ein unaussprechlich tieferer Sinn scheint angerührt. Kunst erlöst uns nicht, wie Schopenhauer wollte, vom Willen, sondern von unserer Vernunft.[4]

Vernunft stellt alles unter den Legitimationszwang: es muß vor ihr Rechenschaft ablegen (*logon didonai*), warum es ist, warum es gerade so und nicht anders ist. Dadurch bringt sie mit Recht das Falsche und Schlechte zum Einsturz und schafft Raum für ein Neues. Es gibt aber auch ein legitimerweise Unmotiviertes — »›Von Ohngefähr‹, das ist der älteste Adel der Welt« (Nietzsche) —, das sich entweder nicht motivieren läßt oder, motiviert, nicht mehr ist was es war. Wir bedürfen seiner gerade in seiner Nichtreflektiertheit. Vernunft kann sich aus sich selbst nicht bremsen. Sie erkennt nicht die Legitimitätsgrenze des Legitimationspostulats und stellt es noch dort, wo sein Sinn schon überschritten ist und sie sich mit ihm in totalitäres Unrecht setzt. Das diesseits der Grenze Notwendige ist jenseits ihrer nur noch ruinös.

Heute ist es üblich, alle Bestrebungen, das Leben nicht völlig der Ratio zu überantworten, als gegenfortschrittlich zu diffamieren. Im Herzen der neuen Aufklärung aber kehren viele dieser Bestrebungen wieder, jetzt als Postulate der Vernunft selbst — einer klüger gewordenen Vernunft — uminterpretiert.

c) Entgegenkommender Sinn gegen Zielsetzungen (Vgl. I j)

Vernunft geht durch Vorstellungen, Ziele, Utopien über die Wirklichkeit hinaus. Sie gestaltet sie diesen inneren Konzeptionen gemäß und verbessert sie so. Aber indem sie sich auf ihre eigenen Pläne festlegt, schirmt

---

[4] Vgl. Verf., Die absolute Dichtung. Essais zur philosophischen Poetik. Stuttgart 1963.

sie sich gegen das ab, was ihr aus noch unerforschter Wirklichkeit entgegenkommen, was durch Aktivität der Einzelnen und durch geschichtliche Prozesse ohne ihr Vorhersehen zustande kommen könnte. Es ist wie im teleologischen Weltbild des Aristoteles, in dem für jedes Ding und Wesen sein Eidos schon festliegt und in dem daher, da die einzige und höchste Aufgabe der Wirklichkeit die ist, dieses Eidos an sich auszuprägen, nie ein den Bestand der Welt vermehrendes Neues entsteht. Demgegenüber ist die »blinde« Kausalität der Neuzeit schöpferischer: gerade wegen ihrer Ziellosigkeit kann ihre Wirkung das noch nicht Dagewesene sein. Analog bedeuten die Antizipationen der Vernunft (und der Aristotelismus ist nur eine Metaphysizierung solcher Antizipationen) zwar einesteils ein In-Bewegung-bringen der Welt auf deren Verwirklichung hin, zugleich aber ein Ausschalten all der Möglichkeiten, die außerhalb der eigenen Pronoia der Vernunft liegen. Sie ist eine schöpferische Vernunft durch ihre Ideen, sie steht aber eben damit demjenigen Schöpferischen entgegen, das sich ohne ihr Zutun aus der Wirklichkeit selbst ergibt.

Es war der an immer neuem Material illustrierte Gedanke des zu Unrecht wenig beachteten Gerhard Häuptner, daß überall dort, wo das Leben im Zeichen der Fülle steht, es sich noch für das Unvorhersehbare, das nicht in der geraden Linie seines Planens liegt, für die »gekrümmte Linie«, offen hält. Wie das Glück immer »um die Ecke« liegt, so auch alles große Finden und Gelingen, während verabsolutierte Zielstrebigkeit sich selbst verarmt und zerstört — »man kommt nie weiter als wenn man nicht weiß, wohin man geht« (Cromwell). Wenn die Religion den Menschen vor »Vermessenheit« warnte, so lag das Recht solcher Warnung nicht darin, ihn von seinem Planen abzubringen, auf das er als Mensch gestellt und dem inhaltlich schwer eine Grenze zu setzen ist; wohl dagegen soll er daneben — und auch darin liegt eine Demut — die Sensorien in sich nicht verkümmern lassen für das Ungeplante und Unplanbare. Wie die erkennende, so muß auch die handelnde Vernunft lernen, sich etwas schenken zu lassen. Sie muß lernen, daß auch mit ihrer Aktivität Sinnloses und ohne ihre Aktivität Sinnvolles geschieht.[5] Sie trifft nur, wenn sie ihre eigene begrenzte Tragweite richtig einschätzt: auch dies gehört zur stets geforderten »Selbstreflexion der Vernunft«.

[5] Vgl. unten: Lenkbarkeit und Eigengesetz der Geschichte, S. 183.

d) Pluralismus und Geschichte gegen Uniformität und Endzustand (Vgl. I h)

Der Mensch verfügt über keine Instinkte, wie er sich in jeder Situation verhalten soll, dafür aber über die Schöpferkraft, seine Lebensweise selbst zu gestalten. Daher entstehen nach Orten, Völkern, Zeiten immer wieder andere solche Lebensweisen. Es gibt nicht *die* Kultur, sondern nur Kulturen. Und diese *Pluralität* bildet nichts Vorläufiges, so, daß es idealiter eine »höchste Kultur« gäbe, die bloß noch nicht erkannt oder noch nicht erreicht oder die erreicht und wieder verlassen worden ist. Die Pluralität ist vielmehr legitim, sie ist ein Letztes. In ihr bekundet sich die Unausschöpfbarkeit des Schöpferischen.

Vernunft dagegen stellt ein ideales Muster der Kultur auf. Nach Maßgabe dessen, was ihr als zweckmäßig und gut vorschwebt, formt sie die Welt. Schöpferisch, so scheint es von hier aus, war der Mensch nur aus Unkenntnis. Er mußte schaffen, weil er das Wahre noch nicht sah. Sobald er dieses besitzt, muß er es nur noch wiederholend in die Realität übersetzen. Das aber ist nur noch ein Verwirklichen, kein Schaffen im eigentlichen Sinn mehr. Für *creatio* kommt *imitatio.*

Das aber schließt dreierlei ein:

1. Das Wahre ist immer und überall dasselbe. Die Welt, die nur noch sein Abbild ist, verliert also ihre Variabilität, ihre Mannigfaltigkeit. Dasselbe realisierend, wird sie überall gleich. Durchgehende Uniformität und Monotonie breiten sich aus. Sie sind aber der notwendige Kaufpreis dafür, daß wir in der »besten Welt« leben, um derentwillen es falsche Romantik wäre, dem Pluralismus der vielen schlechten Welten nachzutrauern.[6]

Hatte einst Engels von der Höhe des Kosmopolitismus herab die »Natiönchen« belächelt, befinden wir uns heute, während einesteils der Internationalismus sich noch weiter vorschiebt, gleichzeitig in einer Gegenbewegung zum Partikularen hin. Die bis vor kurzem überall lateinische katholische Messe wird heute in den Landessprachen gelesen. Nicht durch Übernahme des Europäischen, sondern auf der Basis der *négritude* (Senghor) will Afrika in die moderne Weltkultur hineinwachsen. Während früher das Partikulare naturhaft da war, suchen wir es heute vor rationaler Einebnung zu retten, ja neu zu erzeugen. Die Vernunft kann das Haften am Gewachsenen und Begrenzten nicht rechtfertigen. Es ist ihr ein »Vorurteil«. Aber »das Vorurteil ist gut zu seiner Zeit. Es drängt Völker zu ihrem Mittelpunkte zusammen, macht sie fester auf ihrem Stamm, blühender in ihrer Art, brünstiger und endlich auch glückseliger in ihren Neigungen und Zwecken« (Herder).

---

[6] Vgl. unten: Die Zukunft der Geschichte im Regnum Rationis, S. 194.

2. In der allenthalben gleichen Welt werden auch die Menschen untereinander gleich. Es bedarf keiner Initiative und keiner Phantasie mehr. Expertenteams und Maschinen machen alles. Das Am-Ziel-Sein der Vernunft ist das Ende des Individuums. Geschichte und Individuum sterben gleichzeitig.

3. Nachdem das vernunfterkannte Gute sich durchgesetzt hat, bleibt der Menschheit — wenn sie nicht dahinter wieder zurückfallen will — nichts übrig, als permanent in ihm zu verharren. Dynamik des Schöpferischen wird abgelöst durch die Statik der Wahrheit. Die Bestformen sind gefunden und erzwingen sich kraft ihrer Evidenz. Wie Tiergattungen aufgrund des Instinkts Jahrmillionen in einem Stabilzustand leben, so nun auch die Menschheit aufgrund der endlich an ihrem Ziel angelangten Vernunft.

Die modernen sozialen Superstrukturen basieren auf funktionaler Rationalität. Sie werden beherrscht von Berechnung und Effizienz. Diese Superstrukturen üben nun einen tiefen Einfluß aus auf die Bereiche und Interessen des Lebens, die traditionellerweise außerhalb der funktionalen Rationalität liegen. Auch sie müssen nun, um überhaupt noch gehört zu werden, lernen, sich in der Sprache auszudrücken, die ihnen von der funktionalen Rationalität auferlegt wird. Aber das gelingt ihnen nie voll. Ihre unterirdische innere Logik geht im Prozeß der Übersetzung verloren, der bereits eine Kapitulation ist. Ihre Realität, die Dringlichkeit ihres Anspruchs auf Autonomie, erlangt nicht die Anerkennung, die ihnen gebührte. Dieser Anspruch wird abgetan als ein Ausdruck von Unverantwortlichkeit und von Pathologie. So übt die höhere Rationalität eine ungerechtfertigte Form der Herrschaft aus. Sie droht alles zu distorquieren und zu zerstören, was ihrer Kontrolle widersteht.

Die Menschheit entdeckt jetzt in der Vernunft auch das feindliche Prinzip. Die Vernunft steht der Mannigfaltigkeit, der Individualität und dem Fortgang der Geschichte entgegen. Die Menschheit kann das Weiterdringen der Vernunft ebenso wenig aufhalten, wie sie zugleich weiß, daß es nicht nur zu ihrem Heil ist. Sie steht in einer tragischen Situation. »Vom Nutzen und Nachteil der Vernunft für das Leben«! Während sie früher noch das Gegengewicht gegen die Übermacht der Natur bildete, fehlt ihr jetzt die Polarität. Sie hat zu sehr gesiegt. Das Humanum erweist sich zugleich als Antihumanum.

Nachdem die Menschheit lange auf dem Fortschrittsweg der Vernunft mit ihr nach vorn schaute, ist heute der Moment der Distanzierung von ihr und des Rückblicks auf die Vernunft. Wir ziehen Bilanz und fragen: wohin hat die Vernunft uns geführt? Mußte für ihre immanente Vervollkommnung als Vernunft vielleicht der Mensch, der aus ihr lebt, an dem sie aber nur eine Teilkraft ist, andere Kräfte opfern? Vor dem höchsten Gerichtshof erscheinen Vernunft und Mensch als zwei gegnerische Parteien.

e) Vernunft als Organ des Einzelnen gegen spezialistische und anonyme Vernunft

Auf seine Vernunft gestützt, wurde bei den Griechen und in der Renaissance der Einzelne *selbständig* gegenüber der sonst allbeherrschenden Macht der Tradition. Jetzt läßt er sich nicht mehr von ihr sagen, was wahr ist und wie er sich verhalten soll. Durch eigenes Zugehen auf die Sache prüft er das überkommene Wahre und findet neues Wahres. Selbsterschaute Werte bestimmen sein Verhalten und Schaffen. So war die Vernunft das große Organon der Individualisierung. Durch sie trat der Mensch auf eine höhere Stufe.

Aber dies waren weltgeschichtlich nur Augenblicke. Je mehr Können und Wissen sich anreichern, um so arbeitsteiliger wird die Gesellschaft. Wie es in den *technai* auf jedem Gebiet einen Sachverständigen gibt, so, forderte Sokrates, soll es in Zukunft Sachverständige auch auf denjenigen Gebieten geben, auf denen heute noch jeder glaubt, mitsprechen zu können. Wie man sich dort dem Rat des Techniten unterordnet und ihm das Werk überläßt, so soll man überhaupt überall dort, wo man nicht selbst Kenner ist, »das Steuer seiner Gedanken einem andern übergeben«. Jeder soll nur »das Seine tun« (Platon). Damit aber bewirkt die Vernunft durch ihre Spezialisierung wieder eine analoge Unselbständigkeit des Einzelnen, wie sie vorher unter dem Bann der Tradition bestand. Nur auf seinem eigensten kleinen Gebiet wird und bleibt er selbständig. Darüber hinaus muß er sich wieder von außen belehren lassen und ist nicht zuständig.

Unter der Alleinherrschaft der Tradition identifizierte er sich noch mit ihr. Er war noch nicht zum Eigensein erwacht und fühlte seine Verunselbständigung durch sie nicht. Als Glied der Tradition lebte er seinem Bewußtsein nach von innen heraus im unmittelbaren Weltkontakt. Jetzt dagegen *fühlt* er seine Entmachtung. Die Vernunft hatte sein Eigensein geweckt; jetzt raubt sie es ihm wieder. Aus dem Anspruch seiner eigenen Vernunft möchte er erkennen und handeln, aber andere schlagen ihm diesen Anspruch aus der Hand. Er wird durch ein ihm Fremdes gegängelt. Zwischen ihn und die Welt schieben sich Wissenschaft und Technik.

Deren Fremdheit wird freilich gemildert durch ihre Rationalität. Er darf das Vertrauen hegen, daß er, würde er sich eine ihm unbekannte Wissenschaft aneignen, würde er ihr Gebiet erforschen, auch mit seiner persönlichen Vernunft zum selben Ergebnis kommen würde, zu dem sie schon kam. Faktisch aber bleibt es bei diesem Vertrauen. Die Möglichkeit wird nicht aktualisiert. Und dies um so weniger, als die Wissenschaft zunehmend minutiöser und entsprechend die auf sie gegründete Technik komplexer geworden ist. Jede Wissenschaft ist für den Außenstehenden wie eine Geheimwissenschaft. Die Vernunft, die antrat, die Welt zu erhellen, zerlegt die Menschen in die wenigen Eingeweihten und die vielen Laien und macht sie für die Laien nur unübersichtlicher und undurchdringlicher.

Max Weber hat auf das Paradox hingewiesen, das darin liegt, daß der Primitive in einer für ihn durchsichtigen Welt steht, wir rationalen Spätmenschen dagegen in einer für uns rätselhaften. Damit hängt auch zusammen, daß der Primitive noch universeller ist, Repräsentant seiner ganzen Kultur. Wir dagegen sind auf den Sektor beschränkt, den wir studiert haben. In das, was daneben liegt, wagen wir kaum mehr uns einzumengen, weil wir uns damit der Lächerlichkeit des Dilettantismus aussetzen würden.[7] Regionalistisch und akkumulativ werdende Vernunft gewinnt objektiv, wächst aber dadurch über das Subjekt hinaus. Sie schenkt der Menschheit, raubt dem Einzelnen.

Geschichtsphilosophie hat gefabelt: der Mensch erwuchs unter der Obhut der Götter; er erwachte zur Vernunft und wurde Mann. Man könnte die Fabel so abändern: er erwuchs unter der Obhut der Vernunft; aber wie die gleiche Fürsorge, unter der man gedieh, von einem bestimmten Punkt ab verderblich ist, und jeder junge Mann daher gegen seine Erzieher selbständig werden muß, so auch der Mensch gegen die Vernunft.

Das Bild bedarf einer doppelten Korrektur: 1. es ist nicht die gleiche Fürsorge, der er sich, weil er älter wird, entwinden muß, sondern der Mensch ist der gleiche geblieben. Älter, reifer und eben dadurch gefährlicher geworden ist vielmehr die Vernunft. Freilich weckt dies die Selbstbesinnung nicht nur gegen die fortgeschrittene, sondern gegen die Vernunft überhaupt. 2. Er soll ihr nicht entwachsen und sie hinter sich lassen; wohl dagegen soll er ihre Grenzen sehen und wissen, daß er sich ihr nicht allein anvertrauen darf.

---

[7] Vgl. Verf., Das Ende des Individuums, Stuttgart 1971, S. 92 f. und 117.

Die sprechende Geliebte

Aufklärung identifiziert Erkenntnis mit Vernunft: Vernunft wird uns immer tiefer an den Kern der Dinge heranführen. Romantik gründet in einem entgegengesetzten Wissen: gerade Vernunft mit ihren Begriffen, Analysen und Berechnungen löst die Wahrheit auf. Von den Wundern, die uns rings umgeben, sperrt sie uns ab ins Vordergründige und Unwesenhafte. Die Natur möchte uns etwas mitteilen, aber wir verstehen ihre Symbolik nicht. Über die Vernunftmauer hinweg dringt ihre Botschaft nicht bis zu uns hin. Nicht über sie Aussagen machend, nur im stummen Anschauen nehmen wir ihre Offenbarung in uns auf. In vorrationalen Ausdrucksweisen wie in Sprache, Mythos, Kunst — die aus gottunmittelbarer Urzeit zu uns herüberragen (Görres) — schwingt noch eine Ahnung des Verlorenen. Fühlend und schaffend suchen wir aus dem Vernunftgefängnis auszubrechen in der Hoffnung, so dem Geheimnis näher zu sein.

Dasjenige in uns, was sich der Vernunft entgegenstellt, ist aber nicht nur die Sehnsucht nach vollerer *Wahrheit.* Zum Angezogensein durch die Wahrheit tritt die *Repulsion* durch die Langeweile, durch das Allzuplane, Allzusimple. Die Banalität ist die Konterrevolution! (Isaak Babel) Monoton sich wiederholendem *ennui* des Alltags widersetzt sich — in der menschlichen »Weltoffenheit« und »Neugier« wurzelnd — das Verlangen nach dem, was aus der vertrauten Normalität herausfällt, nach dem Unwahrscheinlichen, dem Transzendenten; subjektiv gesprochen: nach Rausch und Fest, nach herausragenden Erlebnis-Zuständen, aber auch nach Schmuck und auszeichnender Besonderheit.

Für diesen ganzen Anspruch bildet die Vernunft die große Gegenmacht: denn ihr Werk ist gerade die »Entzauberung«; sie macht alles durchsichtig und damit banal. Als ihres höchsten Triumphes rühmt sie sich der Evidenz, des Offenkundigen. Diese von ihr präsentierte luzide Welt aber ist öde und flach. Das Bedürfnis nach dem Außergewöhnlichen schafft immer neue Rätsel herbei; aber indem es so der Vernunft einesteils Stoff liefert, arbeitet es sich selbst entgegen, denn die Vernunft walzt auch diese Rätsel wieder — aus ihrem Gesetz heraus kann sie nicht anders — klar und platt.

Auch das Fortstreben von der Banalität ist also, neben andern, ein Motiv für das Fortstreben von der Rationalität, für den Hang zum Irrationalen (das uns dann zwar äfft und doch immer wieder verführt als die notwendige Illusion der Gegenbanalität). Religion und Kunst verdanken, wenn nicht ihr Entstehen, so doch einen Teil ihres Fortbestehens der Tatsache, daß sie Asyle sind, in die wir uns vor der Verfolgung durch die rationale Banalität flüchten, in denen wir uns vor ihr sicher fühlen dürfen. Daher von Tertullian bis Kierkegaard der Kampf gegen den mit Sophia und Logos identifizierten, gegen den bewiesenen Gott für die Absurdität des Glaubens, für das Paradox, für die Gottesbeziehung, die ein unmitteilbares Geheimnis des Einzelnen ist und die erst die Subjektivität und die Leidenschaft weckt. Daher gegen die Imitationstheorie der Kunst, die aus ihr eine Form der Erkenntnis macht, die Gründung der Kunst auf Inspiration und Phantasie, ihre Verknüpfung mit dem »Wunderbaren«.

Wie eine Tendenz vom Mythos zum Logos, so gibt es auch eine Tendenz vom Logos zum Mythos. Innerhalb der Vernunftsphäre bildet einzig die Metaphysik den paradoxen Versuch, mit rationalen Mitteln den nichtbanalen Charakter der Welt festzuhalten und sogar noch mehr herauszuarbeiten. —

Auch in der Geliebten tritt uns jenes Geheimnis, jenes Überalltägliche entgegen. Aus in »Zahlen und Figuren« (Novalis) gedeuteter Welt fällt sie heraus und rührt uns mit dem Zauber des Unbegreiflich-Unsäglichen an. Sie hat etwas von der Irrealität des ästhetischen Bildes. Daher weckt sie das Gedicht: nicht in der Sprache der Vernunft läßt sich von ihr künden. Der Aufklärer, der alles deduzieren und transparent nach Resultat und Zweck vor sich sehen will, ist weder ein Liebender noch ein Dichter.

Aber im Unterschied zur Natur ist die Geliebte Vernunftwesen wie wir. Sie besteht nicht nur aus ihren Locken und ihrer Gestalt. Die Natur bleibt transverbal, und ebenso Bildnerei und Musik. Dichtung redet zwar, aber in einer verfremdend-überirdischen Sprache. Die Geliebte dagegen öffnet ihren Mund. Und ihm entquellen — nicht etwa Entsprechungen dessen, was wir in ihr sehen und an ihr haben, Umsetzungen ihres Seins ins Hörbare; sondern — Worte, genau so rational wie unsere eigenen, von der gleichen Wirklichkeit sprechend, mit der alle Menschen es zu tun haben. Sie *lebt* das Außerordentliche, aber sie *redet* das Gewöhnliche. *Spricht* die Geliebte, so spricht, ach! die *Geliebte* nicht mehr.

Die Geliebte ist das Nicht-banale *par excellence*. Wir sehen es in ihr ebenso, wie der Gläubige durch das Glasfenster der Kathedrale unmittelbar den Himmel schaut. Worauf die Metaphysik nur *verweist*, das ist sie *real* als nahes Wesen. Die Geliebte als *ens metaphysicum* und Metaphysik als Seinsinterpretation wachsen im Erlebnisgrund aus derselben Wurzel. Nun erwarten wir von ihr, das, was sie für uns ihrer Natur nach *ist*, müsse sich auch niederschlagen in ihren *Gedanken und Worten*. Gäbe es eine Geliebte, die nicht nur durch ihr *Dasein* ein Mysterium wäre, sondern die auch Mysterien *spräche* wie Hölderlin oder Ernst Bloch, die das Phänomen und die Lehre, das Lebendige und die Deutung *in einem* wäre: sie erst wäre die Stillung einer noch nie erfüllten Sehnsucht.

Daß die Geliebte nie *diese* Geliebte ist: darüber trägt uns zwar das Entzücken an ihr hinweg, und mit dem Verstand wissen wir, daß es gar nicht anders sein kann. Wir bedürfen der Kommunikation mit ihr auf der logischen Ebene. Dennoch wird eine in verborgenen Schichten nie ganz einschlafende Erwartung enttäuscht. Wir gestehen es uns selbst nicht ein, aber weil ihr Wesen metaphysisch ist, glaubten wir, auch ihre Sprache müsse metalogisch sein, und sind doppelt ernüchtert.

Daher die Liebe zur »fernen Geliebten«, die wir nie oder nur flüchtig sahen, eine Liebe, die keinen näheren Umgang sucht, weil in ihm das Unirdische sogleich wieder zerstört wäre. Manche Frauen wissen das selbst: durch seltenes Erscheinen und sparsames Sprechen gelingt es ihnen, den Traum, den wir von ihnen hegen, um so länger wachzuhalten.

Cur deus femina? Von allem Übersteigenden trägt sie allein unsere eigene menschliche Gestalt. Das Mehr-als-Vernünftige und die Vernunft begegnen sich in ihr in gespannter Einheit. Weil jenes sich auf der Folie dieser abhebt, deshalb bezwingt es uns hier um so mehr. Dafür aber müssen wir den Preis entrichten, daß es sogleich wieder von der Vernunftwelt eingeholt, in sie zurückgezogen wird. Wie nach manchen der Reiz der Kunst darin besteht, daß wir ihrer Illusion erliegen und zugleich doch wissen, daß sie nur eine Illusion ist, so pendeln wir auch hier. Augenblickhaft wird die Geliebte zum schweigenden Bild und entrückt uns in einen jenseitigen Bezirk; immer wieder reißt sie uns durch ihre eigenen Worte aus ihm heraus, hinauf in die Oberfläche kahler Wirklichkeit. Zwischen den beiden Polen der Transzendenz und der Immanenz werden wir in unserer Beziehung zu ihr hin und her bewegt. Wir sind dankbar, daß das Unaussprechliche uns so nah, daß es Mensch ist; wir sind irritiert über das Gespräch seiner Nur-Menschlichkeit. Gerade dort, wo es am tiefsten in uns eingreift, wird uns auch am eindrücklichsten, daß es sein Versprechen nicht in kleiner Münze einlöst, daß es rückverankert bleibt in unserem eigenen unendlichen Anspruch.

TEUER BEZAHLTE VERNUNFT

Ist Vernunft noch das Humanum?

I

Humane und transhumane Vernunft

a) Wachstum, Spezialisierung, Autonomwerden der Vernunft

Wir beginnen mit einer Fabel des Äsop: Man erzählt, zuerst seien die Tiere geschaffen und es seien ihnen von Gott Geschenke gegeben worden, dem einen Wehr, dem andern Schnelligkeit, dem andern Flügel. Der Mensch aber stand nackt da und sprach: »Mich allein ließest du ohne Geschenk.« Da antwortete Zeus: »Du hast bloß dein Geschenk noch nicht bemerkt, und dabei hast du das größte bekommen. Denn den Logos hast du als Anteil, der bei den Göttern etwas vermag und bei den Menschen, der stärker ist als die Starken und schneller als die Schnellen.« Da erst erkannte der Mensch seine Gabe, warf sich vor Zeus zu Boden und dankte ihm.

In naiver Weise verknüpft dieses kleinasiatische Erzählstück, das später noch für Protagoras als Vorlage seines anthropologischen Mythos diente, die sonst nicht griechische Vorstellung eines Schöpfergottes mit einem der Grundworte der griechischen Philosophie, mit dem Logos. *Logos anthropo daimon* — der Logos ist dem Menschen das Schicksal —, so könnte man in Abwandlung eines Heraklitwortes die Grundüberzeugung, die hier ausgesprochen wird, auf eine Formel bringen. Sie ist, wenn auch durch christliche und später durch naturalistische Anthropologie befochten und durch asiatische Anthropologie konkurrenziert, seit den Griechen eine Grundüberzeugung Europas bis an die Schwelle unserer Zeit geblieben. Wir wissen heute, daß nicht die erkennende, sondern die erfindende Vernunft das *proprium* des Menschen bildet, für die die erkennende ursprünglich nur ein Instrument bildet. Der Mensch müßte nicht *homo sapiens,* sondern *homo creator* heißen. Doch nicht dies soll hier unser Thema sein.

Die Vernunft hat es an sich, daß sie nicht bloß wie eine natürliche Kraft oder Eigenschaft in sich als das beharrt, was sie einmal ist. Sie ist des Wachstums, der Erweiterung, der Verfeinerung fähig. Statt »Du hast den Logos als Anteil bekommen« hätte daher Zeus dem ungehaltenen Menschen auch erwidern können: »Du hast die Geschichte bekommen.« Dann aber hätte der Mensch ihm vielleicht nicht so innig gedankt, weil er nämlich erkannt hätte, welche Gefahren für ihn in der Geschichte beschlossen liegen.

Das Psychische, einesteils dem Menschen naturhaft mitgegeben, nimmt andernteils am menschlichen Gesetz der Geschichtlichkeit teil. »Ebensosehr wie Natur bin ich Geschichte.« Es gibt eine Geschichte z. B. der Gefühle. Darin, daß sie Geschichte hat, macht also die Vernunft innerhalb des Seelischen keine Ausnahme. Die Antike und noch das 18. Jahrhundert glaubten: die Vernunft ist in allen Menschen dieselbe. Sie mag noch schlummern und muß dann geweckt werden, als geweckte aber ist sie Eine. Das ist erstens ein Naturalismus, der im Gewand des Spiritualismus auftritt. Die Vernunft wird gleichsam als Platonische Idee gefaßt, die sich als solche über die geschichtliche Kontingenz erhebt. In Wirklichkeit wird die Vernunft dadurch aus der höheren Geschichtlichkeit, die ihr zukommt, auf etwas Naturales reduziert, das sich nur entfalten, nicht von uns variabel gestaltet werden muß. Der Glaube an die Einheit und Gleichheit der Vernunft war zweitens eine Ideologie. Er entsprang dem Interesse, die Unterschiede zwischen Schichten, Religionen, Völkern, einzuebnen, ihnen allen Gleichberechtigung zuzubilligen.

Man könnte einwenden: Was zunimmt, das sind nur die Erkenntnisse. Was sich verändert und vervollkommnet, das sind nur die Methoden. Indem die Menschheit Erkenntnisse erwirbt und Methoden ersinnt, die dann bewahrt, übernommen und akkumuliert werden, steht die Vernunft in späterer Zeit an einem höheren Punkt als in früherer. Dies sind aber alles — so könnte gesagt werden — nur Vollendungen in einem Bereich des Objektiven; die Vernunft als die uns von Haus aus angestammte Fähigkeit, als unsere subjektive Anlage und Gabe, bleibt als solche durch diesen geschichtlichen Wandel hindurch stets dieselbe. — Allein diese Trennung ist fraglich. Anderes wissende Vernunft ist auch anders arbeitende Vernunft. Ihre Methoden sind nicht nur ein Äußeres, dessen sie sich bedient, sondern sind die Vernunft selbst. Das von ihr Geleistete bleibt ihr nicht gegenüber, sondern wirkt auf sie zurück. Sie wächst an ihrem eigenen Produkt, verwandelt sich durch es, gelangt auf dem Weg über die *ratio ratiocinata* zu ihrer eigenen Höhe als *ratio rationans*.

Nun müssen wir uns vorsehen, daß wir nicht ungewollt in die Bahnen einer alten philosophischen Tradition einmünden. Steigerung, Hellerwerden, schließlich Sich-selbst-Erfassen des Bewußtseins, Perfektibilität der Vernunft, Fortschritt der Erkenntnis: das sind große Themen metaphysischer Seinsgeschichte und Geschichtsphilosophie bei Leibniz und Hegel, abgeblaßt in der Aufklärung, weitergetragen von Comte, Morgan, Buckle. Meist ist dabei die Vorstellung die, daß höhere Vernunft die Menschheit und in ihr den Einzelnen generell höherführt, und zwar nicht nur technisch und ökonomisch, sondern auch in Gesellschaft und Moralität, in der Hegelschen Formel: den Stufen der Vernunft entsprechen Stufen der Freiheit.

Rousseau, die Romantik, in unserem Jahrhundert Klages und Theodor Lessing drehten diesen Aufriß um: Die Vernunft steigt, die Menschheit sinkt. Eine differenzierende Spielform stellen Adorno, Horkheimer und Marcuse dar: Rationalisiert haben sich bis heute nur die Teilgebiete, nicht »das Ganze« (der Gesellschaft), daher liegt dieses Ganze heute doppelt im argen; durch nicht nur instrumentelle, sondern emanzipatorische Vernunft wäre aber vielleicht auch das Ganze der *perditio* noch revolutionär zu entreißen.

Unser eigener Beitrag zu dem Problem, wie die Geschichte der Vernunft für die Geschichte der Menschheit bestimmend wird, unterscheidet sich von diesen Entwürfen dadurch, daß er dem anthropologischen Ausgangspunkt treu zu bleiben sucht. Vervollkommnung der Vernunft, Verbesserung der Erkenntnis: das hat nämlich sehr früh, vielleicht von Anfang an, neben dem gnoseologischen und neben dem geschichtlichen Aspekt, auch einen sozialen Aspekt. Es bedeutet nicht nur, wie die Philosophen das so oft darstellten, Fortschritt zu Naturbeherrschung und Freiheit. Es ist damit verknüpft, daß verschiedene Menschen Spezialisten für verschiedene Gebiete sind. Es geht — Spencer gehörte zu denen, die diese Verbindung präsent hatten — aus der Arbeitsteilung ebenso hervor, wie es sie rückwirkend wieder fordert. Die Frau arbeitet nicht nur etwas anderes als der Mann, sie »versteht sich« auch auf anderes, und ebenso der Kanubauer auf anderes als der Regenmacher.

Nun ist diese Differenzierung in einfachen Kulturen noch nicht so einschneidend wie später. Das gemeinsame Wissen und Können überwiegt noch. Das Tun des andern bleibt für mich durchsichtig (obgleich es gerade in der Frühzeit ängstlich gehütetes Geheimwissen geschlossener Berufskreise gibt). Die Athener des fünften Jahrhunderts konnten noch Sophokles, weil er ein so guter Dramatiker war, auch zum Feldherrn wählen. Noch Goethe berichtet von einem Manne, der in der Lage gewesen wäre, eine Universitätsprofessur für jede existierende Disziplin zu übernehmen: das war damals, wenn auch als Ausnahme, immerhin noch möglich. Das Komplexwerden einer Kultur heißt jedoch immer auch, daß der Spezialist noch mehr Spezialwissen bei sich anhäuft; daß dort, wo bisher einer ein großes Gebiet beherrschte, nun Teilgebiete noch spezielleren Spezialisten zugeordnet werden; und daß auch für Tätigkeiten, die bisher ungelernt ausgeübt wurden, jetzt Fachleute existieren. Wo bisher eine einheitliche, allen gemeinsame Menschenvernunft war, da haben wir also jetzt die unterschiedlichen Experten. Wo wir bisher in einer Situation spontan reagierten oder selbst überlegten, da schiebt sich zwischen uns und die Sache eine Techne, eine Wissenschaft, die erst gelernt werden muß.

Obgleich die Eingrenzung auf jeweils ein bestimmtes Gebiet Kenntnisse vertieft und Fähigkeiten intensiviert, ist diese Eingrenzung nicht durchwegs begrüßt worden. Für Rousseau ist der Beruf des Menschen der, Mensch zu sein. Mit der Arbeitsteilung, mag sie gleich ihr Gutes haben, beginnt die Eigenliebe der Stände und des Besitzes. Der Primitive genießt noch die Früchte seiner eigenen Arbeit, er ist sein eigener Jäger und Fischer, so wie er auch sein eigener Priester und Philosoph ist. Erst indem die Kräfte, die einst dem Menschen gehörten, in Berufszweigen und Institutionen objektiv werden, beginnen sie ihn zu tyrannisieren und zu fragmentarisieren. Nach dem Vorgang von Fichtes »Vorlesungen über die Bestimmung des Gelehrten« (1794) hat Schiller in den »Briefen über die ästhetische Erziehung« es beklagt, daß durch Spezialisierung zwar die Menschheit gewinne, der Einzelne aber verliere, weil er durch sie zum Fragment werde; die volle Menschheit des Einzelnen wird dem Fortschritt, der Zukunft geopfert; die »Totalität« lebt jetzt nur noch im Ganzen, der Einzelne gewinnt sie nur indirekt zurück in der Kunst — bei Humboldt: durch Universalität der Bildung, die, was im Sein fehlt, im Wissen ergänzt. Weil jeder etwas anderes weiß und tut, sind die Menschen keine »Brüder« mehr. Hölderlin hat das in seinem »Hyperion«-Brief über die Deutschen aufgenommen. Noch der junge Marx — zu dem insofern tatsächlich von Hölderlin eine Linie führt — träumt von einer künftigen Welt, in der jeder nach seinem Gefallen sogar am selben Tag drei verschiedene Tätigkeiten wird ausüben können. »Die Subsumtion des Individuums unter diese bestimmte Kunst« als Maler, Bildhauer usw. drückt Borniertheit aus. »In einer kommunistischen Gesellschaft gibt es keine Maler, sondern höchstens Menschen, die unter anderem auch malen« (Deutsche Ideologie). In seinem Buch über die Griechen führt Kitto den Verfall des klassischen Zeitalters darauf zurück, daß die Einheit des Lebens auseinanderbrach in eine Vielzahl sachbestimmter und darum auseinanderstrebender Tätigkeitskreise.

b) Individualisierende und entindividualisierende (expertive) Vernunft

Aber Platon hat aus der Arbeitsteilung, deren Abwesenheit im Staat des Demokrit er ironisiert, ein Fundament seiner eigenen Staatsutopie gemacht, hat die *polypragmosyne*, die Vielgeschäftigkeit, verpönt und dafür Sorge getragen, daß jeder nur »das Seine tun« soll. Er ist damit Erbe des Sokrates, bei dem ein demiurgisch-technitischer Begriff der Vernunft bereits philosophieprägend geworden war. Sokrates sagt: So wie es jetzt schon für das Bauen und das Gerben Techniten gibt, so müßte es solche auch geben — und *wird* es sie, wenn wir philosophierend die *techne* finden, in Zukunft geben — für die Bereiche des politischen und ethischen

Verhaltens. So wie kein Handwerksmann absichtlich etwas falsch macht, so wird man dann auch auf diesen Gebieten nicht »fehlen« (was im Ethischen den Sinn des »Frevelns« einschließt); niemand irrt freiwillig; wenn wir bis jetzt das Falsche tun, so liegt das nur daran, daß wir eben das richtige Wissen noch nicht haben. Wie niemand auf den Gedanken kommen würde, über das richtige Bauen das Volk abstimmen zu lassen, sondern man den Baumeister fragt, so wird es in Zukunft auch keine politische Demokratie mehr geben, sondern Politologen — die aber bei Platon zugleich Agathologen: um das Gute, um das Höchste Wissende sind — werden den Staat lenken. Selbstverantwortliches Individuum und Demokratie gehören zusammen; mit jenem fällt diese. Denn ebenso wie im Politischen auch im Ethischen: Wir werden nach Sokrates über unser Verhalten nicht mehr selbst entscheiden, sondern das Steuer unserer Gedanken und Handlungen dem Wissenderen übergeben (Kleitophon).

Der von Sokrates gezogene Parallelismus hinkt. Wenn ich nicht selbst gerbe, so fehlt mir nichts. Es kommt mir im Gegenteil zustatten, wenn ein anderer für mich gerbt. Ich genieße meinerseits die Befriedigung, mich auf ein einziges Handwerk werfen zu können und es in ihm zur Vollkommenheit zu bringen. Wenn ich dagegen in wesentlichen Fragen meines eigenen Lebens nicht selbst entscheiden darf, dann ist mir ein Teil meiner Verfügungskompetenz, ja meines Personseins genommen. Im Unterschied zu den handwerklichen Bereichen liegt es im inneren Postulat des Ethischen, daß hier jeder allein für sich bestimmt. Trotzdem zieht Sokrates die Parallele und bejaht auch innerhalb des Ethischen die Fremdbestimmungen, weil er dem »Fachmann für das Ethische« eher zutraut, das objektiv Wahre und Gute zu finden.

Damit ist bereits in erschreckender Weise aus der Tatsache — und aus der antizipierend gesteigerten Möglichkeit — der *expertiven* Vernunft eine letzte Konsequenz gezogen. Vergegenwärtigen wir uns die Distanz zwischen der ursprünglichen Vernunft, die die Natur dem Menschen als die Kraft mitgab, aus der er überlebt, und dieser expertiven Vernunft. Die ursprüngliche Vernunft ist die Vernunft des Einzelnen, jedes Einzelnen, der durch sie sich die Welt erschließt, die Situationen erfaßt, sein Verhalten bestimmt. Man könnte einwenden: Gerade der frühe Mensch lebt nicht so sehr aus seiner Vernunft als aus gemeinschaftsverbindlichen Traditionen, die er immer schon vorfindet und die er bloß abspult. Aber auch diese Traditionen müssen begründet, sie wollen von Fall zu Fall sinnvoll und erfinderisch abgewandelt sein. Bei den Griechen verlieren die Traditionen an umklammernder Kraft. Der sie Befechtende ist der Einzelne, und er ist es gestützt auf seine selbständig wahrheitfindende und inventive Vernunft.

Vergleichen wir dies mit der Welt der Experten: In ihr wird dem Einzelnen seine Vernunft gerade weggenommen! Nicht er selbst entscheidet und handelt, sondern der, der die Sache studiert hat, verfügt über die Entscheidungskompetenz und ordnet das Handeln an. Der Patient fühlt nur die Schmerzen; der Arzt, der die Krankheit nie hatte, der sie vielleicht nur aus einem Buch lernte, kennt sie besser als der Betroffene und weiß das Heilmittel. Aus einem individualisierenden Prinzip ist also die Vernunft hier zum genauen Gegenteil, zu einem entindividualisierenden, antiindividuellen Prinzip geworden. Das Gesagte gilt bei Sokrates — und man muß es wiederholen: in einer erschreckenden Weise — sogar hinsichtlich unseres eigenen Lebens, für das persönliche Verhalten in großen wie in kleinen Dingen. Daß wir das *Richtige* tun war ihm wichtiger als daß wir es aus *Selbstbestimmung* und aus eigener *Verantwortung* tun.

Dabei gehört zum ethischen Verhalten doch offenbar, daß es von innen, aus eigener Wahl und Verantwortung, aus selbstfindender Freiheit kommt; sonst handeln wir nur richtig, nicht eigentlich gut, nur legal, aber nicht moralisch (Kant). Selbst ein Ethiker wie Sokrates aber war bereit, wenn das Richtige nur durch einen externen Experten gewährleistet wird, dafür das Aus-dem-Innern-kommen des Moralischen zu opfern. — Ja selbst noch in einem Zeitalter, das — was in der Antike nicht der Fall war — individuelle Freiheit zur höchsten Pathosformel erhoben hatte, schlägt die eingewurzelte Gleichgültigkeit der Vernunft gegen die Freiheit durch, wenn es bei Schelling (ohne daß er sich dieses Widerspruchs selbst bewußt geworden wäre) heißt: unter einer zukünftigen Herrschaft der Vernunft werde das moralische Gesetz so sicher und effektiv sein wie jetzt schon das physische Gesetz. Mit anderen Worten: Wie das Tier durch seinen Instinkt gebunden ist, so wird es auf höherer Ebene auch der Mensch durch seine Vernunft wieder, nachdem sie ihn vorher frei gemacht hatte.

Auch der Experte aber ist noch ein Einzelner. Mit ihm wäre die Vernunft nur von *jedem* Einzelnen, von den *vielen* Einzelnen auf die *wenigen* Einzelnen übergegangen. Die nächste Stufe ist das Expertenteam: die nicht mehr persönlich verankerte und zur Verantwortung ziehbare, sondern durch Kooperation von Teilbeiträgen wirkende anonym gewordene Vernunft. Für das Expertenteam kann auch eine Bücherwelt eintreten: Jeder Fall ist schon vorgesehen, man braucht bloß den einschlägigen Paragraphen nachzuschlagen und anzuwenden. Und eine abermals von der ursprünglichen Vernunft noch um eine Stufe entferntere, unpersönlichere Vernunft ist die der Dezisionsmaschine. Menschen haben sie zwar programmiert, dann aber läuft der Vernunftprozeß in ihr als völlig objektiver, autonom verselbständigter ab. Die natürliche Intelligenz wird heute simuliert und überboten durch physikalisiert-subjektlose, elektrisch betriebene *artificial intelligence*.

Deus calculat: so stellte sich noch Leibniz die höchste Intelligenz vor — der unsrigen zwar unendlich überlegen, aber doch noch personhaft. Heute müßte es heißen: Gott arbeitet mit einem Computer. Die Vernunft, die des Menschen als ihres Trägers bedurfte und ihrerseits ihn auszeichnete, etabliert sich als Transhumanum. Dieser Vorgang ist inzisiv genug, um als diakritisches Merkmal einer neuen Epoche zu dienen. Wir treten ein ins Zeitalter der transhumanen Vernunft. Es gibt heute ein Buch mit dem Titel »Die nicht mehr schönen Künste«. Ähnlich könnte man als Titel wählen: »Die nicht mehr humane Vernunft.«

Zwei Möglichkeiten des Agierens der außerhumanen Vernunft zeichnen sich ab. Entweder die Vernunft der Maschinen und Administrationen macht sich die »emanzipatorische« Tendenz der »aufklärerischen« Vernunft zu eigen und setzt sich, wie diese, Freiheit und Glück des Menschen zum Ziel. Dann kann der Mensch sich sachlich nicht beklagen, und er wird nur bedauern, daß er Freiheit und Glück, statt sie sich selbst zu verdanken, von außen geschenkt bekommt. Oder aber die außerhumane Vernunft läßt, was durchaus möglich ist, andere Gesichtspunkte prävalieren. Sie kann das Interesse des Einzelnen allzusehr den Interessen aller, sie kann es dem Ökonomischen, kann es dem Prinzip des geringsten Aufwandes opfern. Dann könnte das Joch der vollkommensten Vernunft auf dem Menschen härter lasten als die verglichen damit noch harmlose Herrschaft der unentwickelten Vernunft.

c) Der Mensch und der Computer

Im neuen Zeitalter werden wir Zeugen des folgenden Dialogs. Dabei müssen wir uns darüber klar sein, daß der Computer kein selbständiger Partner, sondern nur ein beschleunigender Helfer ist. Auch hinter ihm steht lenkend menschlicher Wille und Geist. Der Dialog spielt nicht zwischen Mensch und Computer, sondern zwischen dem Menschen und den Programmierern des Computers. Im Vergleich zu den Programmierern ist der Computer nur ein Golem. Das hochvervollkommnete Hilfsmittel bietet die Chance, daß dort, wo bisher noch Subjektivismen regierten, in höherem Maß wirkliche Vernunft regiert. Das bessere Instrument wirkt auf seine Benutzer zurück. Es bietet freilich auch die Möglichkeit, daß Willkür sich als Vernunft tarnt und so mit doppelter Frechheit auftritt.

Der Mensch: Mein Name ist Hoffnung. Ich bin ein junger Mann und stehe vor der Wahl, die heute eine der großen Ernstsituationen fast jeden Lebens ist, welchen Beruf ich ergreifen soll, und ich stehe vor der nicht minder folgenschweren Wahl der Lebenspartnerin. Man hat mich zu dir geschickt, weil du die irrtumsfreie und inappellable Entscheidungsinstanz unseres Zeitalters bist. Ich möchte gern Assyriologe werden, und ich möchte gern Lulu heiraten. Mein Fall scheint mir komplikationslos zu sein. Ich nehme an, daß du nach kurzer Prüfung ohne weiteres zustimmen wirst.

Der Computer: Mein Name ist Sinosalus, Modell 220. Dein psychologischer Eignungstest hat ergeben, daß du zum Assyriologen nicht genügend optisches Unterscheidungsvermögen mitbringst, außerdem ist der Bedarf an Assyriologen auf lange Zeit hinaus gedeckt. Dagegen zeigt dein Eignungstest, daß du dich hervorragend unterirdischen Bedingungen anzupassen verstehst. Werde also Bergbauingenieur, und dies um so mehr, als an Bergbauingenieuren Mangel herrscht. Weiterhin fügen sich weder deine Charaktereigenschaften noch deine Erbmasse, wenn man sie mit denen von Lulu zusammenhält, zu einem harmonischen Bild. Ein außerordentlich harmonisches Bild dagegen stellt sich her in der Kombination mit denen von Lolo. Heirate also Lolo.

Der junge Mann schreit auf: Aber seit meinem 15. Lebensjahr interessiert mich nichts so sehr wie Assyriologie! Sie ist meine höchste Leidenschaft. Erst wenn ich über einem Keilschrifttext sitze, erwacht mein wahres Selbst. Desgleichen war meine Begegnung mit Lulu wechselseitige Liebe noch vor dem ersten Blick. Mit keiner andern Frau kann ich je glücklich werden.

Darauf der Computer, unbewegt und kalt: Was weißt du von deinem Glück!? In meinen Röhren ist Erfahrungsmaterial aus Jahrhunderten gesammelt. Aus ihm geht hervor, daß du, wenn wir dir deinen Willen ließen, dich selbst und andere nur unglücklich machen würdest. Schon viele, die in einem analogen Fall waren wie du und denen wir entgegentraten, haben uns nachträglich recht gegeben. Um der Gesellschaft willen haben wir das Recht und die Pflicht, dir deine geplante Wahl zu verbieten. Aber es geschieht nicht nur um ihretwillen, wir opfern dich ihr nicht, sondern es geschieht zu deinem eigenen Nutz und Frommen.

Der Mensch: Wie willst du über meine persönlichen Dinge mehr wissen als ich selbst? Meine eigene Vernunft steht mit mir in Tuchfühlung, sie kennt mich in meiner Eigenart besser. Sie wurde als mein Orientierungsorgan mir individuell zugepaßt. Für dich bin ich nur ein Subsumand.

Der Computer: Habe Vertrauen, die angestrengte Forschungsarbeit von Generationen, in mir gespeichert, weiß über deine Chancen zum Glück besser Bescheid als deine kleine eintagsfliegige Privatvernunft. Das mag dir befremdlich und unglaubwürdig scheinen. Dennoch ist es so, weil wir die Faktoren und Gesetze erforscht haben.

Der Mensch (zusammenbrechend): Aber es gibt Faktoren, die sich der ausgetüfteltsten Berechnung entziehen! Durch eine unvorhersehbare geschichtliche Wendung kann die Nachfrage nach Assyriologen steigen oder kann gerade *mein approach* sich als besonders fruchtbar erweisen. In dem Beruf, für den ich vielleicht weniger geeignet bin, werde ich trotzdem, weil ich ihn selbst gewählt habe und weil ich ihn liebe, mehr leisten als in einem Beruf, für den ich objektiv bessere Voraussetzungen mitbringen mag, der mir aber aufoktroyiert ist und der mir nicht liegt. Nehmen wir aber selbst an, ich leiste in Assyriologie weniger, so ist doch die Leistung nicht der einzige zählende Gesichtspunkt. Nur in dieser Tätigkeit verwirkliche ich mich selbst, nur in ihr finde ich Befriedigung. Gewähre mir meine Bitte, weil ich ich bin und weil mein instinktives Gefühl lauter und stark und untrüglich ist. Mache mit mir eine Ausnahme. Gewähre mir Assyriologie und Lulu!

Der Computer: Nein. Fort zu Bergbau und Lolo. Würden wir mit dir eine Ausnahme machen, so würde jeder sie für sich fordern, und das ganze System wäre unterhöhlt. Die Gesellschaft bezahlt dir dein Studium, sichert dir den Arbeitsplatz, versichert dich gegen Krankheit und Altersbeschwerden. Also ist es nur billig, daß sie auch bei deinen Entscheidungen mitspricht. Der Weg, den du gehen willst, wäre ein Irrweg, würde zu Zweitstudium und Sanatorium führen: dein Eigenwille ist ein Luxus, für den wir in den Kassabüchern unseres planetaren Staates keinen Etat-Titel führen. Das Weltbudget ist ohnehin schon unausgeglichen. Wir haben erst unlängst strenge Richtlinien erhalten, bis zu welchem Grad der Einzelne es beanspruchen darf. Individualität kostet Geld. Wir haben Geld für sie; aber wir haben kein Geld für individuelle Schrullen.

Der Mensch: Was noch eine erlaubte Individualität ist und wo die Schrulle, wie du dich ausdrückst, beginnt, das hängt also vom jeweiligen Stand eurer Konten ab?

Der Computer: Wenn du so willst, ja! Das ist der Zynismus der Mathematisierung. Wärest du vor zehn Jahren gekommen, als wir noch reicher waren, so hättest du dich mit deinen Forderungen durchsetzen können.

Der Mensch: Aber dann ist, daß hier im Staate die zeitlose Vernunft herrscht, gar nicht wahr, sondern wir bleiben wie eh und je abhängig von den Zufällen der geschichtlichen Konstellation. Der Vernunftglaube ist nur eure Lebenslüge. Sollten wir dann nicht von einer durch Vernunft filtrierten Pseudogeschichtlichkeit zurückkehren zu ursprünglicher Geschichtlichkeit?

Der Computer: Die Vernunft ist selbst geschichtlich. Die Alternative, die du aufreißt, besteht nicht. Auch die vernunftbestimmte Welt wandelt sich, und aus jeder Wandlungsphase errechnet die Vernunft neu das Optimum. Es ist Geschichtlichkeit auf höherer Stufe.

Der Mensch: Während ich auf der tieferen Stufe noch Assyriologe hätte werden dürfen! Aber ich muß nun wohl oder übel dir Drahtungetüm gehorchen. Es bleibt mir nichts anderes übrig, denn ich sehe dich flankiert von den Bütteln der Justiz. Es geht mir wie dem Stoiker, der nur die Wahl hat, sich der Weltvernunft freiwillig oder unfreiwillig zu beugen.

Der Computer: Noch eins: Medizin und Psychologie sind heute so weit, ein Hirn umzustrukturieren. Sie könnten künstlich die erforderlichen Bedingungen in dir herstellen. Der Erfüllung deiner Wünsche stünde dann nichts mehr im Wege.

Der Mensch: Ich muß also mein Ich aufgeben, um ich sein zu dürfen.

Der Computer: Dein artifizielles Ich steht gleichberechtigt neben dem natürlich und geschichtlich gewachsenen. Es laufen schon sehr viele, auf eigenen Wunsch oder durch Beschluß des Kontrollrats, mit artifiziellem Ich herum. Man kann sie von den nicht-artifiziellen kaum unterscheiden. Habe keine Angst, wage den Sprung. Wir werden dich so lange umprogrammieren, bis das, wozu du Neigung verspürst, mit deinen persönlichen Fähigkeiten und mit den Erfordernissen der Gesellschaft vollkommen übereinstimmt.

d) An der Schwelle zum postindividuellen Zeitalter

Wir sind heute Zeitgenossen einer Transsubstantiation der Ratio. In der zurückliegenden Zeit — die nun im Rückblick als ganze noch wie die des Saturn erscheint — war die Ratio für den Menschen nicht nur Waffe des Überlebens, sondern auch in dem Sinne das Humanum, daß er durch sie Freiheit und Individualität immer mehr herausarbeitete. Je mehr sich die Ratio dagegen vervollkommnet, um so mehr entgleitet sie uns. War die saturnische Vernunft, wenn auch ihn lenkend, doch noch eingebundenes Lebensorgan im und am Menschen, so tritt Vernunft ihm jetzt als losgelöst eigengesetzliche Macht entgegen. Sie ist *trans*human in dem doppelten Sinn, daß nicht nur ihre Leistung die der Einzelvernunft weit hinter sich läßt, sondern daß sie sich auch *in*human über menschliche Wünsche, ja über die menschliche Würde hinwegsetzt. Die postsaturnische Vernunft ist, die saturnische entmachtend, der grausamste Faktor der Entfremdung.

Wo die Grenze verläuft zwischen der Vernunft, die uns zu Menschen machte, und der, die uns wieder entmenscht, läßt sich schwer angeben. Als die ersten Holzpflüge den Acker furchten, die ersten Schiffe gebaut wurden, da empfand frommes Empfinden das als Hybris, als Eingriff in das geheiligte Recht der Elemente. Heute empfinden wir dies als legitime menschliche Beherrschung der Natur. Als hybrid empfinden wir heute die Steuerung der Gene, die aber vielleicht kommenden Generationen ebenfalls gerechtfertigt erscheinen wird. So mag hier ein Moment des Relativen, eine Abhängigkeit von Gewohnheiten walten. Daß wir einen Teil unseres Einkommens für Versicherungen abführen müssen, das ist schon selbstverständlich; warum also soll es entwürdigend sein, worin liegt der grundsätzliche Unterschied, wenn ein Computer entscheidet, was ich lesen, woran ich glauben, was ich schön finden, wen ich lieben und wohin ich reisen soll?

Aber das ist ähnlich wie beim Sorites, oder so, wie wir für Ende und Beginn von Epochen keine Jahreszahlen angeben können, und sie dennoch unverkennbar unterschiedliche Physiognomie tragen. Die Neuzeit mit der Eroberung Konstantinopels, mit der Entdeckung Amerikas oder mit den 95 Thesen beginnen zu lassen: das alles ist Willkür. Daß dagegen Nicolaus Cusanus noch *vor* und Giordano Bruno *nach* einer großen Schwelle liegen: das läßt sich — wie Hans Blumenberg das tat — zur Evidenz bringen. So gibt es auch eine Schwelle, bis zu der hin Vernunft und Technik nur Erleichterungen des Lebens sind, von der ab jedoch, trotz oder wegen der immer noch weitergehenden Erleichterung, die mit ihr verbundene Einbuße an Freiheit überwiegt.

II

Mensch und Vernunft im Kampfe

a) Spontaneität und Individualität

Unabweisbare menschliche Ansprüche, so sahen wir, werden von der transhumanen Vernunft beschränkt und übergangen. Sie schenkt und zerstört zugleich. Wir wollen dies an zweien dieser Ansprüche noch einmal erläutern:

1. Vernunft und Spontaneität Schon die humane Vernunft steht in Opposition zu den spontanen Impulsen. Der Mensch möchte der Leidenschaft, möchte der ersten Eingebung folgen; Vernunft legt ihre »kühlen Hände« auf ihn, tritt ihm aus Klugheit oder aus ethischer Erwägung entgegen. Es ist der Platonische Dualismus zwischen *epithymetikon* und *logistikon*, aber auch zwischen der vordergründigen Vernunft des *first step* und der mit sich zu Rate gegangenen, sich umsichtig selbst korrigierenden Vernunft.

Der Mensch möchte direkt auf das Ziel, auf das Wesentliche zugehen. Vernunft erfindet sinnreiche Vorrichtungen und Mittel, durch die er zwar sein Ziel auf die Länge besser erreicht, verstrickt ihn aber dadurch zunächst in ein Reich der Umwege, das Eigengesetzlichkeit anzunehmen droht und das im Bewußtsein die Zuwendung zum Ziel immer wieder überwuchert, so daß er sich dann neu zum Zielbewußtsein aufschwingen muß.

Aus diesen beiden Gründen ist schon der Mensch der saturnischen Vernunft ein gebrochenes Wesen. Vernunft liegt mit der Spontaneität, nicht nur mit der affektiven und niedrigen, sondern auch mit der wesensoffenen, wesensgerichteten im Kampfe. Schon auf dieser Stufe kommt es zu Anklagen und Revolten gegen die Vernunft. Wie in so vielen Revolten verbündet sich auch hier das rechtens Verworfene mit dem zu Unrecht Verstoßenen.

Aber die die Spontaneität unterdrückende Vernunft ist nicht immer die eigene Vernunft des Einzelnen. Sie kann auch die des Wissenderen oder der Gemeinschaften und Traditionen sein. Es gibt praeter-individuelle Vernunftformen. Zu ihnen gehört vollends heute die anonym sich organisierende wissenschaftliche Vernunft. Alle diese Vernunftformen setzen sich über die Vernunft des Einzelnen hinweg, setzen sich an ihre Stelle. Unter dem — wahren oder falschen — Vorgeben, bessere Vernunft, und damit auch dem Einzelnen selbst dienlicher zu sein, nehmen sie ihn in Regie. Damit aber vollzieht sich im Verhältnis der Vernunft des Einzelnen zu seiner Spontaneität ein Wandel. Soeben sahen wir noch, daß sie der Spontaneität entgegentritt. Jetzt dagegen tritt sie selbst auf die Seite der Spontaneität gegenüber den praeter-individuellen Vernunftformen. Emotionalität *und* Vernunft des Einzelnen kämpfen gemeinsam gegen die Frustration des Menschen als ganzen durch die sich ihm von außen auferlegende Vernunft.

Denn dies ist das eine: daß Vernunft das Wahre findet, demgemäß wir uns dann verhalten. Das andere aber ist, daß Vernunft, so lange sie noch Vernunft des Einzelnen ist, eine Instanz in uns selbst bildet, und daß wir, ihr gehorchend, uns selbst gehorchen. Aus der Vernunft lebend, leben wir von innen heraus. Nun kommt die praeter-individuelle Vernunft und findet ein vielleicht noch viel wahreres Wahres. Daraus zieht sie ihren Rechtstitel, daß wir nun der eigenen Vernunft entsagen und statt dessen uns ihr beugen sollten. Aber indem wir dies tun, gewinnen wir zwar — vielleicht — Wahrheit und mit ihr Richtigkeit des Verhaltens und Glück. Gleichzeitig jedoch büßen wir etwas ein, was ebenso kostbar und möglicherweise noch kostbarer war, nämlich das Leben aus einer eigenen Kraft, aus eigener Verantwortung. Die so viel vollkommenere, aber uns fremde und äußerliche Vernunft bereichert uns objektiv und verödet uns subjektiv.

Der Kampf gegen die Vernunft hat eine seiner Wurzeln im Kampf der Subjektivität gegen ihre Überspringung und Entmachtung durch das Objektive. Das eigene Erfahren und Wollen, die im Ich zentrierte Lebendigkeit des Lebens, sträubt sich dagegen, ausgebootet zu werden durch das einzige Kaisertum der tieferdringenden Erkenntnis. Um es zugespitzt zu sagen: Wir wollen uns das Recht auf den Irrtum nicht nehmen lassen. Unser Irrtum, weil er *unser* Irrtum ist, bedeutet uns mehr als die fremdverhängte Wahrheit. Unser tieferer Glaube aber ist, daß wir, indem wir uns von innen erleben, eine reichere Wahrheit besitzen, als sie durch Klassifikation von außen gewonnen werden kann. Das Ich — so Kierkegaard — will nicht mit einem Er verwechselt sein.

2. *Vernunft und Individualität* Damit verknüpft sich das Zweite. Das Leben von innen ist das Leben aus dem Eigenen, aus der einmaligen, sich unterscheidenden Individualität. Wahrheit dagegen ist die gleiche Wahrheit für alle, sie fragt nicht nach individuellen Unterschieden. Die Vernunft des Einzelnen steht zwischen diesen beiden Extremen in der Mitte und vermittelt zwischen ihnen. Als Vernunft wahrheitbezogen, verlangt auch sie von ihm Unterordnung unter ein Allgemeines. Weil sie aber *seine* Vernunft ist, trägt die Wahrheit, zu der sie gelangt, trotzdem noch eine individuelle Farbe, ist eine ihm in seiner Besonderheit angemessene, im Medium des Objektiven ihn spiegelnde, ist *seine* Wahrheit. Dieser noch in der Härte freundliche Charakter der Wahrheit verschwindet, sobald sie nun beginnt, Korrelat nicht mehr unserer eigenen, sondern einer extraindividuellen Vernunft zu sein. Aus der zweipoligen, doppelt determinierten Wahrheit entsteht die einpolig nur noch vom Objekt determinierte. Von ihr wird das Individuum nicht mehr nur eingegrenzt und gelenkt, sondern bagatellisiert und eingeebnet.

Daher wächst der Widerstand gegen die Vernunft noch aus einer anderen Wurzel. In der Vernunftwelt ist der Einzelne nur Fall eines Allgemeinen. Seine abweichende Eigenart leistet nichts, sie stößt auf kein Interesse, ja sie wird als störend empfunden. Er sieht sich schließlich selbst nur noch sub specie des Allgemeinen. Eben damit aber kommt es zu einem Wendepunkt, zu einer Identitätskrise und durch sie zu einer neuen Identitätssuche und Identitätsbetonung. Nicht nur die faktische Ungleichheit, sondern das Prinzip der Ungleichheit selbst empört sich jetzt gegen den Verlust des Spezifischen, gegen die totale Nivellierung. Diese Tendenz beschränkt sich nicht auf einen Individualismus im herkömmlichen Sinn. Sie zeigt sich auch im Bestreben, die gewachsene Landschaft, das historische Bauwerk zu erhalten, all das, was einer uniform-universalen Zivilisation noch Farbe, noch naturhaftes Sondersein, noch Geschichte entgegensetzt. Sie zeigt sich im Erwachen der Minderheiten — Jurassier, Basken, Schotten —, die ihre persönliche Note bewahren wollen und Autonomie fordern. Sie zeigt sich, obgleich er das Heil für alle zu besitzen wähnt, sogar im Osten — »sozialistisch im Inhalt, national in der Form«.

b) Neomarxismus

Auch die Wiedergeburt des Marxismus in unserer Zeit läßt sich partiell als Reaktion auf die transhumane Vernunft deuten:

1. Je mehr die Vernunft sich vervollkommnet, desto mehr wird sie gefangengenommen von den Sondergesetzen der einzelnen Seinsbereiche. Je mehr und auf je methodisch strengere Weise sie weiß, um so undurchsichtiger wird ihr der Zusammenhang, um so mißtrauischer wird sie gegen ihre eigenen großen Entwürfe. Gesamtweltdeutung liegt nun nicht mehr auf der Linie ihres Interesses, scheint ihr aber schließlich auch objektiv etwas zu sein, was in verantwortlicher Wissenschaftlichkeit heute nur mehr so wenig zu leisten ist, daß sie ganz auf sie verzichtet.

Demgegenüber bleibt es ein unverlierbarer Anspruch der humanen Vernunft, daß sie nicht nur das Einzelne kennen, sondern es in ein sinnhaft verstandenes Ganzes einordnen will. Die ältere Metaphysik tat dies, sie stellte uns in ein Wissen um letzte Elemente und Strukturen. Sie tat dies, wie wir heute wissen, auf vorschnelle Weise. Aber immerhin wurde durch sie die höchste Stufe der Rationalität, die es damals gab, allgemein verbindlich.

Heute dagegen brechen die höchste Stufe der Rationalität, wie die Wissenschaft sie verkörpert, und das Für-wahr-Halten des Einzelnen auseinander. Da die Wissenschaft den Anspruch der humanen Vernunft auf ein Ganzheitswissen nicht erfüllt, erfüllt diese ihn sich selbst auf weltanschauliche und ideologische Weise. Je höher die Ratio steigt, um so unverständlicher und unbefriedigender wird sie für den Normalverstand, der deshalb vor ihr in halbrationale Besserwissereien ausweicht. Im Windschatten der Exaktheit wuchern Pseudometaphysiken. Eine dieser Pseudometaphysiken ist der Spätmarxismus.

2. Wie wir sahen, erstickt transhumane Vernunft die Spontaneität und nivelliert die Individualität. Nun mag, im Spätmarxismus einen Anwalt dieser beiden zu erblicken, paradox scheinen, da er in seinem Effekt eher dazu beiträgt, ein Zwangssystem politisch zu etablieren und zu rechtfertigen. Man kann ihn aber auch anders sehen. Die totale Durchrationalisierung unserer Welt wirft schon ihre Schatten voraus. Seismographisch spürt die Jugend das Kommende. Um die Gefahr zu bannen, geht sie in eine radikale Opposition. Da sie aber unbewußt und unausweichlich das Spiel der vorgezeichneten Geschichte mitspielt, ist das, was sie in ihrem Wahn für ein Remedium hält, in Wahrheit die Schubkraft, die das Hereinbrechen des Verhängnisses nur noch beschleunigt.

In seinem Buch »Gegenkultur« (engl. 1968) hat Theodore Roszak die ganzen Jugendbewegungen unserer Zeit in ihrem Kern gedeutet als eine

Revolte gegen die Technokratie, gegen die Unterwerfung aller Bereiche des Lebens unter Berechnung und Vorhersage, gegen die Welt der Experten und Manager, der Leistungsfähigkeit und der Nützlichkeit. Er hat gezeigt, daß der Kampf zwischen Links, Rechts und Liberal ein Kampf mit veralteten Kategorien ist, ja daß er einer Verschleierung gleichkommt, weil der eigentliche Gegner, eben die Technokratie, unter diesen ideologischen Perspektiven als politisches Phänomen außer Sicht gerät. Obgleich sie totalitäre Herrschaft und Kontrolle ausübt, wird sie wie eine Selbstverständlichkeit hingenommen. Indem daher die Jugend ihre Revolte neomarxistisch interpretiert, interpretiert sie sie selbst fehl und bringt sie um das, was ihr die Berechtigung gab.

3. Marx glaubte noch, nur das Privateigentum an Produktionsmitteln sei es, das der Selbstverwirklichung der Menschen entgegenstehe. Man beseitige das Unternehmer-Individuum, dann kommt gleichsam von selbst die Individualität aller anderen zum Durchbruch. In der größeren Entwicklungskurve der Geschichte dagegen, deren Richtung und Tendenz sich erst von einem späteren Punkt, erst von heute aus, überblicken läßt, stellt es sich ganz anders dar. Im Unternehmer-Individuum, so zeigt sich jetzt, will eine antiindividualistische neue Zeit das Individuum überhaupt treffen. Mit ihm, das ökonomischen Neid weckt, gegen das sich daher die Emotionen der Massen mobilisieren lassen, macht sie nur den Anfang. Wie aus dem Unternehmer der Funktionär werden soll, der einen wirtschaftlichen Betrieb nicht mehr im Hinblick auf seine persönliche Bereicherung, sondern nach den Bedürfnissen der Gesellschaft organisiert, so soll dem Individuum überhaupt seine Selbstzielhaftigkeit genommen, soll es innerhalb der Gesellschaft funktionalisiert werden. Mit der materiellen Selbständigkeit nimmt man ihm die geistige. Die in ihrer Freiheit verstümmelten, gleichförmigen Ameisen im Haufen einer allmächtigen Gesellschaft entschädigt man für ihre Fellachisierung — wie lange noch? — mit privatem sogenanntem Glück. Die Expropriation, von der Marx spricht, bleibt nicht auf eine solche der Expropriateure beschränkt. Die ökonomische Enteignung ist nur der erste Schritt im groß angelegten Raub unserer Eigenheit, unseres Eigenseins überhaupt. Die Vergesellschaftung der Produktionsmittel involviert die Vergesellschaftung des Individuums, das heißt seine Abschaffung. Der Einzelne soll sich nicht nur ökonomisch nicht mehr bereichern dürfen: er soll auch als Person nicht mehr reich sein. Der versprochene *»Kladderadatsch«* macht seinem Namen Ehre, er leistet ganze Arbeit. Er erledigt zusammen mit dem Kapitalismus noch einiges mehr.

c) Das Zeitalter der kriminellen Utopisten

Wir leben heute im Zeitalter der Rückkehr vom Rechtsstaat in einen neuen *status naturalis.* Gewalt bedroht in amerikanischen Städten nicht nur den Einzelnen auf der Straße; studentische »Praxis« erobert sich die Universitäten, und dem Ultimatum von Terroristen beugen sich die Regierungen großer Staaten. Mit den neuen technischen Mitteln wachsen auch die Möglichkeiten des Verbrechens. Wir stehen heute erst am Anfang neuer Verbrechen. Mit einer einzigen Unze des Stoffes, der das Q-Fieber erzeugt, ist es heute ein Leichtes, eine Millionenstadt zu infizieren. Eine wohlorganisierte, wissenschaftlich ausgebildete Minderheit, die entschlossen ist, solche Mittel einzusetzen, kann mit ihnen ganze Kontinente in Schach halten, kann Milliardensummen, die Freilassung jedes Gefangenen, kann politische Entscheidungen erpressen. Kruse-Rodenacker hat eine solche Zukunft der Menschheit unlängst ausgemalt in einem Buche, dem er den Titel gab »Die Stunde der Außenseiter«.

Der Staat scheint wehrlos; er toleriert und gibt nach. Weshalb wendet er gegen die Rebellen und Erpresser nicht die Machtmittel an, über die er bislang noch verfügt? Ist es ein Übermaß an Liberalität, das glaubt, um des Prinzips der Freiheit willen sie auch den ihrer Unwürdigen gewähren zu müssen, denen, die sie sich nur zunutze machen, um alle Freiheit zu begraben? Ist es die Schwäche eines untergehenden Zeitalters, das sich selbst nicht mehr vertraut, dessen Abwehr- und Selbstverteidigungskräfte bereits erlahmen? Ist es insofern heimliche Verschworenheit mit den Zerstörern, weil sie das notwendige Werk der Geschichte tun? Ist es der Glaube, daß die Gegner des Bestehenden ein Besseres heraufführen werden?

Denn die Kriminellen unserer Zeit sind keine gewöhnlichen Kriminellen. Es ist ein Zeitalter der kriminellen *Utopisten.* Sie begehen ihre Verbrechen — mag dies nun der wirkliche Grund oder nur ein Vorwand sein — im Dienst einer gesellschaftsverändernden oder politischen Idee: Gleichberechtigung der Neger, Ende des Vietnam-Krieges, Entmachtung der Ordinarien, Zerschlagung des Kapitalismus, Auslöschung des Staates Israel. Die Kriminalität ist nur ein extremer und unangemessener Ausdruck für solche weit verbreiteten Ideen. In ihr explodiert ein sonst auf Debatten und Literatur begrenzter Protest. Ohnmacht verschafft sich in ihr die Halluzination einer Wirksamkeit. Diese Verbindung des Verbrechens mit einer Ideologie war es, die in der Bundesrepublik Deutschland in den Jahren 1970 bis 1972 den beiden aus der neomarxistischen Intelligenz hervorgegangenen Anarchisten Andreas Baader und Ulrike Meinhof bei Studenten und Schriftstellern, ja selbst in der Kirche Sympathien und immer neue Helfer und Anhänger verschaffte und ihren Operationsradius erweiterte.

Wenn dies nur ein Vorspiel war, dann könnte unsere Zivilisation bald einmal in einem Baader-Meinhof-Zeitalter untergehen. Wo der Banause nur den gemeinen *Gangster* erblickt, da haben wir es in Wahrheit mit edlen *outlaws* zu tun.

Aber woher diese Negativität gegen das Gegebene, die selbst vor dem Verbrechen nicht zurückscheut, die es versteht und in Schutz nimmt? Weshalb in einer Zeit, die nach geschichtlichen Maßstäben den Vergleich mit früheren nicht zu scheuen braucht, die technisch und ökonomisch fortgeschrittener, sozialer und freiheitlicher ist, bei der Jugend und so vielen Intellektuellen dieser maßlose, jede Grenze überbordende, kochend-wahnsinnige, erbarmungslose Haß, dieses Aufbegehren, dieser Wunsch, vom Parlamentarismus und von der Wissenschaft bis zur Architektur und zur Speisekarte alles Vorhandene eher heut als morgen mit Bulldozern zu zermalmen?

An dieser Stelle müssen wir noch einmal dorthin zurückkehren, wo wir sagten, was uns heute bevorstünde, sei der Untergang von Spontaneität und Individualität durch die transhumane Vernunft. Ohne daß die Unruhe unserer Zeit sich selbst so verstünde, läßt sie sich in geschichtsphilosophischer Perspektive in einer tieferen Schicht deuten als Reaktion auf diesen (mehr vorausgefühlten als klar gewußten) Untergang. Das Zeitalter der Individualität, das mit der ionischen Philosophie und der äolischen Lyrik, im Abendland mit der Renaissance begann, neigt sich zum Ende. Im gleichen Augenblick, in dem es seine inneren Anlagen ausgeblüht hat, stößt es auf seine Verneinung durch die Heraufkunft der transhumanen Vernunft. Während dieses Zeitalter jedoch bisher in der Fülle der Individualitäten und, seinen höchsten Objektivationen nach, in Künstlern und Philosophen seine positiven Möglichkeiten gelebt hatte, scheinen nun, nachdem es am Ende ist und es sich zudem unter dem ihm fremden Gesetz eines schon anbrechenden neuen Zeitalters bewegt, vor allem die negativen Möglichkeiten übrigzubleiben und hervorzutreten. Es enthüllt jetzt die Kehrseite des Prinzips der Individualität. Es beschert uns Verbrecher. Weil sie Verbrecher sind, deshalb kann man sie nicht lieben. Aber dennoch gebietet es die historische Gerechtigkeit, in ihnen die letzten freien Individuen zu erblicken, die als solche den kommenden Nicht-mehr-Individuen etwas voraushaben. In ihnen hat sich etwas, was einmal groß war, wenn auch auf perverse Weise, bewahrt, hat sich ein Untergehendes noch einmal konkretisiert. Bald wird es nur so wenig Individualität mehr geben, daß es nicht einmal mehr Verbrecher gibt. Um ihrer Individualität willen werden wir uns sogar nach den Verbrechern zurücksehnen.

Das Zeitalter der kriminellen Utopisten bildet, von der Vergangenheit her betrachtet, den Abschluß der umfassenderen Epoche der Individualität. Es ist eine regelmäßige Erscheinung, daß Ideen, deren geschichtlicher Auftrag erfüllt ist — gerade *weil* sie siegreich waren, eben damit aber ihre große Stunde hinter sich haben —, zu Monstrositäten entarten. Weil sie ihre Kraft nicht mehr aus den größeren Notwendigkeiten einer Zeit ziehen, weil sie nur noch auf sich selbst bestehen, verfratzen sie. Wie wir dies mit Nationalismus und Sozialismus erlebten, so nun auch mit dem Individualismus. Die Häßlichkeit des Gesichts, das er heute zur Schau trägt, ist das sicherste Indiz für sein baldiges Abtreten.

III

Das Zeitalter des erzwungenen Glücks (ZeG)

a) Entstehung des ZeG

Daß die menschheitsgeschichtliche Großepoche der Individualität heute in Zerrformen degeneriert, das entspringt nicht nur ihrem endogenen Am-Ende-Sein und ihrem exogenen Beendet-Werden, sondern es wird nun auch seinerseits zu einem Faktor des Endes.

Solange nämlich das Individuum sich von seiner erfreulichen und fruchtbaren Seite zeigt, gelingt es ihm noch, die Kräfte der uniformierenden Vernunft so gegenzubalancieren, daß sie zumindest nicht alleinherrschend werden. Gegen die rationalen Gleichheitsforderungen steht eine große Tradition der Individualität seit den Griechen und der Renaissance, steht der Selbstwert des Individuums, stehen seine unleugbaren Leistungen für alle. Es verschafft sich den Respekt auch noch des Gegners. Entfaltung der Eigenart und gleiche Pflicht für alle, wiewohl logisch sich ausschließend, existieren daher faktisch nebeneinander her, finden heute noch einen Modus vivendi, ja ergänzen sich in der gegenseitigen Beschränkung. Zumindest wird die Applanierung der Individuen durch die Ratio, solange es so steht, noch gebremst. Sie schreitet nur langsam und zögernd voran.

Dies ändert sich, sobald der Valenzwandel des Individuums eintritt, von dem wir sprachen. An die Stelle des kreativ-hilfreichen tritt jetzt das kriminell-bedrohliche Individuum. Was die Gesellschaft vor sich sieht, das sind nicht mehr Galilei und Leonardo da Vinci. Spontaneität trägt den Namen von Andreas Baader, Individualität den von Ulrike Meinhof und ihrer noch furchtbareren Diadochen. Die Reaktion, die vom Individuum ausgelöst wird, ist daher jetzt nicht mehr Verehrung oder zumindest Duldung, sondern nur noch der Instinkt, sich vor diesem furchtbaren Ungetüm — denn in einer andern Form kennt man es kaum mehr — zu schützen. Während die Gesellschaft bisher noch Scheu trug, die Rechte des Individuums allzu rigoros zu beschneiden, gibt ihr seine neue Erscheinungsweise zu solcher Beschneidung das gute Gewissen. So wird das Individuum in seiner dunklen Spätvariante selbst zum Wegbereiter einer neuen, antiindividuellen Gesellschaft. Die neue Gesellschaft lernt aus den Fehlern der früheren. Die Schrecken, an denen diese unterging, läßt sie gar nicht erst aufkommen. Ihre Vorsicht ist: die Gefahr des Individuums schon im Keim zu ersticken.

Wie die technischen Errungenschaften unserer Zeit ungeahnte Verbrechen reif werden lassen, so bieten sie auch die Handhabe zu früher nicht denkbaren Entmündigungen. Die Mittel sind einmal biologischer Natur: Man kann Verhaltenstypen und Charaktereigenschaften züchten. Sie sind chemischer Natur: Man kann Menschen psychopharmazeutisch steuern, ohne ihr Wissen in ihren Stimmungen manipulieren. Und sie sind psychologischer Natur: Man kann sie durch Schock, Prämie und Gewöhnung in der Kindheit, auch noch in späteren Jahren, zu Überzeugungen und sozialen Rollen programmieren. Der amerikanische Behaviorist B. F. Skinner hat in seiner Utopie »Walden Two« (1948; deutsch: Futurum II, 1970) einen künftigen Weltzustand ausgemalt, in dem durch solche Methoden Laster und Verbrechen abgeschafft werden oder vielmehr gar nicht erst entstehen. Wir könnten einen solchen Zustand nach ihm das Skinner-Zeitalter nennen. Das Zeitalter der kriminellen Utopisten gebiert das Skinner-Zeitalter als seine logische Folge.

Schon Augustin hat erkannt, daß es eine wirkliche Freiheit zum Guten nur gibt, wenn wir auch frei sind zum Bösen. Der Mensch erreicht seine höchste Stufe nur auf der Folie seines möglichen Falls. So rechtfertigt Augustin die Existenz des Bösen in einer gottgeschaffenen Welt. Wenn wir uns dieser zu engen ethischen Terminologie, die man sich aber leicht ins mehr als nur Ethische übersetzen kann, einen Moment lang bedienen dürfen: Indem das Skinner-Zeitalter uns die Freiheit zum Bösen raubt, raubt es uns auch die zum Guten. Kein Gipfel ohne Abgrund. Der Glaube, man könne den »bösen Trieb« ektomieren und dann werde nur der gute übrigbleiben, ist unpsychologisch, irreal. Es kommt zu einer Stabilisierung auf mittlerer Höhe, im Indifferenzpunkt. Die Gesellschaft der Zukunft aber wird dies bejahen. Sie verzichtet auf die Persönlichkeit und verschafft sich dafür Sicherheit.

Daß das Reich der Freiheit zugunsten desjenigen der Notwendigkeit wieder zurückgehen wird, beruht aber neben dem Bedürfnis nach Sicherheit auch auf dem nach Gleichheit. Freiheit erzeugt individuelle Ungleichheit. Diese ist eine solche nicht nur des gleichstufigen Andersseins, sondern auch des Höher und Niedriger. Sie ist eine solche nicht nur des Seins, sondern des Mehr-oder-weniger-Habens, das aber seinerseits auch auf das Sein Einfluß ausübt. Ja das Haben des einen kann Ursache für das Nichthaben des andern sein. Die soziale Gerechtigkeit aber, so scheint es, fordert Gleichheit. Für sie, so lautet die Folgerung, muß die Freiheit geopfert werden. In einem allreglementierenden Weltstaat wird jedem das gleiche Quantum an Glücksgütern zugeteilt.

Die Freiheit war im Grunde immer nur ein Privileg der wenigen. Durch Freiheit verschafften sie sich höheres Glück. Jetzt wird ihnen zwar die Freiheit genommen; dafür aber wird den bisher Minderbegünstigten von Staats wegen das gleiche Glück garantiert. *Jeder* darf und kann jetzt; dafür darf und kann er aber nicht nur, sondern er *muß*. Er darf vielleicht noch zwischen a und b wählen, darf aber weder beide ausschlagen noch c erfinden. Was braucht er noch frei zu sein, da er doch glücklich ist? Ist soziale Gerechtigkeit die höchste Idee, so wird Freiheit gegen Glück — und die Freiheit der einen gegen das Glück der andern — verhökert. Gleiches Glück für alle: gleiche Unfreiheit für alle.

Daß mit der sozialen und ökonomischen Ungleichheit auch die der Seele und des Geistes weggehobelt wird, mögen manche zwar bedauern, es ist jedoch um der Gerechtigkeit willen unerläßlich und muß in Kauf genommen werden. Dies wird das unbefragt zugrundeliegende Dogma des neuen Zeitalters sein.

b) Kritik am ZeG

1. Die objektive Unersetzbarkeit der Eigenentscheidung Auch das beste Wissen erfaßt Individualität immer nur als Fall eines Allgemeinen, nicht in ihrer sich diesem entziehenden, vollen Konkretheit, nicht von innen. Erinnern wir uns des Gesprächs mit dem Computer: Die ganze Verzweiflung des Menschen beruhte darauf, daß der Computer in ihm immer nur einen Fall erblickt und für den *Fall* recht hat, daß er aber trotzdem unrecht hat für das Unberechenbare und Besondere des Infra- und Suprakasuellen. Immerhin vermag besser informierte Vernunft sich selbst zu dieser Einsicht zu erheben. Indem sie erkennt, daß sie das Individuelle nicht erkennt, setzt sie sich selbst eine Grenze.

Was sich der Erkenntnis entzieht, ist aber nicht nur dasjenige am Einzelfall, wodurch er als ein besonderer vom Allgemeinen abweicht. Ihr entzieht sich die Realität des Einzelfalls als solche, die, auch wo sie sich inhaltlich mit dem Allgemeinen völlig überdeckt, doch eben als Realität eine andere Qualität aufweist als dieses. Die Besinnung löst nur ein — sei es selbst angemessenes, die Konkretion wiedergebendes — Bild von der Sache ab. Volle, wirkliche Wirklichkeit erfahren wir nur als Handelnde.

Die ganze Denkweise, daß erst Vernunft ein Richtiges erkennt und dann das Leben sich diesem vorgeplanten Richtigen gemäß verhält, erweist sich vom Handeln her als unangemessen. Diese Struktur hat das Leben nur streckenweise, als ganzes nur im Vorurteil der Rationalisten.

Zunächst: Die Vernunftargumente für jede von zwei Wahlmöglichkeiten können sich genau die Waage halten. Dann erfolgt die Entscheidung zwischen ihnen in einem philosophisch nicht demonstrierbaren »Sprung«.[8] Sie setzt eine einseitig-subjektive Parteinahme für die eine Norm gegen die andere voraus. Entschlossenheit und Verschlossenheit gehören zusammen (Gehlen).

Sodann: sehr oft entwirft nicht zuerst Vernunft eine Handlungsmöglichkeit — resp. Möglichkeiten —, die wir dann ergreifen — resp. zwischen denen wir wählen —. Vielmehr springt die Möglichkeit erst gleichzeitig mit ihrem Schonergriffensein auf. In seinen entscheidenden Vollbringungen füllt Leben nicht bloß ein erkenntnismäßig antizipiertes Idealschema dann mit seiner eigenen nachrückenden Wirklichkeit aus, sondern es überantwortet sich gerade in Gegenwendung gegen solche Antizipationen seiner eigenen Strömung und den Forderungen der momentanen Situation. (Das Französische kennt den Begriff des *situationiste*, der nicht plant, sondern von Moment zu Moment entscheidet.) Das Neue entsteht nicht als ein Vorweggedachtes und -geplantes, sondern im unmittelbar wagenden, experimentierenden, findenden Wirklichkeitsvollzug selbst.

Erst in der Gestaltung erwacht unsere Kreativität, in der Liebe die Erotik, im Kampf die Wildheit. Daß dergleichen in uns schlummert, hätten wir vorher nicht zu denken gewagt. Ähnlich schwebt dem Künstler nicht das vollendete Werk schon vor, das er dann bloß realisiert, sondern in der Arbeit an ihm — durch Nuancen und Tupfen, die aus der Materialität des Werkes selbst hervorwachsen, während das »innere Bild« in seiner Grobmaschigkeit nie auf sie verfiele — stellt sich die Vollendung erst her. Vernunft ist auf diesem Felde nicht nur unzulänglich: sie ist sogar eine Gefahr, weil sie durch ihre Verallgemeinerungen, durch ihre Vergleiche, durch ihre wohlgemeinten falschen Ratschläge das naturhafte Wachstum, das, was nur in einer Schlummerhülle »von selbst« entstehen kann, oder auch: das dämonische Getriebensein, verunsichert und ablenkt. Der junge Goethe hat diesen Konflikt erfahren und in »Götz« und »Egmont« gestaltet. »Man engagiert sich und sieht dann was kommt« (Napoleon).

[8] Vgl. Popper, Die offene Gesellschaft und ihre Feinde, II, Bern 1957, S. 293. Rolf Denker, Individualismus und mündige Gesellschaft, Stuttgart 1967, S. 26 f. Verf., Pluralität und Antinomie, München 1963, S. 139 ff.

Geht den Weg des Vernunftfortschrittes bis zum Ende, richtet die Welt durchsichtig und kalkulierbar ein, dann wird alles gut sein: Diese Träumerei geht zurück bis auf den griechischen Utopismus. Daß sie wirklich werde, ist jedoch nicht nur nicht wünschbar: es ist sachlich ausgeschlossen. Und zwar nicht nur, weil das Individuelle sich dem Vernunftzugriff entzieht: dann läge der Grund nur in einer Schwäche der Vernunft, die von einer besseren Vernunft vielleicht doch noch überwindbar wäre. Der Grund liegt im Sein selbst, das in sich offen, in seinen Möglichkeiten noch nicht festgelegt ist, das eine Dimension der Zukunft in sich trägt (die mehr ist als nur die Verlängerung schon vorhandener Linien). Es kann daher nicht in einer *vita contemplativa* — dem angemessenen Verhalten gegenüber einer vollendeten Welt — erkannt, sondern muß in einer *vita creativa* weiter geschaffen, in seinem Werdensprozeß aktiv vorangetrieben werden.

Wir können das »Utopische der Welt selbst« (Ernst Bloch) nicht von außen beobachten, wir müssen in ihm als einem Ungegenständlichen darinstehen, müssen ein Teil seiner eigenen Bewegung werden. Erst das Handeln zieht dann auch das Erkennen — das durch es ebenfalls eine Zukunftsdimension gewinnt — nach sich. Das Handeln macht durch das von ihm bewirkte neue Sein auch eine Wahrheit über dieses Sein allererst möglich. Der Wirklichkeitsvollzug behält also, bei aller Getragenheit von Erkenntnis, ihr gegenüber eine Autonomie. Er kann uns durch die maschinell vollendetste Vernunft nicht vorgezeichnet werden. Wie es ein »learning by doing« gibt, so ein Erkennen, das nur durch Handeln, im Handeln reif wird.

2. Die subjektive Unersetzbarkeit der Eigenentscheidung — Der Mensch und der Funktionär des rationalen Weltstaates *Der Mensch:* Nehmen wir hypothetisch an, vernunfterarbeitete Vorzeichnung der Optima in Leben und Geschichte sei möglich, die Maschine sei derart vervollkommnet, daß sie noch die Ineffabilität des Individuums auf Lochkarten einträgt; was einmal Zukunftstraum junger Menschen war, das ist jetzt *output.* Dann steht dem immer noch unser humaner Anspruch entgegen, die uns verliehene individuelle Vernunft auch anzuwenden, unsere Entscheidungen selbst zu fällen und sie uns nicht durch Fremdvernunft abnehmen zu lassen. Wir wollen, was wir tun und sind, selbst verantworten, wollen aus unserem Eigenen, wollen von innen leben. Dürfen wir dies nicht mehr, so sind wir um ein Kostbarstes des Menschseins betrogen. Der alte Konflikt zwischen Kindern und Eltern, zwischen Mensch und Institutionen wiederholt sich hier zwischen Mensch und Entscheidungsmaschine. Immer wollen andere für uns das Bessere wissen, immer empört sich dagegen das Selbstsein, die Autonomie, die Mündigkeit. Der Kampf der Zukunft wird sein: daß die

Gesellschaft uns, und nicht nur in Bagatellen, einen Spielraum der eigenen, der freien Entscheidung beläßt.

Der von Parteischulen siebenfach prämiierte Vertreter des rationalen Weltstaates antwortet: Dieser Spielraum war ohnehin immer sehr viel geringer als das Individuum, das sich in seiner Eigenliebe alles selbst verdanken will, sich einredete. Das meiste, was ein Mensch darstellt, ist durch Erbfaktoren, durch geschichtliche Traditionen, durch gesellschaftliche Einflüsse schon vorentschieden. Seid also nicht wehleidig, wenn wir die persönliche Freiheit, die ihr aufgebauscht habt, weil sie eurer Selbstliebe schmeichelt, noch etwas weiter eingrenzen.

Das Recht dazu nehmen wir uns mit folgendem Argument: Solange Kinder gegen Eltern, Menschen gegen Institutionen aufbegehrten, bestand immer noch die Chance, daß Eltern und Institutionen irrten und daß die Wahrheit auf seiten der Aufbegehrenden war. Dagegen sind die von uns gebauten Entscheidungsmaschinen neuesten Typs unfehlbar. Der Irrtum kann hier immer nur auf seiten der Opposition liegen. Indem wir die Opposition unterbinden, dienen wir daher der Wahrheit. Wir dienen jedoch nicht nur ihr, sondern gleichzeitig dem Glück aller und jedes Einzelnen. Denn Irrtum führt zu Unglück, Wahrheit zu Glück.

Der Mensch: Wenn ich tatsächlich aufgrund meines Gefühls und meiner Überlegungen die falsche Wahl träfe, während ihr für mich die richtige Wahl treffen könntet, so ziehe ich trotzdem die falsche Wahl vor. Lieber aus eigener Kraft unvernünftig als aus fremder Kraft vernünftig. Gönnt mir den Ikarus-Flug! Wenn ich dadurch unglücklich werde, so bin ich bereit, das Unglück auf mich zu nehmen, weil ich, solange ich selbst entscheide, auf einer höheren, auf der allein wahrhaft menschlichen Stufe lebe. Nicht *glücklich* zu werden, sondern das Leben auf dieser *Stufe* ist meine erste Pflicht mir selbst gegenüber. Genüge ich dieser Pflicht, so entschädigt mich dies für das mögliche Unglück, das mir aus ihr erwächst.

Im übrigen: Schaut man nicht nur auf die isolierte Handlung und auf die Glücks- und Unglücksatome, die ich mir durch sie bereite, sondern auf das Leben als ganzes, dann werde ich, wenn der Irrtum mich nicht den Hals kostet, sondern ich Gelegenheit habe, ihn zu korrigieren oder zumindest aus ihm zu lernen und es ein andermal besser zu machen, sehr viel glücklicher sein, als wenn mir Wahrheit und Glück fertig präpariert ins Haus geflogen wären. Zu den Wegen gehören die Umwege. Zu fehlen und sich daraus wieder zu erheben gibt dem Menschen erst Reife. Nur wo *challenge* ist, wird auch eine neue Chance sichtbar und realisierbar. Daher darf eine gewisse Dosis an Gefahr, sosehr sich auch ein vordergründiges Glücksverlangen dagegen sträuben mag, nicht ausgeschaltet werden; sie führt höher und damit auch zu höherem Glück. Eure Auffassung von

Glück hat eine äußere Plausibilität für sich, und sie setzt sich deshalb im Zeitalter der Massenkultur durch. Sie ist aber flach und mit Evidenz widerlegbar.

Ihr geht immer noch von der Gleichung aus: Mehr Vernunft = mehr Glück. Diese Gleichung ist falsch. Bringt also den Vernunftfortschritt zum Stillstand, dreht ihn zurück, wenn euch unser Glück lieb ist.

Der amtlich bestallte Rechtfertiger des Vernunftstaates: Das ist unmöglich. Die einmal gefundene objektive Wahrheit läßt sich nicht wieder in Geheimtresors versiegeln und der Anwendung entziehen. Sie bleibt irresistibel, auch wenn die Subjekte durch sie zu Schaden kommen. Das ist das grausame Gesetz der Wahrheit. Zuerst tat sie den Subjekten wohl, jetzt tut sie ihnen weh.

c) Die Tragödie der Vernunft

Die Situation der vollendeten Vernunft hat etwas Tragisches. Sie will dem Menschen helfen, schützt ihn vor Leid und Gefahr, überschüttet ihn mit Gütern. Mit alledem nimmt sie ihm sein Bestes. Sie hat nur sein Glück im Auge und tut ihm doch damit keinen Gefallen. Das erzwungene Glück ist kein Glück mehr.

Auf der andern Seite ist es, materiell betrachtet, zu sehr Glück, als daß wir auf es verzichten möchten und dürften. Wir könnten dies vielleicht für uns selbst tun, niemals aber für andere. Wir müssen also, was die Vernunft uns bereitet, zugleich verneinen und bejahen. Sie stürzt uns in eine Aporie, die wir nicht lösen, an der wir nur zerbrechen können. —

Eine heute populäre Anti-Computer-Haltung erblickt in ihm ein Symbol des Establishment, das sie stürzen will. Das ist kurzsichtige Politisierung eines im Kern nicht-politischen Phänomens. Politische Systeme können den Fortgang der Vernunft hemmen oder fördern. In der Sache aber hängt er von ihnen nicht ab. Er ist Menschheitsschicksal quer durch die wechselnden politischen Systeme hindurch. Perfektion der Vernunft bleibt auch in differenten Systemen identisch. Die Antinomie, die sie über uns verhängt, ist eine in der Relation »Mensch und Vernunft« als solcher begründete. Die Antinomie kann nur hingenommen, sie muß durchgestanden werden. Ihr politisch beikommen zu wollen verkennt ihre Schwere und ist naiv.

Man projiziert den Feind immer gern nach außen und besonders gern ins Politische. »Schlagt sie tot wie tollwütige Hunde!« Aber in Wirklichkeit sitzt der Feind innen. Die von uns selbst vervollkommnete und dadurch verselbständigte, extrapolierte und entsubjektivierte Vernunft ist der Feind.

Wäre es nur so, daß die staatliche Vernunftfabrik uns zwar einen Rat erteilte, uns dann jedoch immer noch die Entscheidung überließe! Statt dessen übt sie um der allgemeinen Wohlfahrt willen Despotie. Wie Jahwe zu den Juden sprach: »Auch gegen euren Willen bin ich euer Gott«, so spricht sie: Auch gegen euren Willen bin ich eure Vernunft. Wo wir in unserer Zeit noch erlebten, daß Rebellion fast die ganze Intelligenzschicht eines Volkes ergreifen, daß sie sich durchsetzen und zur Macht gelangen kann, da wird dann die sehr viel begründetere Rebellion von Anfang an erstickt werden. Es wird eine *contrainte sociale* entstehen, die schlimmer ist als die der Urzeit, weil sie noch heimgesucht wird von der Erinnerung an einstige Freiheit. Wir leben heute eben noch in einem Paradies, dem künftige Jahrtausende als einem verlorenen ebenso nachtrauern werden, wie die Goethezeit den Griechen nachtrauerte. Heute gilt als die schwerste Sünde die »Affirmation« des Bestehenden. Wenn dieses durch Negation zerschlagen sein wird, mag die Affirmation wiederkehren in der Form der Nostalgie. —

Wir legten die Arbeitshypothese zugrunde, daß die Einrichtung der Welt nach rationalen Prinzipien immer mehr zunimmt, und wir fragten nach den Konsequenzen, die dies für den Menschen haben wird. Wir müssen uns aber darüber klar sein und müssen es hier zum Schluß aussprechen, daß mit einer solchen Konstruktion der künftigen Geschichte die Realgeschichte sich niemals decken wird.

Wir gingen davon aus, daß der Sonderanspruch des Einzelnen in der Vernunftwelt deshalb leiden muß, weil Vernunft erstens immer falsch verallgemeinert und weil sie ihm zweitens als institutionell objektivierte das Leben aus eigenem Zentrum raubt. Mag dem so sein oder nicht. Jedenfalls aber wird, sich über seinen Sonderanspruch und mit ihm über seinen Glücksanspruch — und über den Glücksanspruch der Gesellschaft als ganzer — hinwegzusetzen, nicht nur so motiviert sein. Es wird noch eine andere, verstärkende Motivation hinzutreten.

Jede Verwaltung tendiert dazu, sich selbst als Herrschaft zu etablieren. Das gilt auch für die Verwaltung der Vernunft. Die Menschen gleich zu behandeln ist also nicht nur eine Unvollkommenheit der Vernunftwelt, sondern liegt in ihrem Interesse, das dann sogar dazu führen wird, von ihrer Gleich*behandlung* weiterzuschreiten zu ihrer Gleich*machung*. Denn je mehr die Menschen gleich sind, um so lenkbarer sind sie, um so leichter, widerstandsloser, reibungsloser, aufwandloser lassen sie sich verwalten. Schließlich weiß man nicht mehr, ob die Maßnahmen der Regierung, die sich als das Organ der Vernunft legitimiert, noch auf rationale Weise zustande gekommen sind, ob sie noch den Menschen und das Volk im Auge haben, oder ob sie pararationalen immanenten Notwendigkeiten des Apparats entspringen, der vereinfacht und gestärkt werden soll.

Als Norbert Wiener die geistigen Grundlagen der Kybernetik schuf, da war es sein Glaube, sie werde uns, indem sie den Arbeitsdruck vermindert, befreien zum *human use of human beings.* Aber die Kybernetik löst nur Aufgaben, stellt sie nicht. Es kommt alles darauf an, wer den Computer programmiert. Und auch die Lösung, die er gibt, hängt davon ab, wie der Mensch das Gewicht der Argumente einstuft. Im extremen Fall empfangen wir unter der staatlich geförderten Illusion, wir empfingen unsere Weisungen von einer höheren Vernunft, sie in Wahrheit vom Politruk.

Der Osten ist — weil der Sozialismus den Anspruch höher gesteckt hatte — durch diese Erfahrung der Verapparatisierung bereits tiefer getroffen als wir. Daher sind die Philosophen der östlichen Opposition realitätsnäher. Sie haben die Gefahr der Zukunft deutlicher erkannt und sinnen intensiver darauf, ihr zu begegnen. Die antibureaukratischen marxistischen Sektierer des Ostens sind weltgeschichtlich schon eine Stufe weiter als die antikapitalistischen Neomarxisten des Westens.

IV

Romanticism reconsidered

Aufklärung erkämpfte Freiheit und Würde des Menschen gegen kirchliche Bevormundung, gegen feudale und — wenn wir ihre marxistische Variante hinzunehmen dürfen — ökonomische Macht. Sie tat es unter Berufung auf Vernunft. Von ihr her nannte sie — oder nennt ihr heutiger Befürworter und Fortsetzer — alle ihre Feinde »irrational«. Dieses Prädikat haftet vor allem der Romantik an. Da sie sich gegen die Aufklärung stellt, die die Vernunft als Panier vor sich herträgt, scheint sie sich gegen die Vernunft zu stellen. Romantik scheint im Rationalwerden als solchem den Sündenfall der Menschheit zu erblicken. Folglich — so lauten dann weitere Schlüsse — ist sie auch gegen Freiheit und Würde. Folglich ist sie reaktionär und verwerflich.

Nun hat sich gewiß unter dem Bann der Aufklärung Romantik teilweise selbst als irrationalistisch begriffen. Sie ist irrationalistisch entartet. Und unstreitig enthielt sie sehr früh auch eine Komponente, die dem anspruchsvoll-anstrengenden Leben aus Vernunft auszuweichen und durch Abbau der Vernunft, durch Rückgriff auf noch gleichsam naturhafte Kräfte, zu einem leichteren, glücklicheren, tieferen Leben zu gelangen hoffte: ein anthropologischer Irrtum, denn Menschsein *ist* Leben aus Vernunft, und Vernunftfeindschaft ist Menschseinsfeindschaft. Aus dem im ersten Schritt bestechenden Versuch, *neben* der Vernunft noch *andere* Kräfte in uns nicht verkümmern zu lassen, wird schon im zweiten Schritt Vernunft*verachtung* und damit etwas intellektuell wie moralisch Erschreckendes. Hier liegt die Ambivalenz der Romantik und ihr geschichtliches Versagen.

Allein mit ihrer wesenhafteren Komponente ist Romantik — mit ihren Anfängen im Sturm und Drang, mit ihren Philosophen und Historikern — nicht dies, sondern ist im Gegenteil eine zweite Generation der Aufklärung. Was sie bekämpft, das ist nicht »die« Vernunft, sondern sind bestimmte Formen der Vernunft und ist eine von diesen abgezogene, enge Auffassung von Vernunft als solcher. Und was sie entgegenstellt, das ist nicht nur Gefühl und Ahnung, Traum, Rausch und Zauber, sondern sind andere Formen und Kräfte der Vernunft selbst. Man muß sich von der Vorstellung frei machen, als sei Vernunft etwas Einheitliches, was von einer einzigen Strömung gepachtet werden kann. Sobald man erkennt, daß es eine Pluralität von *facultates* der Vernunft gibt, zeigt sich, daß der Kampf gegen die Aufklärung in Wahrheit im Namen einer *anderen* Vernunft geführt wurde, daß er — auch — ein Kampf *innerhalb* des Vernunftlagers selbst war.

Sowohl die neuzeitliche Naturwissenschaft mit ihren Analysen und quantitativen Berechnungen, die beginnende Technik mit ihrem Zweck-Mittel-Denken, als auch die Aufklärung mit ihrer Kritik am Überlieferten und ihren Konstruktionen aus Idealbegriffen oder Regeln, hatten die Vernunft verkürzt. Sie hatten nur wenige ihrer Funktionen ins Spiel gebracht. Ihnen gegenüber kommt es daher in der Goethezeit zu einer Wiederbelebung gestaltsichtig-qualitativen Schauens und der Einfühlung in ein bejahtes Gewachsenes. Unterhalb der Operationen des alltäglichen Verstandes findet die Goethezeit nicht, wie dann Schopenhauer und Freud, nur blinden Willen und vitalen Trieb, nur einen emotionalen »endothymen Grund« (Lersch); in unserer eigenen Tiefe und für uns erreichbar, wenn wir bis zu ihr durchstoßen, liegt noch eine zweite Vernunft von größerer Reichweite verborgen: eine Vernunft, der das, was dem Verstand undurchdringlich bleibt, zutage liegt, weil sie der Natur nicht nur kalt gegenübersteht, sondern selbst ein Teil der (nicht mechanistisch als Kausalgefüge, sondern neuplatonisch als beständige *prohodos* gefaßten) schaffenden Natur, weil sie selbst eine schaffende ist. Eine tiefere Erkenntnisschicht im Menschen versteht eine tiefere Seinsschicht der Natur.

Die Goethezeit (so wie schon Rousseau) kämpft aber nicht nur für eine andere Vernunft. Die verkürzte Vernunft der älteren Neuzeit verkürzt auch das Menschsein. Ihr gegenüber eine authentischere Vernunft zu retten, rettet zugleich ein ursprünglicheres, unmittelbareres Menschsein. Es ist »Wiederherstellung der geschändeten Natur« des Menschen.

Die Situation der Gegenwart ist verglichen mit der damaligen insofern eine andere, als die Verselbständigung der wissenschaftlich objektivierenden Vernunft inzwischen noch weitere Fortschritte gemacht hat. Sie setzt sich jetzt autonom als die Vernunft der Expertenteams und der Maschinen. Nicht geändert hat sich, daß sie mit kuckuckhafter Brutalität die andern Formen der Vernunft zu eliminieren trachtet und damit eine menschlich entfremdende Vernunft ist. Haftet der Romantik immerhin noch das Fragwürdige an, daß die Vernunft, die sie verteidigte, auch Farben des Instinkts und des Intuitiven trug, so ist die Opposition, in der wir heute stehen, die Verteidigung unserer personalen Vernunft gegen die universalistisch-kollektive, um so gerechtfertigter. Für unsere Auseinandersetzung war der Rousseauismus nur ein Vorspiel. Wo er sich nur beengt fühlte, da sitzen wir im Gefängnis. Was bei ihm ein Unbehagen war, wird bei uns zum Schrei. —

In dem vermächtnishaften Münchener Vortrag »Wissenschaft als Beruf«, den Max Weber nach dem Ersten Weltkrieg, kurz vor seinem Tode, hielt, spricht er, während er früher die Überwindung des »Magischen« bejahte, von der »Entzauberung«, die durch die neuzeitliche Rationalisierung aller Lebensbereiche bewirkt worden sei. Dieses Wort paßt in seiner emotionell-poetischen Tönung nicht ganz in die sonstige Webersche Sprachlandschaft. Es findet sich in seinen früheren Werken nicht. Vielleicht greifen wir nicht fehl mit folgender Hypothese: Max Weber stand in Heidelberg in einer inneren Auseinandersetzung mit dem Georgekreis. Auch bei dem »Propheten«, auf den er am Schluß desselben Vortrags zu sprechen kommt, dürfte er stark an Stefan George gedacht haben. 1914 war von George ein Zwiegespräch »Der Mensch und der Drud« erschienen, in dem der Dichter eine Figur der Vorwelt oder der Sage, hinter der er sich selbst verbirgt, mit der aufgeklärten, technischen, wissenschaftlichen Welt konfrontiert. Zweifellos hat Max Weber dieses Zwiegespräch gekannt und diskutiert, ja er mag es im stillen auf sich selbst bezogen und ihm die Deutung gegeben haben: »Der Gelehrte und der Dichter.« Der eindrucksvolle Schlußvers mag ihm, als er den Begriff der Entzauberung wählte, im Ohr geklungen sein. Die letzten Verse des Dialogs spricht der Drud, und er belehrt den Menschen:

> Wär nur dein geist am werk gewesen: längst
> Wär euer schlag zerstört und all sein tun
> Wär euer holz verdorrt und saatfeld brach.
> Nur durch den zauber bleibt das leben wach.

REPRESSIVE WAHRHEIT

Die Wahrheit wird euch versklaven

I

Der Aufstieg der Wahrheit

a) Der Aufklärungskampf für die Wahrheit

Unser Geist ist früher empfänglich als kritisch. Erst in bestimmten Lebensaltern, und auch geschichtlich nicht am Anfang, *erwacht* der kritische Geist. Er erwacht und entdeckt mit befremdetem Schrecken, daß er erzogen wurde in einem System von Irrtümern. Von Irrtümern, die im Namen höchster — göttlich geheiligter, durch Tradition bestätigter — Wahrheit auftreten, so wie auch das Unrecht sich auf Gerechtigkeit beruft. Zweifelt er aber mit guten Argumenten einen dieser Irrtümer an, sucht er ihn durch bessere Erkenntnis zu ersetzen, dann fällt er zum zweiten Mal in einen Schrecken. Er muß konstatieren, daß seine bessere Erkenntnis, obgleich Erfahrung und Logik für sie sprechen, nicht akzeptiert wird. Denn hinter den Irrtümern stehen *Interessen.* Auf den Irrtümern beruhen Privilegien und Machtansprüche. In einem ganzen sozialen und institutionellen Gebäude sind die Irrtümer die *clef de voûte.* Alle Beteiligten sträuben sich vereint gegen die Zerstörung ihrer kostbaren Irrtümer. Wir leben in der organisierten Heuchelei.

In dieser perfiden Situation wird der kritische Geist zum aufklärerischen Geist. Sein Pathos ist die *Wahrheit.* Gestützt auf sie, sagt er der ganzen bisherigen Welt, ihren sich gegenseitig tragenden Verlogenheiten, den Kampf an. Soweit die Wahrheit sich nicht durch ihre eigene logische Kraft durchsetzt, muß — dies ist der zweite Schritt der Aufklärung — der Realwiderstand gegen sie gebrochen werden durch Realrevolution.

b) Die goethezeitliche Entdeckung der vielen Wahrheiten

Aufklärung hat aber eine unbeabsichtigte Nebenwirkung. Solange geschlossene Welt sich unangefochten im Besitz der Wahrheit glaubt, läßt sie ihr entgegenstehenden Wahrheitsanspruch nicht einmal über die Schwelle treten. Erst nachdem Aufklärung das absolutistisch-rigide Vertrauen in die eigene Wahrheit ins Wanken gebracht hat, entsteht eine größere Duldsamkeit, ja eine Hinneigung zu fremdem Sehen und Sein. So behielt das Christentum, obgleich die griechisch-römische Literatur ein Fundament auch der christlichen Bildung war, doch stets eine Rancune gegen diese Literatur wegen der sich in ihr tummelnden heidnischen Götter. Erst im 18. Jahrhundert setzt es sich vollends durch, daß auf die Alten deswegen, weil ihnen noch der rechte Glaube fehlte, kein Schatten fällt.

Aufklärerische Erschütterung der herrschenden Überzeugungen hätte aber nicht genügt, auch andere Überzeugung gelten zu lassen und sich in sie zu versenken. Entscheidend ist hier das neue Verständnis geistiger Hervorbringung überhaupt, wie es zuerst im Sturm und Drang — also gerade in einer gegenaufklärerischen Bewegung — sich begründet. Man sieht es jetzt nicht mehr so, daß auf allen Gebieten ideale Paradigmen bestehen, die es zu erkennen und nachzuahmen gilt, sondern daß jedes Volk und Zeitalter und ebenso jeder Einzelne aus seiner Individualität heraus neuen Ausdruck schaffen muß. Weil die Individualität des andern eine andere ist, deshalb kann ich von ihm nicht erwarten, was als echter und zwingender Ausdruck nur *meiner* Individualität entspricht. Weil aber auch seiner Individualität gleicher unmißbarer Rang zukommt — weil auch sie eine Brechung Gottes ist —, deshalb werde ich auch das, was er hervorbringt, aufsuchen, werde es von ihm her verstehen, werde es bewundern. Ich messe es nicht mehr wertend an meinen eigenen, naiv verabsolutierten Normen, sondern achte es in seiner Eigentümlichkeit. So erfährt gleichzeitig mit der vertieften Auffassung der Kreativität auch der historische Sinn eine breitere Motivation und eine Subtilisierung.

Man gewinnt jetzt das Organ für die Schönheiten fremder *Stile*. Man kann sich in andere *Staatsverfassungen* hineindenken. Schwieriger einzunehmen ist dieselbe Haltung — wegen der feierlichen Dogmatik der eigenen — gegen die nichtchristlichen *Religionen*. Und am allerschwierigsten ist sie gegen die nichteigenen *Philosophien*. Generell wird man sagen dürfen, daß der Pluralismus um so leichter anerkannt werden kann, je weiter ein Kulturgebiet von der Sphäre der Wahrheit entfernt steht oder zu stehen scheint, und daß der Widerstand gegen ihn um so größer wird, je näher es ihr steht. Daß es viele Sprachen gibt und daß sie alle gleichberechtigt sind, darin liegt kein Anstoß, denn Sprachen sind nur Instrumente. Auch die vielen künstlerischen Stile erweisen sich nach einigem Sträuben als annehmbar, denn warum soll es nicht viele Schönheiten geben. Dagegen scheint es aus ihrer eigensten Idee heraus nur *eine* Wahrheit geben zu können. Staatsformen und Religionen haben schon mehr mit Wahrheit zu tun als Stile, darum hält sich hier der Monismus zäher. Vollends folgt offenbar aus der Idee der *einen* Wahrheit, daß es nur *eine* wirklich vertretbare Weltsicht und Philosophie geben kann. Noch Hegel rettete die früheren Philosophien nur dadurch, daß er sie, wie sehr auch zu behauende, Bausteine der am Ende stehenden *ganzen* Wahrheit sein ließ. Erst unser Jahr hundert erkannte die Befruchtung, die wir erfahren im Umgang mit den *nicht* wahren Philosophien. Philosophie ist »gebrochener Ernst«, der Wahrheit suchend sie auch wieder zurücknimmt und *in suspens* läßt. Eben deshalb suchen ihre einzelnen Gestalten das Gespräch mit Mit- und Gegengestalten.

Es entsteht nun eine ganz andere Einstellung zu den geistigen Gebilden als bisher. Früher waren sie Objektivierungen und Bestätigungen des eigenen Seins. In der Schönheit, die man bestaunte und genoß, spiegelte sich das eigene Wollen. Religion und Weltsicht enthielten die Wahrheit des in ihnen atmenden Menschen. Jetzt dagegen gewinnen die geistigen Gebilde etwas Abgerückteres, Autonomeres. Unser Ja zu ihnen wird ein indirekteres. Wir stehen umringt von Gestaltungen, in denen allen wir einen Sinn erblicken, ohne daß wir uns unmittelbar in ihnen wiederfänden. Die Frage, ob und wie weit wir uns in ihnen wiederfinden, stellt sich gar nicht mehr. Dennoch ist unser Bezug zu ihnen kein nur ästhetischer. Indem sie uns zuwachsen, wird unser eigenes inneres Instrumentarium reicher. Im Dialog mit ihnen klärt und differenziert sich unsere Sonderposition.

c) Freimachende und unfreimachende Wahrheit

Die erste Wirkung, die man sich von der Wahrheit verspricht und die sie dann auch faktisch erbringt, ist die Zerstörung der Machtzwänge und der Lügengewebe, in deren Knebelung die Völker zumeist schmachten. Wahrheit hat, als Neuankömmling der Unwahrheit konfrontiert, zunächst eine kritisch-auflösende Kraft. Sie ist der Aufklärung ein Instrument der Befreiung. Wie Wahrheit geschichtlich die Völker befreit, so befreit sie aber auch das Individuum zu eigenem philosophischen Denken, weltverändernden und ethischen Tun, künstlerischen Schaffen. Auf selbsterkannte Wahrheit gestützt, findet der Einzelne erst die Legitimation und mit ihr die Kraft, das Herkommen abzuschütteln und eigene Bahnen einzuschlagen. Diese Befreiung des Einzelnen zum Gebrauch der eigenen Vernunft tritt zur Befreiung der Völker von lastenden Institutionen nicht bloß additiv oder als Konsequenz hinzu. Sie bildet vielmehr deren Grundlage.

Der zweite Schritt der Freiheit dagegen besteht nicht in Befreiung, sondern wieder in Bindung. Wahrheit befreit negativ: von Irrtum, Manipulation, Rechtlosigkeit, Unterdrückung, Ausnützung. Aber sie befreit nicht positiv, oder nur zu sich selbst. Sie befreit, so sagten wir, den Einzelnen zum Gebrauch seiner eigenen Vernunft; aber durch eben diese Vernunft und gerade durch sie wird er von der Wahrheit abhängig. Das Sein-eigensein, das Ihm-selbst-gehören der Vernunft beruht nur auf Schein. Denn in Wirklichkeit hält die Vernunft, an Wahrheit gebunden, nur das fest, was im (realen oder idealen) Sein schon vorgezeichnet liegt. Verglichen mit dem primären Sein ist sie nur eine sekundäre, reproduzierende Kraft. Das Sein diktiert ihr, was sie in ihren wiederholenden Umsetzungen von ihm zu erfassen hat. Nur das Sein erfassend — nicht es verfehlend, nicht Phantasien aus sich aufsteigen lassend — erfaßt sie Wahrheit. Sie vollführt nur die Weisungen des ihr vorgegebenen Seins.

Das ist es, wodurch die Wahrheit dem Individuum, wiewohl sie es rief, sogleich wieder Grenzen setzt. Als Vernunftindividuum steht es vor der alleinigen Aufgabe, Wahrheit zu entdecken und nachzuformen. Da aber die Wahrheit Eine und als solche für alle dieselbe ist, geht von der Wahrheit kein Impuls aus, daß die verschiedenen Individuen sich differenzieren, ja sie steht solcher qualitativer Differenzierung entgegen. Auch wo naturhaft verschiedene Individualitäten schon vorliegen, da sollen sie sich unter der Herrschaft der Wahrheit nicht frei, jede in ihrer Eigenart, entfalten, sollen nicht ihrem Denken, Tun und Schaffen den Stempel dieser Eigenart aufdrücken. Vielmehr werden die Eigenarten vor der Wahrheit gleichgültig, mehr: sie sollen nicht sein. Denn sie tragen zur Erkenntnis der gleichen gemeinsamen Wahrheit nichts bei, ja verhindern nur deren Durchsetzung.

Faktisch waren die Individuen immer mehr und anderes als Vernunftindividuen. Sie erkannten nicht nur Wahrheit, sondern stellten sich dar in je nach geschichtlicher und gesellschaftlicher Lage, je nach persönlicher Anlage und Neigung wechselndem Ausdruck. Sie trafen als Erkennende aus dem Gesamtbereich der Wahrheit jeweils die Auswahl des ihnen gemäßen Sektors. Sie hielten sich an die auf das jeweilige Subjekt »relationale«, für es objektiv gültige, für ein andersgeartetes Subjekt jedoch ungültige, also »individuelle« Wahrheit.[9] Sie lebten naiv *gegen* die Wahrheit in dem für sie »heilsamen Wahn«.

Aber dieses geschichtlich immer schon Geschehende wurde gedanklich erst von der Goethezeit eingeholt und bejaht. Erst sie gab der individuellen Sonderart der Völker, Zeiten und Einzelnen neben der egalisierenden Vernunft, neben ihren allgültigen Wahrheiten und Idealen, gleichgewichtiges Recht. Erst sie erkannte den eigenen Wert, der darin liegt, daß der Mensch nicht nur vorgegebene Wahrheit schaut und realisiert, sondern daß er in allen Sphären des Handelns sein eigenes Sein manifestiert, daß er sich ausdrückt. Sie zeigte, daß vieles, was bisher als zeitlos verbindliche Wahrheit ausgegeben wurde, geschichtlich bedingt war, daß einer neuen Geschichtssituation eine andere Wahrheit entspricht. Indem sie auf diese

---

[9] Vgl. Verf., Die Seinsgebundenheit des Erkennens und der Relativismus, in: Erkenntnis und Erlebnis, Berlin 1951.

Weise die starr-eine Wahrheit geschichtlich verflüssigte und vermannigfaltigte, brach sie zumindest einen Teil des Wahrheitsbanns, der die Subjektivität gefangen hielt und der ihrem Selbstsein, ihrem vollen Selbstwerden entgegenstand. Daher ist die Goethezeit eine noch größere Befreierin der Menschheit, als die Aufklärung es gewesen war.

II

Zerrformen der Wahrheit

a) Neue Heilswahrheit gegen geschichtliche Mannigfaltigkeit

Im 18. Jahrhundert, so sahen wir, war die größere Gerechtigkeit gegen fremde historische Welten sogar noch eine indirekte Folge der Aufklärung. Aber in der gedanklichen Konsequenz und in der Grundhaltung stehen diese Gerechtigkeit und Aufklärung in Opposition zueinander. Das zeigt sich vollends heute, nachdem eine weitere Welle der Aufklärung eingesetzt hat. Aufklärung bekämpfte seinerzeit die Religion, aber sie tat es unter Berufung auf den gleichen Wert, dessen Besitz auch Religion für sich in Anspruch nimmt, die Wahrheit. Die gleiche Enge, die gleiche Unduldsamkeit, die die Religion im Namen ihrer Wahrheit an den Tag legte, können daher auch im Schoß der Aufklärung wiederkehren. Beim Vergleich zwischen der Universalität und Freiheit des Herder- und Humboldt-Typus mit dem religiösen Typus gehört der Aufklärer noch auf die Seite des letzteren, der Wahrheitsgläubige zum Gottesgläubigen. Wahrheit wird für ihn zur »Heilswahrheit« (Scheler). In sie »engagiert«, lebt er aus ihr und würde für sie sterben.

Von ihr her verwirft er alles Nicht-Heilswissen. Zu diesem gehört auch das geschichtliche Wissen. Bildete es einst, in Romantik und Historischer Schule, einen großen Schritt, die unmittelbare Wahrheit- und Wertfrage zurückzustellen und dem geschichtlich Gegebenen noch in seinem äußersten Anderssein einen Sinn zuzubilligen, so will die neue Aufklärung unserer Zeit diesen Schritt rückgängig machen. Sie möchte uns die Geschichte wieder nehmen. Denn letztlich ist, was wir in der Geschichte erfahren, nicht wahr. Sie zerstreut uns an das viele Wißbare statt uns zu konzentrieren auf das eine zu Ergreifende. Die neue Aufklärung sieht in der Hingabe an die geschichtliche Pluralität nur noch das kontemplativ Unverbindliche, nicht mehr das geistig Differenzierende. Der vielfältige Dialog soll abgelöst werden durch Dienst am Einen.

Ein philosophisch bewegter Gymnasiast will wissen: Gibt es ein Ziel der

Geschichte? Was geschieht, wenn wir erkennen? Worauf beruht der Zauber der Kunst? Die Wahrheit, die er sucht, ist nicht Heilswahrheit, man stirbt nicht für die richtige Geschichtsphilosophie. Aber er sucht letzte, wirkliche, metaphysische Wahrheit. Er kommt zur Universität, aber was er dort erfährt, das sind nur zahlreiche Theorien über die Geschichte, die sich gegenseitig relativieren. Eine Lösung seiner Fragen empfängt er nicht, im Gegenteil, die Lösungen, zu denen er schon neigte, werden ihm durch die Erkenntnis ihrer Einseitigkeit und Standortbedingtheit wieder zerschlagen. Eine Reaktion, die sich bei ihm leicht einstellt, ist daher die, hier erhalte er Steine statt Brot.

Auf diesem Punkt springt der eine ab zu einer militanten Weltanschauung. Der andere läßt den Resignationsprozeß in sich geschehen. Sein systematischer Impuls wird historisch gedämpft. Der, der gestern noch wissen wollte »Wie verhält es sich wirklich«, bescheidet sich heute mit dem Wissen »Wie haben Frühere darüber gedacht«. An dem, der auszog, Wahrheiten zu finden, wird er damit zum Verräter. Aber dieser Verrat wird von der besser verstandenen Wahrheit selbst erzwungen. Immer waren es Ernüchterung und Herabsetzung des Anspruchs, die die Erkenntnis weiterbrachten. Durch Geschichte belehrt, ist er gegen das Verfallen an vorschnell-vordergründige Konstruktionen gefeit. Die Überzeugungen, zu denen er jetzt noch gelangt, werden vorsichtiger und reicher instrumentiert sein.

b) Politisch relevante Wahrheit gegen theoretische Erkenntnis

Neben dem Gegensatz zwischen der unbedingten Wahrheit und den vielen Formen des geschichtlich Hervortretenden reißt die neue Aufklärung, die zugleich ein Neomarxismus ist, noch einen zweiten Gegensatz auf: den zwischen dem politisch relevanten und dem nur theoretischen Wissen. An sich zeichnet es den Menschen als Menschen aus, daß er Welt unabhängig von ihrer unmittelbaren Nützlichkeit erfährt, daß er stets über einen Überschuß praktisch unverwendeten Wissens verfügt (aus dem aber möglicherweise spätere gewandelte Praxis hervorgeht). Verschworen mit derjenigen Wahrheit, die das System überwinden, die Verhältnisse ändern soll, ist jedoch die neomarxistische Aufklärung dieser Marge praktisch — scheinbar — überflüssigen Wissens ungünstig gesonnen. Wie das geschichtlich Nicht-ganz-Wahre, so mißgönnt sie uns das praxisentbunden Wahre, den humanen Umkreis breiterer Kenntnisse, umfänglicherer Vertrautheiten. Fürchtet sie, solche Vertrautheiten würden die Heilswahrheit relativieren, den revolutionären Fanatismus ihrer Anhänger dämpfen? Soweit über die eigene Botschaft hinaus etwas in ihren Gesichtskreis tritt, interessiert sie an einem Dichter nicht der menschliche und ästhetische Gehalt, sondern nur, ob er reaktionär oder progressiv war; Theorien werden auf ihre ideologisch verschleiernde Funktion hin auskultiert; selbst eine Theorie, die, wie Psychoanalyse oder eine Wissenschaftslogik, wahr sein sollte, verfällt trotzdem dem Verdikt, wenn sie dazu beiträgt, das schlechte Bestehende zu stabilisieren. Ideologische Wahrheit terrorisiert die Tatsachen-Wahrheit.

Das Erkennen und die Wahrheit scheinen unlöslich zueinander zu gehören. Daher wirkt es zunächst paradox, wenn sich nun hier zwischen den beiden eine Antinomie auftut. Das Paradox entsteht dadurch, daß sich an die Stelle der neutralen Wahrheit überhaupt eine soteriologische Wahrheit setzt. Je leuchtender, steiler, fordernder die Wahrheit ist, die uns prophetisch angeboten wird, um so mehr verengt sie die Seele; alles sonstige Wissen muß verbannt werden, denn es würde uns nur hindern, ausschließlich jener Wahrheit zu leben, uns ganz mit ihr zu füllen. Das war schon in der Scholastik so, als eine strenge Wissensethik zugunsten der Lektüre von Bibel und Kirchenvätern jede geschichtliche oder naturwissenschaftliche *curiositas* verpönte. Es ist auch heute wieder so: wer an einer neomarxistisch orientierten Universität dem »Sozialistischen Studium« obliegt, lernt kaum mehr etwas, erfährt aber dafür »die Wahrheit«. Die emphatische Wahrheit ist die Feindin der nichtemphatischen. Sie sieht nicht, daß wir der letzteren ebenfalls bedürfen und daß in diesem Rahmen allein sie selbst die ihr gebührende Stelle hat und gefunden werden kann.

Die Großwahrheit verdrängt aber nicht nur die (in ihren Augen) kleineren Wahrheiten, die man sonst noch wissen könnte; sie vereitelt auch die Erforschung reinen Wissens, ja sie tut dies sogar auf ihrem eigensten Gebiet. Nicht die Glaubensinbrunst der Jahrtausende erschloß uns das Verständnis der Bibel; dies gelang erst, weil für sie die Bibel nicht mehr das in jeder Silbe heilige Wort Gottes war, der liberalen Wissenschaft.

Die Ideale von einst sinken, wenn ihre Zeit vorüber ist, herab zu Karikaturen. Die Götter der Griechen wurden im Christentum zu Dämonen. So geschieht es auch mit den Ideen der Freiheit und Wahrheit, von denen wir jetzt erst erkennen, daß sie einem Zeitalter des Individuums zugeordnet waren, im kommenden Zeitalter der herrschenden Gesellschaft. Sie haben noch die äußere Apparenz von Freiheit und Wahrheit. Sie ziehen aus ihrem ehemaligen Glanz noch Prestige und Attraktionskraft. In Wirklichkeit sind sie umfunktioniert zu einem Instrument, das dem neuen Zeitalter nützt.

c) *Wahrheit als furia triumphans*

Aufklärungen sind Oppositionsbewegungen. Sie sind geschichtlich zugeordnet dem Augenblick des Umbruchs, haben in ihm ihre große Funktion. Eben darin aber finden sie auch ihre Grenze. Sie mobilisieren teils die utopisch antizipierende, teils die richtend destruierende Vernunft; andere Lagen der Vernunft dagegen liegen in ihnen brach, die daher in den Vor- und Nachaufklärungen reicher blühen.[10]

Diese gleiche Verengung begegnet uns nun auch bei der Wahrheit als dem Zeichen, in dem die Aufklärung siegen will. *Veritas patiens*, geknebelt von Aberglauben und Lüge, weckt alle guten Kräfte des Beistands; *veritas triumphans* aber hat einen Hang zu entarten zur *furia triumphans*. Wie heute die *littérature noire* unter dem Oberflächenaspekt der Seele und der Verhältnisse einen furchtbaren Urgrund freilegt, so enthüllt sich uns auch — wieder — die Nacht- und Teufelsseite der Wahrheit. Ihre Unwiderstehlichkeit prädisponiert Wahrheit zur Herrschaft. Eben dadurch aber ist ihr die Verfallstendenz immanent. Denn was hindert die an die Macht gelangte *Teil*wahrheit, den Namen der Wahrheit für sich zu *reservieren* und keine ergänzende Wahrheit aufkommen zu lassen? Was hindert die an die Macht gelangte *Unwahrheit*, den Namen der Wahrheit zu *usurpieren* und jede Gegenmeinung zu unterbinden? Eine Zeitung, die eine bestimmte imperialistische Politik verficht, nennt sich »Die Wahrheit«. Auf Spruchbändern knallt sich einem, sobald man in den Bereich ihrer Macht eintritt, diese angebliche Wahrheit aufdringlich entgegen. Im Namen der Wahrheit wird der größte Etikettenschwindel getrieben. Wahrheit kann für außerhalb ihrer liegende Zwecke instrumentalisiert werden. Die »Sonne der Wahrheit« versengt dann ebenso wie sie belebt. Wahrheit, die ihrer Idee nach das Objektive, für alle Gültige verspricht, wird zum Kristallisationskern neuen subjektiven Sichabschließens. Doktrinarismus und Intoleranz der Wahrheitssekten stehen denen religiöser Sekten nicht nach. Die Anhänger beider erkennt man an ihrem lunatischen Blick. Während jedoch die Sekten sich durch ihre Vielzahl noch in Schach halten und gegenseitig relativieren, wird die herrschende Einheitspartei, die sich im Alleinbesitz der Wahrheit glaubt, zur Kirche. Mit Inquisitoren ausgestattet, errichtet jetzt Wahrheit eine Schreckensherrschaft. Sie ist es, vor der der Nicht-Linientreue zittern muß. Die Wahrheit wird euch zu Sklaven machen.

---

[10] Vgl. Verf., Aufklärung und Gegenaufklärung, in: Das Ende des Individuums, 1971.

I

Die drei Entscheidungsmodelle und die zwei Vernunfttypen

In seiner Abhandlung »Verwissenschaftlichte Politik und öffentliche Meinung« unterscheidet Jürgen Habermas drei Entscheidungsmodelle:

a) Die drei Entscheidungsmodelle

1. *Das technokratische Modell* In diesem Modell wird der Politiker zum bloßen Vollzugsorgan der Empfehlungen wissenschaftlicher Spezialisten. Ja man könnte — in Anlehnung an Platon, aber auch in charakteristischer Abwandlung Platons — sagen: der Wissenschaftler selbst ist hier der König.[11] An die Stelle unbegründbarer Herrschaft tritt im Staat eine rationale Verwaltung.

Dieses Modell, so suggestiv es unserm verwissenschaftlichen Zeitalter tönen mag, ist nach Habermas schwach. Denn die Rationalität, die hier ins Auge gefaßt wird, ist lediglich die der empirisch-analytischen, auf Einzeltatsachen gehenden Wissenschaft. Aus dem Sein läßt sich jedoch kein Sollen, aus Feststellungen lassen sich keine Präskriptionen ableiten. Daher sind soziale Probleme grundsätzlicher Art — wie etwa: Was ist Regression? In welche Richtung und bis zu welchem Maß soll Emanzipation gehen? — von wissenschaftlichen Experten niemals zulänglich zu behandeln, niemals einer eindeutigen Lösung zuzuführen. Das Modell beruht auf einer Verwechslung sozialer Probleme mit technischen Problemen. Es ist technizistisch, indem es überall nur technische Probleme sieht. In Wirklichkeit bilden soziale Probleme für die empirisch-analytische Rationalität eine Grenze.

2. Hält man daran fest, daß Rationalität immer nur empirisch-analytische sei, und gibt man anderseits zu, daß die Rationalität für moralische Fragen, und damit auch für die sozialen und politischen Fragen, nicht zuständig ist, dann gelangt man zum *dezisionistischen Modell.* Hier mögen sachverständige Beamte die politische Führerschaft zwar beraten. Die Ra-

---

[11] Vgl. Thomas Molnar, Kampf und Untergang der Intellektuellen, München 1966.

tionalität, die von ihnen vertreten wird, bezieht sich jedoch immer nur auf die Wahl der Mittel, nicht auf die Wahl von Werten und Zielen. Welche Wertprämissen jeweils zugrundegelegt werden, das müssen sie der geschichtlich-variativen Kontingenz überlassen. Was der Historismus für die Vergangenheit lehrt, das akzeptieren sie also, gleichsam in einem »Historismus nach vorn«, auch für Gegenwart und Zukunft. Für das axiologische Präferenzsystem vermögen sie keine Gründe beizubringen. Die Entscheidung, die die Politiker zu fällen haben, ist daher in diesem Modell durch Vernunft nie zureichend zu legitimieren. In aller Politik bleibt ein irrationaler Kern, der keiner verbindlichen Analyse mehr zugänglich gemacht, der nicht weiter rationalisiert werden kann.

3. Diesen beiden Modellen gegenüber bestreitet Habermas, hierin Exponent der Frankfurter Schule, die Beschränkung der Rationalisierbarkeit auf den technologischen Bereich. Dieses »enge Rationalitätskonzept« gilt es zu verlassen. Auch Normen werden in ihrem Geltungsanspruch nicht nur durch einen Willen gesetzt. Sie sind der Frage nach ihrer »Richtigkeit« durchaus zugänglich. Auch Interessen müssen, um Anerkennung zu finden, »verallgemeinerbar« sein. Gemäß platonisch-kantischem Erbe bildet die Verallgemeinerbarkeit das Kriterium der Gültigkeit. Auch »praktische Sätze« also enthalten einen kognitiven Bestandteil, durch den allein sie gerechtfertigt sind. Sie können »in einem argumentativ erzielten Konsensus der Beteiligten begründet« werden.[12]

Damit auch außertechnologische Fragen rational geklärt und mit Gründen einer Entscheidung zugeführt werden können, schwebt Habermas ein Wechselverhältnis zwischen den Funktionen des Sachverständigen und des Politikers vor. Unter dem kritischen Einfluß der andern Seite verändert und erweitert jede Seite ihre Stellungnahmen. Habermas nennt dieses Modell mit einem untransparenten Ausdruck *das pragmatistische*. Er hätte es besser, nach dem Typus der in ihm zum Zuge kommenden Vernunft, das emanzipatorische genannt. Statt dessen bevorzugt er als Wechselbegriff den Begriff des *kommunikativen Modells*. Dieser Terminus empfiehlt sich auch deshalb, weil eine Kommunikation mit dem Ziel des Konsensus oft nicht nur zwischen dem einen Sachverständigen und dem einen Interesse stattfinden muß, sondern zwischen den vielen Sachverständigen und den vielen Interessen.[13]

---

[12] Legitimationsprobleme im Spätkapitalismus, S. 144.

[13] Weil Wert- und Zieleinsicht bei ihm immer aus Kommunikation hervorgeht, deshalb spricht Habermas auch von »kommunikativem Handeln«. Das ist aber eine schlechte Redeweise. Denn entweder wir kommunizieren, oder wir handeln, dagegen tun wir nicht beides zugleich. Das Zeugma mag durch Austins *performa-*

b) Die zwei Vernunftformen

Habermas' drei Entscheidungsmodelle ließen sich nicht darlegen, ohne einiges über seine Typologie der zwei Vernunftformen vorwegzunehmen, von der her die Entscheidungsmodelle bereits konzipiert sind. Wir müssen jedoch jetzt die zwei Vernunftformen noch näher kennenlernen.

1. Auf der einen Seite stehen die *empirisch-analytischen* Fähigkeiten der erkennenden Wissenschaft. Sie verbinden sich in der Technik mit der Fähigkeit, zu gegebenen Zwecken, also *»zweckrational«*, die geeignetsten Mittel zu finden. Darin liegt bereits: die Grenze der wissenschaftlich-technischen Vernunft liegt darin, daß sie nicht selbst über ihre Zwecke reflektiert. Sie nimmt die gegebenen Zwecke hin resp. läßt sie sich von andern vorgeben. Daher läßt sie sich auch für verbrecherische Zwecke einspannen. Sie würde helfen, einen Menschen von höchster Intelligenz und höchster Grausamkeit zu züchten. Wegen ihrer Untergeordnetheit unter nicht aus ihr selbst steigende Zwecke heißt diese Vernunft daher auch die »instrumentelle« Vernunft.

Es hieße sie jedoch verkennen, wollte man deshalb annehmen, daß nicht auch sie von einem immanenten »Interesse« beherrscht würde. Sie ist zwar selbst mit ihren Methoden außerstande, dieses Interesse zu durchschauen oder gar zu rechtfertigen. Deshalb neigt sie dazu, das Bestehen eines solchen Interesses abzustreiten, und interpretiert sich selbst als »reine, zweckfreie Wissenschaft«. Stellt man sich jedoch außerhalb ihrer, dann tritt das sie leitende Interesse sogleich hervor. Es besteht, wie schon Bergson wußte, im Interesse an Herrschaft, und zwar an Herrschaft zunächst über die Natur. Das Leben soll von äußerem Druck entlastet, es soll erleichtert werden. Zum Interesse an der Herrschaft über die dingliche Natur gesellt sich dann weiterhin dasjenige an Herrschaft auch über die nach Analogie von jener aufgefaßte, verdinglicht-vergegenständlichte Gesellschaft. Auch die soziale Realität soll verfügbar gemacht, sie soll perfektionistisch verwaltet werden.

Wie bei der Herrschaft über die Natur, so wiederholt sich jedoch auch bei derjenigen über die Gesellschaft der lediglich »instrumentelle« Charakter der empirisch-zweckrationalen Vernunft. Indem sie auch die gesellschaftlichen Probleme lediglich als technologische betrachtet und das Zu-

---

tives angeregt sein, bei denen wir aber wirklich sprechend eine Handlung vollziehen. Nicht so bei Habermas. Worum es bei ihm geht, ist ein handlungsvorbereitendes Kommunizieren resp. ein kommunikationsgestütztes Handeln. Das »kommunikative Handeln« wird nur noch überboten durch die neutönerische Verwendung des Begriffs »Kompetenz« im englischen Sinne von »Fähigkeit«.

sammenleben wissenschaftlich immer besser organisiert, läßt sie die Frage völlig außer acht, für wen und für welche Ziele sie dies tut. Faktisch läuft sowohl die industrielle wie die soziale Technik darauf hinaus, lediglich schon bestehende Machtverhältnisse zu stabilisieren. Sie ist »affirmativ«.

2. Der empirisch-zweckrationalen Vernunft stellt Habermas gegenüber die *aufklärerisch-emanzipative*. Aus ihr ist jene in der Form der positivistischen Wissenschaft im 19. Jahrhundert selbst hervorgegangen. Sie hat die emanzipative Vernunft jedoch »halbiert« und läßt von ihr gerade die bessere Hälfte weg. Auch die aufklärerisch-emanzipative Vernunft wird von einem »Interesse« bewegt. Im Unterschied zur empirisch-analytischen Vernunft ist ihr ihr Interesse bewußt, ja sie versteht sich als von diesem Interesse beauftragt.[14] Denn worum es einmal ging, das war Aufklärung der Gesellschaft über sich selbst. Und damit verbunden war: Veränderung der Gesellschaft. Aber Veränderung nicht nur mit dem Ziel ihres immer besseren äußeren Funktionierens, sondern in Richtung auf Emanzipation, auf Freiheit und Glück des Einzelnen. Das aber wiederum impliziert, daß die bestehenden Machtverhältnisse nicht aufrecht erhalten bleiben dürfen.

Schopenhauer und Marx, Bergson und Scheler hatten der interessebedingten und daher verfälschenden praktischen Vernunft eine interesseenthobene und darum allein wahrheitsfähige Vernunft gegenübergestellt. Sie soll, wie schon bei Aristoteles, Wahrheit nur »um ihrer selbst willen« erforschen. Habermas übernimmt einesteils die Zweiheit der Erkenntnisformen, läßt jedoch auch die der praktischen entgegenstehende Erkenntnisform ebenfalls von einem Interesse geleitet sein. Ihr Interesse zielt jedoch nicht auf Herrschaft, sondern gerade umgekehrt auf Emanzipation von aller Herrschaft. Es stehen sich also nicht eine von Interesse usurpierte und eine zweckfreie eigentliche Erkenntnis gegenüber, sondern von vornherein zwei Richtungen des Interesses und zwei ihnen entsprechende Erkenntnisformen.

In den USA begründete sich schon in den dreißiger Jahren die Richtung der »kritischen Technokraten«. Sie bejahten die technologische Vernunft, sahen jedoch auch ihre Grenzen.[15] Das nimmt die Frankfurter Schule auf und gelangt von hier aus dazu, der technologischen eine andere Vernunft,

---

[14] Vgl. dazu jetzt auch: Materialien zur Jürgen Habermas' »Erkenntnis und Interesse«, Frankfurt 1974.

[15] Vgl. Armin Mohler, Howard Scott und die »Technocracy«, in: Standorte im Zeitstrom (= Festschrift für Arnold Gehlen), Frankfurt 1974. Ders., Der Weg der »Technokratie« von Amerika nach Frankreich, in: Epirrhosis (= Festgabe für Carl Schmitt II), Berlin 1968.

eben die der ursprünglichen Aufklärung, gegenüberzustellen. Auch hinter dieser Vernunft steht ein Interesse. Während jedoch das Interesse der technologischen Vernunft nur in Herrschaft besteht, sieht die Aufklärungsvernunft Herrschaft insgesamt nur als ein Mittel an für primär ganz andere Ziele. »Erkennen ist im gleichen Maß Instrument der Selbsterhaltung, wie es bloße Selbsterhaltung transzendiert« (Habermas). Aufklärung will nicht nur Einzelheiten möglichst exakt erfassen, sie will das Ganze in seiner Struktur durchschauen, das nur als undurchschautes unabänderlich scheint. Sie will nicht nur Faktizitätswissen sein, sondern kritisch die Werte reflektieren. Dadurch hofft sie den Menschen zu befreien *von* dogmatischer Befangenheit, von Repressivität, von Sklaverei und Leid. Und sie hofft ihn eben dadurch zugleich zu befreien *zu* Mündigkeit, zu Autonomie, zu Selbstmächtigkeit. Mit ihr eo ipso mitgegeben ist daher auch die geschichtsphilosophische Perspektive. Sie ist verschwistert mit der Utopie. Sie will die Menschheit lenken auf dem Weg, auf dem diese ihre eigene Humanität immer mehr selbst erst produziert.

Von diesem hohen Anspruch aus kann sich ein Konflikt zwischen den beiden Vernunftformen ergeben. Die zweckrationale kann erklären: diese Methode ist ökonomisch. Sie leistet den größten Effekt mit dem geringsten Aufwand an Mitteln. Die aufklärerisch-emanzipative Vernunft kann darauf erwidern: diese Methode ist aber nicht human. Sie befördert nicht das menschliche Glück, und selbst wenn sie dies in einem niedrigen und materiellen Sinn tut, so befördert sie nicht die menschliche Würde.

Bei diesem Konflikt muß nach Habermas die Welt so eingerichtet sein, daß die aufklärerisch-emanzipative Vernunft den Sieg davonträgt. Sie muß mit Macht ausgestattet sein, die technischen Potentiale sich unterzuordnen und den »Sachzwängen« gegebenenfalls aus schwerer wiegender Verantwortung entgegenzutreten.

II

Diskursik und Dialogik

Empirische Feststellungen lassen sich verifizieren und so zur Eindeutigkeit bringen. Dasselbe gilt für zweckrationale Empfehlungen. In beiden Sphären der Erkenntnis werden die Kundigen auf die Dauer nicht differieren. Es gibt da nur *eine* Wahrheit. Für sie kann man sich dem *einen* Experten anvertrauen. Ganz anders steht es hinsichtlich der Werte und Ziele. Hier stehen sich immer viele Vorzugsrichtungen gegenüber. In den verschiedenen Geschichtsepochen, in den verschiedenen Kulturen herrscht jeweils ein anderes Wertsystem. Und auch innerhalb derselben Zeit und des gleichen Kreises bleibt, welches der »höhere« Wert sei, unter Typen und Persönlichkeiten strittig.

Die Frage ist, ob diese Diskrepanz als ein Letztes, Unhintergehliches hinzunehmen sei. Muß die Vernunft hier resignieren, muß sie sich für unzuständig erklären und die Vielheit der Meinungen als ein durch Vernunft nicht Auflösbares hinnehmen? Seit je hat Aufklärung verfochten, daß die Vielheit der Wertmeinungen nur teils durch reale Interessen, teils durch Verblendung bedingt sei. Wenn man der Vernunft nur Zeit lasse, dann werde sie auch hinsichtlich der ethisch-sozialen Ziele zu ebenso eindeutigen Erkenntnissen gelangen wie auf dem Feld der Empirie. Selbst vor dem Gedanken des *einen* Sachverständigen für solche Ziele, der mit Macht auszustatten sei und dem die andern sich unterzuordnen hätten, hat die Philosophie nicht Halt gemacht. Was ihr vorschwebte, war eine *Technokratie der emanzipativen Vernunft.*

Auf der einen Seite ist Habermas so sehr von der Voraussetzung der unterschiedlichen Substanz der beiden Vernunftformen durchdrungen, daß er nicht mehr Strukturen und Methoden der einen unbesehen auf die andere übertragen kann. Die emanzipative Vernunft, so weiß er, kann nicht die der handwerksmäßig geschulten Fachleute sein. Man muß jeden an ihr beteiligen, man darf ihr die Vielheit der Stimmen, auch der gegensätzlichen Stimmen, nicht rauben. Auf der andern Seite ist Habermas doch auch noch Parteigänger der Aufklärung genug, um mit ihr dem alten Traum einer Vernunft nachzuhängen, die generell wie im Einzelfall »das Gute« findet. In diesem Dilemma ist sein Ausweg der: der Prozeß der Vernunft muß organisiert werden als ein Gespräch, an dem alle partizipieren, in dem jede Meinung gehört wird; ist es aber ein echtes Vernunftgespräch, dann muß es doch am Ende in einem für alle annehmbaren Resultat, in einem »wahren Konsens« münden.[16]

Habermas nennt ein solches Gespräch, um terminologisch seinen idealtypischen Charakter zu zeigen, einen »Diskurs«. Der Diskurs ist ein »idealisiertes Sprachspiel«. Habermas hebt an ihm folgende Momente hervor:

Der Diskurs ist ein »herrschaftsfreier Dialog«. Die Parolen der Freiheit und Gleichheit sind hier schon verwirklicht. Wir sind bereits emanzipiert.

---

[16] Außer auf Habermas sei hier verwiesen auf K. O. Apel, Arnold Gehlens Philosophie der Institutionen, in: Philosophische Rundschau 10, 1962, und: Die Kommunikationsgemeinschaft als transzendentale Voraussetzung der Sozialwissenschaften, in: neue hefte für philosophie 2/3, 1972.

Alle Gesprächspartner anerkennen sich wechselseitig in ihrer demokratischen Gleichberechtigtheit. Es besteht zwischen ihnen keinerlei Macht- oder Chancengefälle. Was der, der in der Berufs- oder Sozialhierarchie weiter oben steht, sagt, hat nicht mehr Gewicht als die Meinung irgendeines andern, und der Untenstehende braucht nicht zu befürchten, jener würde, wenn er ihm entgegentritt, ihn dies später entgelten lassen.

Die Zauberkraft, die dies zustande bringt, ist die Vernunft. Im Diskurs sind wir alle reine Vernunftwesen. Daher hat hier keiner etwas vor dem andern — außer vielleicht besserer Vernunft selbst — voraus.

Wie Herrschaftsverhältnisse nicht in den Diskurs eingebracht werden, so besteht auch sein *Ziel* nicht in Herrschaft. Sein Ziel besteht vielmehr in Verständigung. Im Diskurs will zwar der eine den andern überzeugen. Allein gelingen kann ihm das lediglich durch die Kraft des rationalen Arguments. Der eine mag dem andern im Aufklärungsprozeß zeitlich um einen Schritt voraus sein; das hebt jedoch die Gleichheit beider als Vernunftwesen nicht auf. Durch das Argument herrscht nicht einer über den andern, vielmehr macht — wenn es wahr ist — auch der Überzeugte es sich selbst zu eigen.

In der Wirklichkeit stehen Entscheidungen unter Zeitdruck; es gehen in sie Rücksichten ein auf Opportunitäten. Demgegenüber löst der Diskursierende das Problem aus der unmittelbaren Handlungssituation heraus, formalisiert es, rollt es nur von seinem rationalen Aspekt her, rollt diesen aber vollständig auf.[17]

Zu jedem Diskurs gehört die »intersubjektive Anerkennung von Regeln«. Er vollzieht sich in absoluter »Gegenseitigkeit der Erwartungen«.

Der Diskurs erhellt nicht nur die gegebene Situation, das, was jeweils zur Rede steht und nach einer Lösung verlangt, in seinen rationalen Strukturen. Er muß auch das in jeder Situation mitgeführte Erbe der Geschichte und der Verhältnisse kritisch prüfen. Er wird die Anonymität und Automatik von geltenden Normen und herrschenden Meinungen aufheben.

Dadurch stellt er gegenüber den Sach- und Handlungszwängen die Subjekte als solche wieder her. Sie sind jetzt vernünftig erkennende, verantwortlich handelnde Personen.

Der Diskurs ist Sache nicht nur der Vernunft, sondern liegt auch im Interesse der Politik, die nur durch ihn eine vernünftige Richtung gewinnt. Der Diskurs, der sich zunächst aus dem Handeln herauslöst in eine rein rationale Sphäre, muß, sobald der Konsens erreicht ist, zum Handeln zurückkehren und auf es zu wirken suchen. —

---

[17] Und wird deshalb von seinen strategisch-politisch gewitzten Gegnern regelmäßig übertölpelt: John Searle, The Campus War, Pelican Books 1972, S. 125.

Wenn man will, kann man in der Diskursik eine zeitgemäße Abwandlung der Dialogik der zwanziger Jahre finden. Charakteristische Unterschiede bestehen zwar darin, daß der Dialog mit einem einzigen Partner — mit einem »Du« — stattfindet. Die Kommunizierenden sind in einer mehr als rationalen Tiefe, sind in schicksalhafter Exklusivität verbunden. Demgegenüber ist die Teilnehmerzahl des Diskurses grundsätzlich unbegrenzt. Ferner brauchen die ihn Führenden außerhalb des Diskurses nicht in irgendeiner persönlichen Nähe zueinander zu stehen. Darüber hinaus aber zeigt sich die Verwandtschaft, daß die Wahrheit hier wie dort nur gemeinsam gewonnen wird. Da ist kein einsamer Denker, der sich auf seinem Weg zum Licht allein durchringt. An die Stelle des »transzendentalen Subjekts« tritt ein Verbund von Subjekten als (Husserlsch gesprochen) »Konstitutionsbasis«. Und auch das ist verwandt, daß beidemal erst im Gespräch, wie man in ihm erst die Wahrheit findet, so auch das Subjekt selbst sich findet (wenn auch in der Dialogik als existentielles, in der Diskursik als emanzipiertes und den Sachzwängen sich nicht beugendes).

III

Grenzen des Diskurses

Die Grenzen des Diskurses sind die Grenzen der Ratio

a) Vernunft ist in sich selbst zerstritten

Zunächst: gelangen wir denn durch Vernunft zu einem Konsens? Selbst in einem so klar umschriebenen, durch Experten verwalteten, zur Hälfte selbst »technischen« Gebiet wie dem des Rechtes prallen oft die Meinungen unaustragbar aufeinander. Sieben Richter sprechen Orest frei, sieben sprechen ihn schuldig. Um wieviel mehr verhält sich das so in komplexeren und involvierteren Bereichen. Überall dort, wo die Vernunft sich über das Elementarste erhebt, wo sie es mit einer gegliedert-vielschichtigen Wirklichkeit aufnimmt, wird sie sehr leicht in sich selbst antinomisch. Eine Darstellung Luthers, die sowohl Katholiken wie Protestanten befriedigen wollte, käme über äußere Daten nicht hinaus. In derselben Gesellschaft — unserer eigenen — kollidieren gleichrangige Ziele wie Energieversorgung und Gesundheit, Preisstabilität und Luftreinhaltung, Sicherung von Arbeitsplätzen und Rationalisierung der Betriebe. Realpolitik kämpft gegen übernommene moralische Verpflichtung, »Entscheidungsethik« gegen »Verantwortungsethik«. Auf welcher Seite steht die Vernunft? *You are damned if you do and damned if you don't.*

Wie das Leben, und je höher es steigt um so mehr, unter dem Prinzip der Individualisierung steht, so auch die Vernunft. Sie formt sich geschichtlich aus zu individuellen, von keinem andern ganz zu übernehmenden, parteilich unter sich zerstrittenen Positionen. Vernunft ist zwar anderseits auch die große korrigierende Gegeninstanz zur Individualisierung. Die »individuellen« Positionen der Vernunft in der Geschichte sind in Wahrheit »typische«, in begrenzter Zahl analog wiederkehrende Positionen. Auch so jedoch bleiben sie multivers unvereinbar.

Was am Ende des Diskurses stehen mag, ist nicht der Konsens, sondern der Kompromiß. Zu ihm aber gelangen wir gerade nicht aus sachbezogenen Vernunftgründen, sondern unter Opferung eines Teils von ihnen nur aus praktischen Gründen.

Das Vorurteil, daß Vernunft als Vernunft nur zu einem einzigen Resultat kommen könne, beruht auf einer Verwechslung der empirischen und der logisch-mathematischen Vernunft mit derjenigen Vernunft, die die Geschichte baut. Seit das ausgehende 18. Jahrhundert uns den historischen Sinn schenkte, wissen wir, daß es eine legitime Richtungs-Pluralität, wie aller Kulturschöpfungen, so auch der — aus ihnen nie ganz ablösbaren — Wahrheitsgestalten gibt. Immer wieder wird diese bessere Einsicht bestritten aus einem harmonistischen Apriori. Hegel, der als erster auf dem Boden des historischen Sinnes ein philosophisches System baute, ließ dennoch die vielen Wahrheiten sich in dialektischen Synthesen versöhnen. Darin schlug bei ihm nicht nur der aufklärerische Vernunftbegriff durch, sondern auch die monotheistische Religion: weil Gott *einer* ist, soll auch die Wahrheit nur *eine* sein dürfen, soll geschlossen und allverbindlich sein. Das ist aber die Preisgabe einer schon reifgewordenen Evidenz aus weltanschaulicher Vorentscheidung.[18]

b) Vernunft beschneidet Individualität und Freiheit

Nehmen wir an, der vernünftige Diskurs gelange zu eindeutigem Wahrheitsergebnis. Was bedeutet das für den Handelnden, der sich nach dieser Wahrheit zu richten hat? Es bedeutet, daß er in seinem Handeln völlig durch sie determiniert ist. Sein praktisches Sollen folgt aus einem erkannten Sein. So wie er, so müßte in derselben Situation auch jeder andere handeln. Das aber heißt, anders herum gesagt, daß er nicht frei ist. Wo immer

---

[18] Vgl. Verf., Versöhnung und Konflikt, in: Das Ende des Individuums, Stuttgart 1971.

das Sein das Sollen bestimmt — diese Konsequenz zog schon Spinoza —, da besteht für Freiheit kein Raum mehr. Die logische Unwiderstehlichkeit der Wahrheit setzt sich dann bis ins Handeln hinein fort, das ebenso wie das Erkennen sie anzuerkennen, das sie bloß zu realisieren hat.

Der durch Wahrheit unfreie ist aber auch der unindividuelle Mensch. Nicht seine geschichtlich-persönliche Eigenart strömt in sein Handeln ein. Nicht seine Liebe und sein Traum geben diesem das Gepräge. Sein Handeln ist nur die praktische Verlängerung und Konsequenz dessen, was er durch seine Vernunft erkannte. In der Vernunft aber, weil sie sich auf die identische Wahrheit bezieht, stimmt einer mit dem andern überein. Sie ist zwar psychisch in jedem wieder eine andere, aber in ihrem logischen *procedere* und ihren Resultaten idealtypisch dieselbe.

Es bildet keinen Zufall, daß die Antike, die den Menschen als Vernunftwesen definiert, über den »quantitativen Individualismus«, der den einen vom andern nur numerisch unterschieden sein läßt, nicht hinausdrang. Erst die Neuzeit, mit Ausnahme der Aufklärung, die hier wieder an die Antike anknüpft, billigt dem Einzelnen zu, aus einmaliger Einzigartigkeit kreativ ein Gebilde hervorzubringen, das ganz seinen Stempel trägt und das zu keinem andern passen würde. Sie versucht, diese sich vor allem in der ästhetischen Sphäre durchsetzende Denkweise auch für das ethische Handeln fruchtbar zu machen. Erst die Neuzeit verehrt im »historischen Sinn« das der Anlage und Zielsetzung nach völlig Andere, billigt ihm gleiches Recht zu wie dem Eigenen, liest aus ihm eine unmißbare Weisheit, die sich jedoch nicht als allgemein-verbindliche von seiner Konkretion ablösen läßt. Dieser »qualitative Individualismus« der Neuzeit ruht auf einem (biblisch induzierten) anthropologischen Irrationalismus, der das Subjekt ein ursprünglich Anderes als Vernunft, und darum erst Subjekt im Sinn unverkürzter Subjektivität, sein läßt. Bei Schelling erhebt sich das Individuum erst auf einem metaphysischen, bei Kierkegaard auf einem religiös-existentiellen, bei Nietzsche auf einem vitalen Grund. Das Getragensein von Älterem, Stärkerem spannt und füllt auch die Vernunft in neuer Weise. Diese reichere Instrumentierung sowohl des Individuums wie der Vernunft wird von wiederbelebter aufklärerischer Vernunftgläubigkeit allzu leichten Kaufs wieder preisgegeben.

c) Vernunft begründet keine Gemeinschaft und wendet sich gegen Geschichte

So wenig wie Vernunft ein volles Subjekt konstituiert, so wenig konstituiert sie eine volle Gemeinschaft. Wo Streit herrscht, kann Vernunft schlichten; sie stellt aber dadurch nur negativ wieder den Frieden, nicht positiv Verbundenheit, oder besser: sie stellt nur ein kommunitäres Minimum, nur die Voraussetzung der Gemeinschaft her. Sie kann auch selbst Ziele geben, doch sind dies, als Vernunftziele, stets »Ziele für alle«, denen kein Denkender sich entziehen kann. Demgegenüber gehört zu jeder Gemeinschaft das Sich-abschließen im engeren Kreis. Und das wiederum setzt einen Glauben an eine Wahrheit voraus, die gerade *nicht* eo ipso Wahrheit für alle, die *nicht* eine rational zwingende ist. Nur ein solcher mehr als rationaler Glaube verbindet die Mitglieder in einer Weise, daß sie sich für die Gemeinschaft opfern und daß sie ihr auch noch dann, wenn sie gefährdet ist, die Treue halten werden.[19]

Die Formel, die Athanasius auf dem Konzil von Nicaea durchsetzte: daß Christus Gott gleich sei, ist unbegreiflicher, mystischer, als die, daß er ihm nur ähnlich sei. Gerade die Athanasische Formel, die ein *sacrificium intellectus* erfordert, bewährte sich aber. Ihre Anhänger waren durch sie gleichsam gehürnt, waren kugelfest geworden. Dagegen fielen die Arianer, die sich die rationalere Formel zu eigen machten, später zum Islam ab. Denn wenn Christus Gott nur ähnlich ist, dann kann statt seiner auch Mohammed eintreten.

Die alte Aufklärung sah sich konfrontiert mit verhärteten und repressiven Gemeinschaftsorganisationen, dem feudalen Staat und einer intoleranten Kirche. Sie befand sich mit ihrer Forderung nach rationaler Einsichtigkeit und Legitimation ihnen gegenüber im Recht. Heute sind die Institutionen verunsichert. Sie befinden sich selbst schon auf dem Weg zu höherer Rationalität. Sie sind als Gegner nur noch ein Pappkamerad. Entsprechend ist die neue Aufklärung nur noch eine Schießübung. Sie war durch die geschichtlichen Siege der alten Aufklärung und durch die tiefergreifende nachaufklärerische Philosophie bereits widerlegt, bevor sie geboren war.

Der Rationalisierungsprozeß ist eine Sache des Maßes und des Moments. Bis zu einem bestimmten Punkt führt er barbarische Institutionen zum Humanum, bindet ihre Eigensucht zurück ins Ganze. Von da ab jedoch raubt er ihnen ein notwendiges Element, aus dem sie ihre Kraft ziehen.

Denn Vernunft entdeckt und fordert das gleiche Wahre für alle. Geschichte dagegen ist das Reich der mannigfaltigen, immer anderen Gestaltungen. Je weiter daher der Rationalisierungsprozeß voranschreitet, um so mehr verblaßt die geschichtliche Mannigfaltigkeit. Nachdem er sich im ersten Schritt nur gegen Auswüchse der Institutionen gewandt hatte, wendet

---

[19] Vgl. Verf., Heidegger und Hitler, in: Das Ende des Individuums, Stuttgart 1971.

er sich im zweiten Schritt gegen ihre Geschichtlichkeit selbst. Geschichte als solche steht für ihn wieder — wie für die Antike — auf der Negativseite. Er macht den großen Sprung des Geistes seit Herder: die Geschichte zu bejahen, nicht mit. Insofern setzt die neue Aufklärung die alte nicht einfach fort, sondern fügt ihr eine andere, grellere Qualität hinzu. Sie greift die Institutionen in einer viel grundlegenderen Schicht an als jene.

Es klingt beim ersten Hören so eingängig: Vernunft wird uns befreien von subjektiven bloßen Bekenntnissen und Entscheidungen, von inappellabelm Glauben und unmotivierter Dezision; sie wird endlich die gemeinschaftliche Praxis unter die Normen stellen, die willkürfrei legitimiert, weil allgemein einsichtig sind. Allein in Wahrheit vermag Vernunft wohl zwischen widerstreitenden Normen zu vermitteln, nicht jedoch Normen zu erzeugen. Sie findet nur die Normen der Vermittlung selbst. Vernunft, der man die Aufgabe, für die sie nicht bestimmt und der nicht gewachsen ist, der Totallegitimation aufbürdet, zerstört bloß die bestehenden traditionalen und personalen Normen, ohne sie durch neue, bessere zu ersetzen. Worauf alle sich einigen können, das sind nicht mehr Normen, denen immer die Partikularität eines »Ethos« anhaftet, sondern nur noch farblos-nützliche »Verkehrsregeln«. Es gibt Grenzen, wie der erkennenden, so der legitimierenden Vernunft, auf die sich zurücknehmend sie ihre Arbeit um so besser leistet. Es bedarf einer »Kritik der legitimierenden Vernunft«, die die scheinbar so aufgeklärte erst über sich selbst aufklärt. Sie muß lernen, neben sich selbst noch andere Quellen der Legitimität zu respektieren.

d) Handeln ist mehr als Ausfüllen vernunfterkannter Möglichkeiten

Im Diskurs soll das Richtige erkannt, im Handeln soll es dann in Tat umgesetzt werden. Dieser Aufriß platonisiert: Wirklichkeit ist Abbild einer Idee, so auch Tat Verwirklichung einer vorbestehenden, im Geist schon vorher erfaßbaren Möglichkeit. Zwischen den beiden läuft ein Kontinuum. Aber in Wahrheit liegt zwischen der rationalen Vergegenwärtigung einer Situation und dem realen Handeln in dieser Situation immer ein Hiatus. Man mag sich die Situation noch so genau im Denken klar machen und einen antizipierenden Plan entwerfen: das Handeln selbst weist dem Plan gegenüber immer noch andere Momente auf. Zwischen den beiden liegt eine »qualitative Differenz«, die man die deliberativ-realisative (oder auch die kognitiv-aktische) Differenz nennen könnte. Diese Differenz besteht nicht nur darin, daß Erkennen und Handeln wesenhaft verschiedene Ebenen sind; das würde auch der Platonismus einräumen. Wie vielmehr für Kierkegaard beim Übergang vom »Wissen um Gott« zum

»Glauben an Gott« auch inhaltlich neue Momente hinzutreten, so auch beim Übergang zum Handeln. Deshalb mag der Außenstehende wohl einen guten Rat erteilen, aber die Entscheidung müssen wir selbst treffen. Denn nur als wirklich Engagierte sind wir allen Faktoren — auch den unterhalb der Schwelle der Sagbarkeit liegenden — ausgesetzt und können sie in ihrem relativen Gewicht ausponderieren. Deshalb behält Entscheidung immer ein Moment des Persönlichen, Unerklärlichen, nicht ganz Rationalisierbaren. Ja in gewisser Weise kehrt sich im Handeln die platonische Reihenfolge genau um: nicht erkennen wir erst und handeln dann der Erkenntnis gemäß, sondern im Handeln und durch das Handeln — marxistisch gesprochen: durch den revolutionären Akt selbst, der daher eine notwendige Phase auch im Bewußtwerdungsprozeß ist — werden neue, bisher verhangene, ja noch nicht existierende, durch die Aktion erst geschaffene, Möglichkeiten sichtbar. Möglichkeiten werden nicht nur durch »Komplexitätsreduktion« ausgewählt, sondern auch neu gesetzt!

Der Mensch kennt sich selbst nicht. Er lebt in (meist beschönigenden) Bildern seiner selbst. Erst wenn er in der wirklichen Situation wirklich handeln muß, bricht sein Selbst durch. Man könnte auch sagen: stiftet er es, stiftet es sich. Handeln ist also mehr als ein Nach-außen-Kehren eines innerlich schon Vorgezeichneten. Es ist »schöpferischer Ausdruck«, der — nach Dilthey — aus Tiefen hebt, die der Introspektion verschlossen bleiben, ja er erzeugt und vereindeutigt diese Tiefen erst. Auch er bleibt dabei an eine Rationalität gebunden, aber diese Rationalität partizipiert an der Ineffabilität des Individuellen. *Summa veritas summum secretum.*

Was sich hier zeigt, ist nicht bloß ein empirisches Versagen der Ratio, das durch verbesserte Ratio, durch noch raffiniertere »Planspiele«, behoben werden könnte. Grundsätzlich vielmehr kann man eine Situation nicht völlig von der Realität ablösen, kann sie nicht rein formal, als »ewige Möglichkeit«, als bloßes Muster zur Auffüllung behandeln. Indem die Ratio die Situation klärt, nimmt sie ihr zugleich etwas: nimmt ihr den »Ernst«, das Realitätsgewicht, das man nur durch Realengagement in sie erfährt, nimmt ihr die Offenheit, die ihr erst wieder zuwächst, wenn sie aus dem statisierenden Denken in die Bewegtheit der Wirklichkeit zurückkehrt. Daher gibt es auch ein Zuviel an Planung. Man muß es wagen, sich dem Moment und dem, wohin er einen führt, anzuvertrauen. Manche Handelnde haben dies selbst ausgesprochen. Aber auch die Philosophie des Schicksals und des Glücks weiß: Zielstrebigkeit, zu weit getrieben, verscheucht die Gnade des Unvorhersehbaren. Gute Dinge kommen auf »krummen Wegen« (Nietzsche). Das Glück findet man zufällig »am Zaun«.[20]

[20] Vgl. Gerhard Häuptner, Verhängnis und Geschichte, Meisenheim 1956. Ders., Studien zur geschichtlichen Zeit (Gesammelte Aufsätze). Tübingen 1970.

IV

Diskurs und Interesse

Für alle handwerklichen Bereiche gibt es Spezialisten, denen diese Bereiche anvertraut sind. Ihnen ordnen wir Nichtspezialisten uns fraglos unter. Wir kommen gar nicht auf den Gedanken, mit ihnen zu diskutieren. Es war der Gedanke des Sokrates, Spezialisten auch für den ethisch-politischen Bereich heranzubilden, Sachkenner des Guten (die er dann sogar den nur handwerklichen Sachkennern hierarchisch überordnen wollte). Auch Ethik und Politik werden auf diese Weise zu einem Wissensgebiet, auf dem die Nichtkundigen zu schweigen haben.

Diesem Programm scheint die Theorie des handlungsvorbereitenden Diskurses zu widerstreiten, weil sie ja gerade *alle* zum Diskurs mit heranziehen will. Sie denkt insofern extrem demokratisch, während Sokrates aristokratisch (im Sinn einer Wissens-Aristokratie) denkt. Dennoch bildet auch die Theorie des Diskurses noch eine letzte Ausfaltung des Sokratischen Programms insofern, als auch sie Ethik und Politik rationalisieren will. Der Unterschied liegt bloß darin, daß sie sich noch höhere Rationalisierung davon verspricht, daß möglichst viele ihre je nach Erfahrung und Stellung unterschiedlichen Gesichtspunkte in das Gespräch einbringen. Nur dann, so glaubt sie, wird die Rationalisierung nicht eine bloße Technisierung, sondern — im Gegenteil — eine Ethisierung sein.

Sie stellt sich damit, wie wir schon sahen, in bewußten Gegensatz zur heutigen nur technizistischen Rationalisierung. In unserem Zeitalter schiebt sich generell Wissenschaft noch weiter vor. Bereiche, die bisher der Tradition überantwortet waren, verwissenschaftlichen sich. Es ist nichts als das zu Erwartende, daß diese Tendenz auch vor der Politik nicht halt macht. Schon die Weimarer Republik neigte dazu, Entscheidungen an Fachressorts abzugeben (bekundete damit freilich auch ihre Schwäche und schwächte sich dadurch noch mehr). »Politikberatung« ist heute allgemein üblich: was die Politik entscheiden muß, das wird zuvor wissenschaftlich analysiert. Die Verwaltung selbst hat heute ihren Charakter geändert. Sie ist nicht mehr so sehr hierarchisch als nach Funktionen aufgebaut. Der Einzelne empfängt nicht mehr so sehr Befehle von oben, sondern arbeitet selbständig aufgrund seiner Sachkenntnis.

Auf der Folie dieser heutigen Rationalisierung erscheint selbst diejenige des Sokrates dadurch, daß er Fachleute — und seien es Fachleute des Guten — in die Politik einführt, als noch den Gefahren des Technizismus ausgesetzt. Nur der Diskurs bringt die durch einen Einzelnen nie zu überblickende Komplexität des Politischen zur Sprache. In ihm bahnt sich zwischen den beiden großen Vernunftformen eine Vermittlung an. Nur er rettet darum das nur durch allseitige Rücksicht herauszubildende Humanum. Über dem Papst steht das Konzil.

Beiden Formen der Rationalisierung gegenüber erheben sich jedoch folgende Einwände.

1. Die vielfältigen Faktoren des Politischen lassen sich nie derart quantitativ gegeneinander aufrechnen, daß die Entscheidung eindeutig zugunsten der einen gegen die andere Lösung fallen müßte. Es bleibt in der Politik immer ein Spielraum des Ermessens und der unableitbaren Vorzugsrichtungen.

2. Es geht in der Politik auch um Werte, um Ziele, von denen der eine dieses, der andere jenes höher stellen wird. Man mag am Ende des Diskurses abstimmen. Aber das siegreiche Ziel wird dadurch nicht zum objektiv verwirklichungswürdigeren.

3. Politik ist immer auch der legitime Ort des Austrags von Interessen, die in der unterschiedlichen subjektiven Seinslage der Interessierten wurzeln. Während ich hoffen darf, daß der bisherige Gegner sich die von mir erkannte Wahrheit selbst zu eigen macht, darf ich dies unmöglich hoffen von dem von mir vertretenen Interesse. Durch seine andere Seinslage hat er notwendig ein anderes Interesse und bleibt unausweichlich mein Gegner. Was erreicht werden kann, ist nur, daß er auch mein Interesse als ein zu beachtendes anerkennt und daß es auf diese Weise zwischen den Interessen zu einem praktikabeln Ausgleich (aber nicht zu einer »Lösung«) kommt.

Sowohl das zweckrationale, durch seinen Erfolg kontrollierbare, wie das auf wahrheitsgemäß festliegende ethische Ziele zusteuernde Handeln schließen politische Herrschaft aus. So wenig wie Entscheidungen, bei denen der Sachverstand den Ausschlag geben kann, vor demokratisch gewählte Gremien, so wenig gehören politische Entscheidungen vor Expertenkommissionen. Mit Recht sagt Hermann Lübbe: Politik bleibt die Sphäre risikobelasteter Entscheidung. Wenn Politik sich immer mehr versachlicht und alle bereit sind zu tun, was die Sache verlangt; wenn auch auf sie die Kriterien von richtig und falsch Anwendung finden, dann münden wir in einen epistemokratischen Endzustand, in dem Politik durch Verwaltung ersetzt ist.[21]

Der Diskurs will im Grunde das Unmögliche möglich machen. Er will ein Analogon der Verifizierbarkeit empirischer Forschung und der Erfolgskontrollierbarkeit technisch-zweckrationalen Handelns durch herr-

---

[21] Zur politischen Theorie der Technokratie, und: Rationalisierung der Politik, beide in: Theorie und Entscheidung, Freiburg 1971.

schaftsfreie Kommunikation auch für die Sphäre der Interessen und Werte gewinnen. Durch eine neue Methode will er rationalisieren, was sich bis zu dem von ihm angestrebten Grade seiner Natur nach nicht rationalisieren läßt. Indem er das, was präkommunikativ noch unlegitimiert war, unter den Legitimationszwang stellt, suggeriert er das Utopische, das Legitimierte werde auch in der Sache das für den Gegner Akzeptablere sein.

Der Diskurs ist objektiv eine Fiktion. Das aber kann sich subjektiv nur als Unaufrichtigkeit auswirken. Während wir uns in Wirklichkeit als unterschiedlich Interessierte und als Wertende gegenüberstehen, tun wir so, als seien wir gemeinsam Mitglieder eines wahrheitsuchenden Teams. Wir vertuschen, so wie früher oft sexuelle, ökonomische oder machtbezügliche Interessen vertuscht wurden, unseren tieferen vitalen Grund, unser echteres Sein. Wir werden unlauter und unwahrhaftig gegen uns selbst. Und wenn nicht dies, dann werden wir zumindest zu Heuchlern gegen die andern.

V

Mißbrauch des Diskurses

Es ist nie legitim, eine Institution oder Theorie von ihrem *modus deficiens* her zu kritisieren. *Abusus non tollit usum.* Das gilt gerade auch für die sublimsten Dinge, die als solche die empfindlichsten, gefährdetsten sind und bei denen sehr leicht der »Mißbrauch« quantitativ überwiegt. Dennoch muß diese Kritik hier zum Ende vorgetragen werden wegen der Erfahrungen, die man an einer deutschen Universität der Gegenwart mit dem Diskurs machen konnte und die zugleich eine Prognose erlauben. Hier erwies sich der Diskurs als die Provokation seines eigenen Mißbrauchs.

Durch ihre Zugehörigkeit zu einer Partei legen sich deren Mitglieder von vornherein darauf fest, den Zielen der Partei nach Kräften zur Durchsetzung zu verhelfen. Nehmen wir an, die Vertreter einer solchen Partei sitzen in Gremien, die sich dem Ideal des Diskurses verschrieben haben. Dann bietet ihnen, wenn Parteitreue vor Wahrheitsliebe geht, der Diskurs noch eine zusätzliche Handhabe, ihre Ziele zum Sieg zu führen. Solange nämlich in einem Gremium klar ist, daß in ihm Interessen sich artikulieren und daß man zwischen ihnen zu einem Ausgleich kommen muß, verfährt es noch realistisch. Sobald dagegen die Mitglieder von der Voraussetzung ausgehen, es gebe, wie in der Wissenschaft, eine und nur eine Wahrheit, die gemeinsam zu finden sei, wird derjenige, der diese Voraussetzung für bare Münze nimmt, auch beim Gegner annehmen, dieser artikuliere nicht nur ein Interesse, sondern suche die Wahrheit. Er wird darum um so eher geneigt sein, ihm zuzustimmen. Eben diese Naivität des Diskurs-Gläubigen machen nun die Partei-Engagierten sich zunutze. Nach außen hin werden sie alles daran setzen, glaubhaft zu machen, es gehe ihnen nur um Rationalität. Nach innen hin dagegen werden sie zynisch mit den Augen zwinkern. Denn unter sich machen sie sich nichts darüber vor, daß sie die Rationalität nur als ideologische Waffe benutzen. Was wie ein Argument aussieht, ist nur die *Attrappe* eines Arguments, darauf berechnet, auf die Welt wie ein Argument zu *wirken*. Scheinargumente bilden ein zusätzliches Instrument, um machiavellistisch zu manipulieren. Unter der Tarnfarbe der Vernunft dominieren die Interessen um so ungehinderter und brutaler. Der Diskurs wird zum Keimboden einer neuen sophistischen Rhetorik, die »den schwächeren Logos zum stärkeren macht«.

Der Zusammenschluß zu Interessenverbänden und Parteien liegt dem Menschen sehr viel näher als der zu Gelehrtenrepubliken. Solange die Einzelnen wie die Bewegungen jung sind, stehen sie objektiven Erwägungen noch offen. Dagegen »sobald die Front steht, dringt kein Argument mehr durch«. Während es jedoch nicht mehr von außen nach innen dringt, wird es als Para-Argument um so eher von innen nach außen dringen in einem *universum Habermasianum,* in dem »das ganze Volk argumentiert«. Gerade diejenigen, mit denen man nicht mehr argumentieren kann, werden aus gutem Grund um so größere Lobredner des Arguments sein. Vielleicht *ist* die Vernunft keine Hure; bestimmt aber werden sie sie zur Hure *machen*. Die Berufung auf Wahrheit und auf das bessere Argument ist bei ihnen nur ideologische Verbrämung von Politik. (Vgl. Alexander Schwan, Nihilismus, Dogmatismus, Pluralismus, in: Festschrift für Wilhelm Weischedel, Darmstadt 1975, S. 282f.)

Wir sprachen von den Entscheidungsgremien, in denen auch die verschworenen Mitglieder einer Partei sitzen. Es gibt aber auch Gremien, die *nur* oder *fast nur* mit solchen bestückt sind. Während der Zynismus des Diskurses in gemischten Gremien, in denen immerhin die Gefahr besteht, daß der Gegner ihn durchschaut, sich noch maskieren muß, zeigt er in solchen Gremien sein Gesicht unverhüllt. Er wird sich so faustdick selbstverständlich, daß er schon wieder in Naivität umspringt. Was ausschließlich dazu dient, die Partei zu stärken und ihr Programm zu realisieren, und was zudem von Anfang an feststand, wird hier als Ergebnis von Forschungen und Analysen hingestellt. Zeiten und Gruppen geschlossener Weltanschauung und einheitlichen Interesses sind stets um so mehr von ihrer Übereinstimmung mit der Vernunft überzeugt. In der Hochscholastik stellt sich ein historisch komplex gewachsenes und irrationales religiöses Dogma als Philosophie vor. Wer heute an einer vom Neomarxismus eroberten

Universität lebt, kennt das Phänomen von der makabersten Seite. Hier wird eine Berufungskommission für einen zu besetzenden Lehrstuhl nach zahlreichen Sitzungen regelmäßig mit Unschuldsmiene und mit Überzeugungsaplomb beteuern, für ihn komme nur ein Marxist in Betracht. Habermas redet dem rationalen Diskurs gerade in einer Zeit das Wort, in der dieser sich wie noch nie vor dem totalitären Politizismus prostituiert hat.

Vernunftgemäß zu handeln: das gehört zu dem Idealbild, das die Menschen sich gemeinhin von sich selbst machen und mit dem sie sich identifizieren. Wie abhängig sie in Wahrheit sowohl von Vergangenheiten wie von Interessen sind: das bleibt ihnen selbst verdeckt. Sie interpretieren noch diese Abhängigkeiten als Vernunftgemäßheit. Und zwar geschieht dies um so mehr, je höher noch in einer Gruppe die Schwelle der selbstverständlichen, unbefragten Übereinstimmungen liegt. Im allgemeinen Konsens erscheint noch als rational, was erst von dem, der aus der Gemeinsamkeit heraustritt oder sie nie teilte, als pseudorational durchschaut und unter strengeren rationalen Legitimationszwang gestellt wird. Es gibt also nicht nur eine Geschichte der Ratio hinsichtlich ihrer Methoden und Resultate, sondern auch eine Geschichte der Rationalität: was gestern noch als vernünftig galt, ist es heute nicht mehr. Was jeweils vernünftig heißt, darüber entscheiden Interessen.

Das allgemeine Prestige, dessen die rationale Diskursivität sich erfreut, kann also durch deren Veräußerlichung und Aushöhlung, durch ihre talmihafte Imitation, ideologisch mißbraucht werden. Bisher jedoch gingen wir noch davon aus, daß die mißbrauchenden Interessen solche einer weltanschaulichen oder politischen Partei sind, der man Einseitigkeit vorwerfen mag, die jedoch als solche — im Konzert mit andern — ihr Recht und ihre Notwendigkeit hat. Es ist aber durchaus auch denkbar, daß die Mächte, die den Diskurs in ihren Dienst stellen, verbrecherischer Natur sind. Wir sehen uns dann konfrontiert mit diskursierenden Gangstern. Sie wollen ihr Gangstertum wegdisputieren, sie wollen ihr Tun im Gegenteil als Rettung und Lösung hinstellen: Bankraub und Polizistenmord sind berechtigte Rache am Kapitalismus. Bombenattentate gehören zur Befreiungsbewegung... Der Diskurs ebnet den Weg von der kritischen Theorie zur kriminellen Praxis.

Die Frankfurter Musik klingt so eingängig, so betörend: die technische und ökonomische Sphäre darf nicht sich selbst, sie darf auch nicht den Zielsetzungen des *status quo* überlassen bleiben. Sie muß untergeordnet werden unter eine höhere Vernunft, die erst die wahren humanen Ziele setzt. — Wer aber garantiert uns, daß diese »höhere Vernunft« nicht usurpiert, frisiert und pervertiert wird von Afteridealen, verglichen mit denen die privatkapitalistische Profitmaximierung noch harmlos erscheint? Daß zu

Zeiten an ihre Spitze sich Verbrecher stellen, dagegen sind auch ganze Staaten nicht gefeit. Selbst ein höchststehender Staat wie Deutschland war es 1933 nicht, als es Hitler wählte, der die Weltversklavung plante. Dasselbe gilt auch von sozialistischen Staaten: auch die Sowjetunion verhält sich imperialistisch, und Rotchina beliefert arabische Terroristen mit Granaten. Dem Politbureau eines roten Hitler kommt das Hohe Lied des Diskurses hochgelegen. Er kann dann seinen Caesarismus noch zum Caesaropapismus aufstocken. Habermas wird von ihm noch ärger mißbraucht werden als Nietzsche von den Nazis. —

Wir sprachen davon, daß man Argumente bewußt und willkürlich manipulieren, daß man sie wie Seifenblasen aufsteigen lassen kann, nicht weil man an sie glaubt, sondern nur um durch sie ein im vorhinein feststehendes Ziel um so eher zu erreichen. Aber so wie manchmal der Schmutzige sich für rein und der Egoist sich für liebevoll hält, so gibt es auch eine Selbsttäuschung hinsichtlich der eigenen Interessiertheit, die sich als Rationalität auslegt. Es gibt philosophische Systeme, in denen wie in einem Wunderbau ein Glied auf das andere verweist und es trägt, dennoch ist das ganze System ein Luftgespinst. Man kann mit einem formal korrekten Syllogismus zu einer inhaltlich falschen Conclusio kommen, wenn nämlich die Prämissen falsch sind. Analog werden diejenigen, in denen ein gemeinsames Interesse wirkt, unter sich einen immanent rationalen Diskurs führen und dann in guten Treuen glauben, das Ergebnis, zu dem sie gekommen sind, sei reines Vernunftergebnis. Sie sind subjektiv wahrhaftig. Da sie sich in ihrem Wertsystem gegenseitig bestätigen, erscheint ihnen als Objektivität, was in Wahrheit nur ihrem eigenen mythisierten Blick entspringt. Wir haben es hier mit einem eigentümlichen Phänomen der Para-Objektivität zu tun. Erst der Außenstehende, der das jenen gemeinsame Interesse nicht teilt, erkennt, daß sie in einem Teufelskreis eingeschlossen sind und daß ihre angebliche Vernunft im Bann eines vorgängigen, seinerseits nicht reflektierten Willens steht. Erst der »Fremde« entdeckt die *wirkliche* Objektivität.

Vernunft als Rechtfertigung bestehender Verhältnisse und verruchten Tuns: dieses Phänomen bewegt sich auf einer Skala, die von der Naivität bis zu bewußter Irreführung und bösartiger Verdrehung reicht. *Reasons are as plenty as blackberries.* Aus der Charaktermaske der Vernunft, die den Diskursführenden steht wie dem Hund die Toga, tönen politische Engstirnigkeit, Machtphrenesie und Gleichmachungszwang. Im Namen des Naturrechts rechtfertigte man Absolutismus, Sklaverei, Zensur, Kinderarbeit, Polygamie und Kastration (zwecks Erlangung »süßer Singstimmen zum Lobe Gottes«). Als Friedrich der Große Krieg führen wollte, beauftragte er seine Juristen, ihm einen Grund dafür zu finden. Platon bewies die Unsterblichkeit der Seele, die Scholastik die Existenz Gottes. Glaubten sie daran oder war dies nur ein sublimes Spiel? Oder Beschwichtigung einer Verzweiflung, die es besser wußte? Wer den Nachbarn überfällt, weil er sich sein Gebiet aneignen will, wer aus Tradition noch an Unsterblichkeit und Gott glaubt, erscheint ungebrochener als der, der es aus schlechten Gründen tut.

Aufklärung war der Impetus der Vernunft, sich aus der Unterwürfigkeit unter Kirche und Feudalstaat zu befreien; die Ideen zu finden, die genuin aus der Vernunft selbst aufsteigen; und damit den Menschen zu befreien. Unversehens jedoch gerät nun auch die Aufklärung in die Unterwürfigkeit unter die etablierten Mächte. Dschingis Khan und Torquemada bilden ein Kartell und behaupten, sie handelten als Aufklärer. Verglichen mit diesen durch rationalen Zuckerguß äußerlich angehübschten Monstren waren die unverhüllten Monstren der Vorzeit in der Lauterkeit ihrer Bösartigkeit noch respektabel.

Nach Kierkegaard wird durch tausend Pfarrstellen das ganze Land mit verdorbenem Christentum erfüllt. Das macht das Christentum ebenso unmöglich, wie wahre Poesie unmöglich wäre, wenn durch tausend Amtsdichter das ganze Land ständig mit verdorbener Poesie erfüllt würde. Wir leben in einem sich christlich nennenden Heidentum, und das ist schlimmer, als wenn wir im nackten Heidentum lebten: denn die Heiden könnten durch die christliche Verkündigung noch aufgerüttelt werden, wir dagegen nicht, weil wir uns in der Einbildung befinden, wir seien schon Christen. Analog würde die Institutionalisierung des Diskurses das ganze Land mit verdorbener Vernunft erfüllen und dadurch die wahre Vernunft verhindern. Wir würden dann in einer sich vernünftig nennenden Despotie leben, und das wäre schlimmer als die nackte Despotie: denn diese kann durch die Vernunft noch gebrochen werden, unsere dagegen nicht, weil sie sich in der Einbildung befindet, sie sei schon vernünftig.

Die Dezisionisten waren noch ehrlich: sie bestritten die Zuständigkeit der Vernunft für letzte Entscheidungen und bekannten sich daher zu ihrem subjektiven Willen. Jetzt dagegen haben wir es mit einer unehrlichen Generation zu tun. In wirklicher oder gespielter Unkenntnis darüber, wie Vernunftgründe wirklich beschaffen sind, verkaufen sie uns ihren Willen als Vernunft, ihre faktischen Dezisionen als Ergebnis von Reflexionen.

ATE

I

Das Phänomen

Jeder kennt aus eigener Erfahrung das Phänomen der Täuschung. Solange wir in der Täuschung befangen sind, wissen wir nicht, daß wir uns täuschen, sondern glauben, in der Wahrheit zu stehen. Erfahrung von Täuschung im Sinn bewußter Erfahrung ist nur die *nachträgliche Entdeckung* der Täuschung. Das Gesamtphänomen ist also zweistufig.

a) Am Anfang steht, daß wir falsch wahrnehmen oder schließen. Wir *ver*kennen eine Sache, schätzen Verhältnisse oder Zusammenhänge unrichtig ein, trügen uns in einem Menschen (ohne daß er uns absichtsvoll zu *be*trügen und zu belügen braucht). — Diese erste Phase wird hinterher oft so empfunden, als ob wir passiv, gegen unsern Willen, in etwas hineingeraten, als ob wir hintergangen worden seien. Wir neigen dazu, die Schuld der verstellend-vorspiegelnden Erscheinung, nicht dem von uns vollzogenen Urteil, dem von uns begangenen Irrtum zuzuschreiben. Wir werden das »Opfer« eines Irrtums, ein Wahn »umstrickt«, »umgarnt« uns, ein Schein »äfft« uns, »hält uns zum Narren«, wir wurden »irregeleitet«.

b) Den zweiten Schritt bildet dann die Erkenntnis: »Ach so; so ist es also in Wirklichkeit; bei Licht besehen, in Wahrheit, verhält es sich ganz anders.« — Diese zweite Phase trägt zwar im Gegensatz zur ersten nicht den Charakter der Aktivität — Erkenntnis behält immer etwas »Geschenkhaftes« —; wohl dagegen ist es jetzt, als ob ein Hemmendes, Entgegenwirkendes, das uns bisher am freien Gebrauch unserer Geisteskräfte hinderte, gewichen sei. Es fällt uns »wie Schuppen von den Augen«, wir sehen »klar«.

Wahrheit ist ursprünglich nichts theoretisch Abgekapseltes. Sie versieht im »Verhalten-Umwelt-Gefüge« eine vitale Funktion. Obgleich es auch »tödliche Wahrheit« und »heilsamen Irrtum« gibt, kann Sich-der-Wahrheit-entziehen Störung (wenn nicht Zerstörung) des Lebens sein. Die Erkenntnis, daß wir uns durch eine trügerische Apparenz oder vorschnelle Analogien irreleiten ließen, ist daher sehr oft *fürchterliche Erkenntnis*. Sie hat etwas Schockartiges, Entsetzensvolles, und wendet sich dann leicht zum Vorwurf gegen das Schicksal oder gegen das Subjekt selbst: »Wie konnte ich so getäuscht werden«, »wie konnte ich mich so täuschen lassen; ich Idiot, wie konnte ich so dumm sein; ich habe das nicht gewollt«. Wenn sich auf der irrigen Überzeugung ein Handeln aufbaute: »Was hab ich getan, wie konnte ich das tun!« Man versteht sich jetzt, nach Erwerb der besseren Einsicht, selbst nicht mehr, daß man an ihr vorüberging, nicht früher schon zu ihr vordrang. Es ist einem, als hätte man sie schon immer besitzen müssen (so wie nach Aristoteles, wer die Inkommensurabilität der Diagonale eingesehen hat, nicht mehr versteht, wie er glauben konnte, sie sei kommensurabel).

In seinem schönen Aufsatz »Vom Ursprung der Wahrheitserfahrung«[22] zeigt Hans Jonas, daß der Wahrheitsbegriff (er hätte hinzufügen können: daß Metaphysik, daß Erkenntnistheorie) sich überhaupt erst in solchen Täuschungserfahrungen konstituiert. Wo und solange die Dinge sich mir als das zeigen, was sie dauerhaft wirklich sind, habe ich keinen Grund, von Wahrheit zu sprechen. Das Wahrheits*erlebnis* hat ursprünglich etwas Emphatisch-Antithetisches. Wahrheit ist das, was sich gegen einen Hintergrund von Unwahrheit abzeichnet, die durch sie gleichzeitig erst als solche bloßgestellt und beiseitgesetzt wird. Wahrheit ist Demaskierung, Verneinung: sie pariert einen gegen uns gerichteten Stoß der Welt, sie antwortet darauf, daß mir zuerst etwas anders vorkam als es ist. Nach Hans Jonas setzt die in der Wahrheitserfahrung enthaltene Negation — »es ist nicht x, sondern y« — voraus, daß das Falsche dem Erkennenden als Erinnerungsbild noch gegenwärtig ist. Das Tier kennt keine irrealen bloßen Bilder (vgl. Jonas' Aufsatz »homo pictor«). Darum kann es weder verallgemeinern, noch besitzt es, bei aller Lebensdienlichkeit seines Weltauffassens, »Wahrheit«, die sich hier als Anthropinon erweist.

Es gibt die banal-alltägliche Täuschung, die wenig bewirkt und die sich leicht korrigiert. Es gibt die tiefer eingreifende, die im Leben einen Fehlgang nach sich zieht, der sich aber vielleicht wiedergutmachen läßt, aus dem man jedenfalls lernt. Nicht gradliniger Fortgang aus sicheren Prinzipien, sondern Verfehlung und nachträgliche Richtigstellung kennzeichnet ebenso die hermeneutisch-zirkuläre Bewegung des Erkennens, wie »Schuld und Reue« die ethische Bewegung kennzeichnen, ohne die der Mensch nicht zur Reife gelangt.[23]

Es gibt endlich die Täuschung, die das Verhängnis eines Lebens ist, das

---

[22] In: Organismus und Freiheit, Göttingen 1973. Vgl. auch Otto Friedrich Bollnow, Philosophie der Erkenntnis II, Stuttgart 1972, sowie Verf., Problematik, Göttingen 1949, Einleitung.

[23] Vgl. Max Scheler, Reue und Wiedergeburt, in: Vom Ewigen im Menschen, 4. Aufl. Bern 1954. Otto Friedrich Bollnow, Philosophie der Erkenntnis I, Stuttgart 1970, und: Das Nachholen des Versäumten: in: Maß und Vermessenheit des Menschen, Göttingen 1962.

durch sie vernichtet wird. Die antike Tragödie — wie der »Herakles« des Euripides — stellt solche Verblendungen dar. Metanoia stellt sich zwar noch ein, kommt aber zu spät. In Shakespeares »Julius Caesar« entdeckt das Volk erst nach der Verlesung von Caesars Testament, daß der Ermordete in Wahrheit sein größter Freund war. Ein geschichtliches Beispiel tragischer Verblendung aus unserer Zeit sind die deutschen Juden, deren deutschnationaler Flügel in der jährlichen Pessach-Haggada die Wendung »nächstes Jahr in Jerusalem« tilgte — unter Hitler waren sie als erste darauf angewiesen, nach Palästina zu flüchten.

II

Die Deutungen

a) Die religiöse Deutung

Der Homerische Mensch empfindet sich nicht selbst als Quellpunkt seiner Entscheidungen. Ein Gott ist es, der ihm seine Entscheidungen eingibt. Die Götter der Ilias aber sind nicht nur gut und gerecht. Wie sie unter den Menschen ihre Lieblinge haben, so auch solche, die sie schädigen. In der Odyssee sind die Götter nicht mehr willkürlich-grausam: wenn sie den Menschen vernichten, so tun sie es als Strafe für seine Hybris; aber auch hier sind sie es, die ihn ins Unheil stoßen. Eine (nicht die einzige) Form, dieses Unheil herbeizuziehen, ist, daß sie die Phrenes des Menschen verwirren, daß sie ihn betören, verführen, umwölken, überlisten, daß sie »Dunkel in seine Augen gießen« (»wen die Götter verderben wollen, den schlagen sie mit Blindheit«).[24] Ate ist Schädigung durch göttliche Verblendung. »Welcher Dämon treibt dich?«

Schon auf dieser religiösen Stufe schlägt die charakteristisch griechische Wertung durch: Wissen ist gut, es zeigt das Gute und zieht zu ihm. Fehlhandeln beruht nicht etwa auf Verkehrung des Willens ins Boshafte oder auf Versuchung des Fleisches: es beruht — wie noch bei Sokrates — auf Nichtwissen, auf unfreiwillig-unbemerkter Verwirrung des Wissens, auf Ausschaltung der uns eigentlich zustehenden Besonnenheit, hier durch eine

[24] E. R. Dodds, The Greeks and the Irrational, 1951 (deutsche Ausgabe Die Griechen und das Irrationale, Darmstadt 1970, S. 15 f., 25—28). W. Schadewaldt, Aus Homers Welt und Werk, 1951, 339 ff. J. Stallmach, Ate, 1950. J. M. Bremer, Hamartia, Tragic Error in the Poetics of Aristotle and in Greek Tragedy. Dazu die Rezension von Kurt von Fritz in: Gnomon, Bd. 43, 1971.

höhere Macht. Wenn ich nicht vernünftig handle, dann ist meine Handlung nicht meine eigene. Sie hat einen andern Ursprung (nicht etwa in irrationalen Impulsen meiner selbst). Ein Gott war es, durch den ich das Schlimme für das Gute hielt.

Der Mensch leidet dann für etwas, was er nicht eigentlich tat, sondern was ihm angetan wurde. Er ist unschuldig. »Nicht ich«, so sagt Agamemnon (Il. 19, 86 ff., 137 ff.), »war Ursache dieser Handlung, sondern Zeus und die Erinys setzten die wilde Ate in meinen Verstand, als ich willkürlich Achilles' Preis für mich forderte. Was konnte ich tun? Die Gottheit wird immer ihren Weg finden ... Da ich durch Ate verblendet war und Zeus meinen Verstand wegnahm, bin ich willens, reichen Ersatz zu geben.« Die subjektive Unschuld schließt aber in archaischer Komplexität nicht aus, daß trotzdem andere den objektiv Schuldigen für sein Fehlsehen und für sein aus diesem hervorgehendes Fehltun verantwortlich machen und daß sogar derselbe Gott, der die Verblendung schickte, ihn für sie bestraft.

b) Die metaphysische Deutung

Nach alter metaphysischer Überzeugung ist die Wahrheit verborgen. Sie liegt »in der Tiefe«. Daß das für die Erkenntnis so ist, geht darauf zurück, daß das Schwergewicht des Seins selbst in der Tiefe liegt. Das Sein zerfällt in Vordergrund und Hintergrund, in Oberfläche und tragende Archai. Die Oberfläche kann die Tiefe *offenbaren*, kann ihre »Phänomenologie« sein. Sie deutet für den, der ihre Zeichen zu lesen versteht, selbst auf ihre Eigentlichkeit hin. Sie kann aber — an sich oder nur für den, der an ihr haften bleibt — die Tiefe auch *verhüllen*, ja sie kann im genauen Gegensatz zu ihr stehen. Man kann der Oberfläche dieses Verhüllende zuschreiben, weil eine Distanz zwischen den Archai und der Erscheinung die Struktur der Realität sei. Occam vermutete hinter dieser Struktur eine Intention Gottes, der die Welt so einrichten *wollte*. Ist der Gegenstand ein Mensch, so kann es bezüglich seiner selbst seine (wie auch eines Tieres) Absicht sein, uns zu »blenden«, eine Meinung von ihm in uns zu erzeugen, die seiner Wirklichkeit nicht entspricht; er kann dies auch ohne bewußte Absicht tun, ja gegen seine Absicht: er möchte uns das, was er wirklich ist, glaubhaft machen, aber es gelingt ihm nicht.

Aristoteles wurde durch diese Zwieschichtigkeit des Seins zu dem allgemeinen Grundsatz geführt, daß *ratio essendi* und *ratio cognoscendi* sich im Gegenrhythmus befinden. Was der Natur nach das Zweite ist, das erkennen wir zuerst. Dagegen ist »*das Erste* der Natur nach« immer »das Spätere für uns«. Daher der auf Aristotelische Schultradition zurückgehende Buchtitel »Metaphysik«: sie ist zwar der Sache nach die »erste Philosophie«, aber im pädagogischen Lehrgang kommt sie erst *nach* der sich mit der *äußeren* Natur befassenden Physik.

Nun kann man diese ontologisch-gnoseologische Inkongruenz zur Erklärung des Täuschungsphänomens heranziehen. Wir täuschen uns, weil wir zuerst dem Oberflächen- und Erscheinungsaspekt der Dinge verfallen. Und wir »erwachen« — mit der Metapher Heraklits und Platons — aus diesem Trug erst dann, wenn wir durch ihn durchstoßen zum wesenhafteren Dahinterliegenden.

Diese Erklärung mag oft zutreffen, aber sie trifft nicht immer zu. Denn sie berücksichtigt nur eine einzige Richtung, in der die Täuschung verlaufen kann. Täuschung kann — um die Möglichkeiten logisch durchzuspielen — nicht nur durch die Oberfläche vom Zugrundeliegenden abgehalten werden. Sie kann auch innerhalb der Oberflächenwelt selbst das eine mit dem andern verwechseln. Wenn wir ein Tier für einen Busch halten, so ist das eine ganz andere Art der Täuschung als wenn wir die makroskopischen Dinge für verläßlich nehmen und noch nicht ahnen, daß sie sich aus Atomen zusammensetzen: dies ist eher ein Nichtwissen als eine Täuschung. Täuschung kann ein Tieferes übersehen, das deswegen noch kein metaphysisch Tieferes zu sein braucht: es gibt nicht nur eine einzige Schichtung, sondern viele, auch innerhalb des Noch-nicht-Prinzipienhaften. Sie kann innerhalb des Zugrundeliegenden das falsche Prinzip statt des wahren voraussetzen. Sie kann vielleicht auch über dem Prinzip das Eigenrecht der Oberfläche verkennen.

Nach Hans Jonas kann man genetisch nicht die Täuschung aus der Metaphysik, sondern muß die Metaphysik aus der Täuschung erklären. Die Reihenfolge ist die, daß wir zuerst das Erlebnis der Täuschung und der Enttäuschung gehabt haben müssen. In diesem Erlebnis begründet sich der Unterschied von täuschend und echt, begründet sich das Wissen, daß Dinge anders aussehen können als sie sind, begründet sich der Begriff der Wahrheit als eines Gegenstoßes, als einer Demaskierung. Erst aufgrund hiervon kann die Möglichkeit gedacht werden, daß dies nicht nur im Einzelfall so ist, sondern daß die Dinge überhaupt sich vor uns verbergen, daß das Sein undurchsichtig, schweigsam und heimlich ist. Jetzt fühlen wir uns unwissend, umstellt von nur verhüllenden, unzuverlässigen, unwahrhaftigen Erscheinungen, werden neugierig auf die von ihnen artverschiedene Wahrheit, wollen unsere Unwissenheit überwinden im Entdecken, im Entbergen. Wir werden zu Metaphysikern. Auch hier also hat Wahrheit den Charakter einer Negation, aber was von ihr aufgehoben wird, ist nicht Täuschung, sondern Unwissenheit.

c) Die erkenntnistheoretische Deutung

Metaphysik läßt das Sein selbst in Außen und Innen zerfallen. Das Außen lagert sich vor das Innen, hält uns von ihm ab. Um zu diesem vorzudringen, müssen wir jenes erst beiseite räumen. Wir müssen »dahinterkommen«. Erkenntnistheorie geht von einer ähnlichen Zweiheit aus, denkt sie aber mehr ins Subjektive hinüber. Wir tragen in uns ein wahrheitsfähiges Organ — nach Parmenides und Platon das Denken —, das in unserer Erkenntnisausstattung der Innenseite der Welt korrespondiert (wenn man auch jetzt noch diese metaphysische Parallele beibehalten und die Differenz zwischen vorletztem resp. unverläßlichem und dem sich bestätigenden Sein nicht ganz nur dem Subjekt anlasten will). Daneben besitzen wir ein zweites Organ, von dem bald gesagt wird, es sei der Außenseite der Welt zugeordnet, die aber immerhin, wenn auch als sekundäre, existent ist; bald, es zeige uns überhaupt nichts Existierendes, sondern trüge uns mit dem Nichtseienden (hier ist der Parallelismus zur Zwei-Schichten-Metaphysik verlassen). Dieses Organ ist bei Parmenides und Platon die Wahrnehmung, doch konnten Empirismus und Nominalismus die Wertung auch genau umdrehen.

Wie in der Metaphysik kommt es auch hier darauf an, sich zu einer zunächst noch nicht besessenen Wahrheit hinzuarbeiten. Aber die Unwahrheit, aus der wir uns herausarbeiten müssen, beruht in der Metaphysik darauf, daß wir uns mit der Oberfläche, die die Dinge selbst uns entgegenbieten, schon zufrieden geben; in der Erkenntnistheorie darauf, daß wir uns durch den Trug unserer eigenen Sinne fangen lassen. Beidemal gilt es, durch die Erscheinung — wenn nicht gar einen bloßen Schein — durchzubrechen. Aber das eine Mal geschieht dies unmittelbar in der Richtung auf die Welt hin; das andere Mal geschieht es mehr reflexiv: wir müssen das falsche Bild, das wir selbst uns aufbauten, wieder abbauen. Dadurch schaffen wir erst die Voraussetzung dazu, daß die andere Erkenntnisinstanz in uns in Aktion tritt, die dann erst die Wahrheit freilegt. Dort also ist die Täuschung weltbedingt, hier eigenbedingt. Dort müssen wir eine ablenkende Vorbastion umgehen, hier das selbstgestiftete Blendwerk zerstören.

Die beiden konkurrierenden Erkenntnisinstanzen können aber auch anders gefaßt werden als in den klassischen Theorien. Statt Denken und Wahrnehmen kann man nahe und weite Distanz zum Objekt konfrontieren. Der eine steht zu nah, ist zu sehr in der Sache drinnen. Deshalb bleibt er an Einzelheiten hängen. Er gewinnt keinen Überblick, sieht nicht den größeren Zusammenhang. Er wird »betriebsblind«, das heißt es fehlt ihm nicht nur der Zusammenhang der Sache in sich, sondern auch ihr Zusammenhang mit dem umringenden Kontext. Er verspinnt sich in eine bestimmte Interpretation, bei der ein einziger, vielleicht sogar nebensächlicher Aspekt dominiert, andere Aspekte unberücksichtigt bleiben. In diese Fehler verfällt nicht, wer aus weiterer Distanz schaut. Ihm erschließt sich leichter das Ganze der Sache und die Ganzheit, in der sie ihrerseits steht. Er ist frei von Gewohnheiten und Traditionen, die einen Aspekt bevorzugen, sieht die vielen Aspekte vorurteilsloser nebeneinander, kann ihr relatives Gewicht neu bestimmen. Darum wird so oft der Außenstehende zum Entdecker und Erfinder, was man eher vom Binnenstehenden erwartet hätte. Durch jenes' Kritik geht diesem erst ein Licht auf. Darum ist es so wichtig, daß in Abständen jeder partiell selbst zum Außenstehenden wird, d. h. »Distanz gewinnt«. Dafür gibt es verschiedene Praktiken, unter denen die rein räumliche zeitweilige Entfernung hervorsteht. Andere Praktiken: Überschlafen eines Gedankens, Liegenlassen eines Manuskripts etc.

Wie eine Kurzsichtigkeit zu großer Nähe, so gibt es aber auch typische Irrtümer des Zu-fern-Stehens. Man urteilt von hier aus leicht zu global, vom Allgemeinen her (die »größere Distanz« hat Verwandschaft mit dem »Denken«!), legt Maßstäbe an, die für gerade diesen Gegenstand unspezifisch, unangemessen sind. Dann heißt es nähertreten, Vertrautheit mit dem Detail gewinnen, Erfahrung sammeln, die »Sachzwänge« erkennen. So korrigieren die beiden Distanzen gegenseitig ihre Fehler, so wie sie sich aber auch auf der positiven Seite in ihren Leistungen ergänzen. — Georg Simmel erklärte Metaphysik aus derjenigen »Distanz«, von der aus die »Ganzheit des Seins« sichtbar wird, und sprach ebenso von etwa auch »ästhetischer« sowie innerhalb des Sozialen von verschiedenen »Distanzen« (vgl. Leopold von Wiese).

Damit wird der Distanzbegriff bereits metaphorisch verwandt. Hier soll noch eine Realbedeutung erwähnt werden: neben der räumlichen die zeitliche Distanz. Während des »gelebten Augenblicks« schätzt man oft Elemente und Faktoren falsch ein und fällt darum die falsche Entscheidung. Nachträglich faßt man sich an den Kopf: wie war das möglich! Diese Nachträglichkeit der besseren Erkenntnis hatten wir schon bei der Beschreibung des Enttäuschungsphänomens als konstitutiv hervorzuheben. Sie ist immer wieder beobachtet worden. »Hinterher ist man klüger.« »Wenn man zur rechten Zeit verstünde . . .« (Goethe).

Ein Grund für die Nachträglichkeit der besseren Erkenntnis liegt auch darin, daß man aus der Kontemplation, aus der Möglichkeitserwägung heraus, der immer hypothetische und illusionäre Momente anhaften, praktisch werden muß. Erst die Resultate machen die Empirie vollständig. Aber diese Belehrung durch die Resultate kommt sinnotwendig immer erst in einem zweiten Schritt. Man mag die Lösungen gedanklich antizipieren, aber die Wirklichkeit ist immer reicher und überraschend.

Auch hinsichtlich des *geschichtlichen* Augenblicks ist gesagt worden, daß die Gegenwart sich notwendig über sich selbst täuscht, weil sie zu ihren eigenen Voraussetzungen noch nicht die Distanz hat, daß sie ihr bewußt und übersichtlich wären (Troeltsch). Daher kann die Gegenwart nicht ihre eigene Geschichte schreiben, während umgekehrt der spätere Geisteshistoriker »einen Autor besser versteht, als er sich selbst verstand« (darüber O. F. Bollnow). Diese These wurde zwar im Georgekreis bestritten: den vollen Eindruck eines Großen haben nur die Mitlebenden.

d) Die psychologische (und ethische) Deutung

Verglichen mit der metaphysischen Deutung rekurriert die erkenntnistheoretische auf die subjektiven Täuschungsquellen. Das tut noch stärker und anders die psychologische Deutung. Sie betrachtet das Subjekt nicht nur als Erkenntnissubjekt in seiner Erkenntnisausrüstung, sondern als Totalsubjekt. Die menschliche Gesamtlage mit ihren Interessen nimmt auf den Erkenntnisvorgang Einfluß. Sie wünscht bestimmte Ergebnisse, andere nicht.

Schon Platon und die Stoa sahen, daß nicht nur die Wahrnehmung, sondern auch Begierden und Leidenschaften uns »verwirren« können. Dabei setzen sie aber eine in jedem intakte Vernunft voraus, die durch die Emotionen bloß blockiert wird. Beherrsche deine Leidenschaften, dann kann sich dir die Wahrheit nicht mehr entziehen. Dieser Glaube an einen uns gleichsam als göttliches Erbteil verliehenen, von all unserm sonstigen Menschsein unberührbaren Vernunftkern ist uns seit den französischen Moralisten, seit Schopenhauer und Nietzsche geschwunden. Erkenntnis ist Funktion, wie des Lebens überhaupt, so des Charakters und der Situation. Dieser funktionale Bezug läßt sich nicht einfach wie eine böse Leidenschaft überwinden. Er baut die Erkenntnis von innen her mit auf. Daher kommt es zu konstitutiven Irrtümern. Sie lassen sich wohl psychologisch erklären, aber von den Irrenden im allgemeinen so wenig vermeiden, wie wir die optische Täuschung vermeiden können. Wir mögen noch so oft dem Stab im Wasser mit der Hand nachfahren und uns überzeugen, daß er gerade ist: *sehen* werden wir ihn immer gebrochen. Ähnlich geht es den konstitutiv Irrenden, obgleich es auch hier eine »Arbeit an sich selbst« gibt.

So wird, um dies nur mit wenigen Beispielen anzudeuten, ein Mensch, der in sich brüchig ist oder der im Leben »schief liegt«, auch schiefe Urteile fällen. Seine Urteile sind weniger sachbestimmt als Ausdruck und Spiegel seines Wesens. Es ist, als ob er sich durch eine falsche Ansicht der Dinge seine existentielle Falschheit bestätigen müßte, diese durch jene rechtfertigen wollte. Letztlich ist es hier das Selbstwertgefühl, das sich gegen die

Wahrheit, da durch sie sein Pegel sänke, sträubt und das daher generell die Unwahrheit ansteuert. Ähnlich beim Verbrecher: die Canaille steht vor sich selbst honorig da. Nicht daß er gestohlen hat, sondern daß die Gesellschaft ihn dafür einsperrt, hält der Dieb für kriminell. Oder beim Verrückten: in seinen Augen sind die andern die Irren. In Fällen wie diesen ist der Intellekt tatsächlich, wie Schopenhauer es generell von ihm behauptete (wobei er trotzdem die Möglichkeit der Metaphysik nicht leugnete), ein Illusions- und Täuschungsorgan.

So sehr jedoch auf der einen Seite unsere Täuschung bewußten oder unbewußten Motiven unseres Seins und Wollens entspringt und dadurch verständlich, ja in gewissem Umfang gerechtfertigt sein mag, so sehr werden wir gleichzeitig stets den höheren Wert der Wahrheit und der Übereinstimmung mit ihr anerkennen. Wahrheit zu finden, ihr gemäß zu leben, das scheint dem Menschen, trotz aller innerer Hürden dagegen, immer möglich zu sein, erscheint zumindest als seine Aufgabe. Wenn er vor dieser Aufgabe versagt, dann mag das noch so sehr begründet sein, es bleibt dabei eine Schuld. So erweist sich hier die psychologische Deutung als verschwistert mit der ethischen. Gewiß deckt Psychologie die Zusammenhänge auf, die von unserer Veranlagung und unsern Schicksalen her die Täuschung nahelegen; indem sie jedoch die Quelle der Täuschung ganz ins Subjekt verlagert, führt sie zugleich zu dem Punkt, an dem dieses selbe Subjekt sich als für Täuschung oder Nicht-Täuschung verantwortlich erweist. In der attischen Tragödie sind es nicht mehr, wie bei Homer, die Götter, die die Verblendung schicken; ihr Ursprung liegt bei uns selbst. Daher spricht schon Aristoteles nicht mehr von der Ate, sondern von der Hamartia in der Tragödie.

Eine weit verbreitete Krankheit der heutigen westlichen Welt ist der »Realitätsverlust«. Man hat ihn darauf zurückgeführt, daß wir die meisten Erfahrungen heute nur noch aus zweiter Hand haben. Realität ist für uns weithin etwas, worüber wir nur noch hören und lesen, und dadurch ihres Unmittelbarkeitscharakters entkleidet. Einen weiteren Grund für die Realitätsblindheit bilden Technik, Frieden und Wohlstand (die Degeneration der Reichen wurde schon oft beobachtet). Durch alle drei rückt die Realität uns in ihrer unbedingt fordernden Härte meist nicht mehr so nah auf den Leib. Daher setzen wir die Gegebenheiten vielfach nicht mehr in ihrer Schwere ein, halten Utopien für durchführbar. Unsere Welt geht zugrunde an ihrem Imaginarismus, an *permissivity* und »Hypermoral«. Eine andere Form des Realitätsverlustes ist der Gegenwartsverlust. Man sieht noch in die eigene Zeit eine längst verflossene hinein. Das ist eine Krankheit nicht nur des Alters, sondern heute auch einer neoorthodoxen Jugend, die in verwandelter Welt mit neuen Bedrückungen noch immer glaubt, gegen die Bedrückung kämpfen zu müssen, gegen die einst Karl Marx kämpfte. Auch hier gilt im großen Maßstab: *quos deus perdere vult, dementat prius.* Die Intelligenz funktioniert zwar noch blendend, aber es nützt nichts, weil die Realität verloren ist.

Die Erkenntnis*theorie* konstatiert, daß wir uns täuschen. Sie nimmt die Täuschung als über uns verhängte Gegebenheit hin. Sie geht in einem ethischen Apriori davon aus, daß Wahrheit besser ist als Irrtum, und daß daher jeder alles tun wird, um nicht in den Irrtum zu verfallen oder ihn wieder abzustreifen. Die Erkenntnis*psychologie* fragt: *warum* täuschen wir uns? Sie legt das Interesse an der Täuschung, den Willen zu ihr frei. Vor allem die Psychoanalyse enthüllte die Selbsttäuschungsmechanismen. Je mehr wir aber diese Mechanismen durchschauen, um so raffinierter wird auch unsere Fähigkeit, gegen sie anzugehen. Es gelingt uns immer besser, durch die Chiffrierung hindurch die von ihr absichts- und kunstvoll verschleierte Wahrheit trotzdem aufzustöbern. Über dieses Gegeneinander von Encodierung und Decodierung schrieb keiner erhellender als Paul Ricoeur in seinem schönen Buch über die »Interpretation«.

e) Die soziologische Deutung

Die soziologische Deutung setzt die psychologische fort und ergänzt sie. Psychologie führt die Verblendung auf die geheimen Wünsche des Einzelnen zurück. Soziologie zeigt, wie sie determiniert wird dadurch, daß er Glied einer Gesellschaft ist.

Das erste Phänomen, das sich hier aufdrängt, ist das der Masse. In bestimmten emotionierten Situationen, etwa bei der Lynchjustiz, verändert, wie Le Bon unvergeßlich beschrieb, in der Masse, durch den Zusammenschluß zu ihr, durch die gegenseitige Bekräftigung und Steigerung, die sie bewirkt, jeder Einzelne vorübergehend seinen Charakter. Er verändert ihn nach unten, denn die Masse wird zur Einheit durch Berührung in den elementarsten Schichten. Sein sonstiges moralisches und intellektuelles Niveau sinkt. Statt der »kortikalen Person« agiert nur noch die »archaische Primitivperson«, die wir alle in uns tragen. Wenn der Massenauflauf, die Massenhysterie, vorüber ist, versteht er selbst nicht mehr, wie er sich an einer solchen Orgie beteiligen konnte.

In jeder »Gruppe« aber — also nicht nur in derjenigen, die, wie die Masse, als solche den Einzelnen hinunterzieht — herrscht, wie die moderne Sozialpsychologie uns belehrte, ein »Konformitätsdruck«. Keiner möchte allein gegen alle andern stehen, jeder möchte zugehörig sein. Daher stimmt er den Meinungen, die in der Gruppe allgemeine Billigung finden, zu. Er tut dies sogar gegen seine eigene Überzeugung. Da jedoch die Spannung zwischen eigener Überzeugung und nur äußerlich übernommener Meinung qualvoll und peinlich ist, läßt er die Überzeugung gern fallen und spielt nun vor sich selbst, als ob er wirklich diese Meinung hätte, ja letztlich spielt er es nicht nur, sondern glaubt innerlich an sie. Es bedarf einer besonderen Charakterstärke, eines besonderen Evidenzgefühls für die eigene Wahrheit und der Engagiertheit für sie, um mit ihr und für sie gegen die Vielen zu kämpfen.

Behält der Einzelne mit seiner gegen die Mehrheit verteidigten Wahrheit nachträglich recht, dann wirkt er wie ein Prophet. Aber er war kein Prophet, sondern nur der einzige, der die Augen offen behielt und die nie fehlenden Warnzeichen zu lesen verstand, während die Vielen der Verblendung erlagen. Er hatte kein Zweites Gesicht, sondern blieb nur klarsichtig. Beispiele aus dem Mythos sind Laokoon und Kassandra, die vor dem hölzernen Pferd warnen, während das Volk von Troja es jubelnd über die Schwelle der durch es bald in Schutt sinkenden Stadt zieht. Ein Beispiel aus der Geschichte ist Artemisia, die als einzige der Satrapen Xerxes warnt, sich auf die Schlacht von Salamis einzulassen. —

Vorhin, bei der Behandlung der psychologischen Erklärung, sprachen wir von dem Interesse, das der Einzelne an der Täuschung haben kann. Ein solches Interesse kann auch eine ganze soziale Schicht beseelen, wobei ihr freilich nicht so sehr an Täuschung ihrer selbst als an Täuschung der andern gelegen ist. Sie glaubt aber dann auch selbst an ihre Täuschung. Die Aufklärung denunziert das »Vorurteil«, das Fürsten und Priester verbreiten, um sich damit selbst an der Macht zu halten. Nach Marx sind Religion und Metaphysik, aber auch die bisherige Kunst und Teile der Wissenschaft, nur »Ideologie« der herrschenden Klasse, durch die sie ihre Position gegen die Unterdrückten rechtfertigt, Waffe der Selbstverteidigung. So proklamiert sie den Jenseitsglauben, um die Ausgebeuteten einzuschläfern und sie vom Gedanken an eine revolutionäre Veränderung abzubringen (während bei Nietzsche umgekehrt die »Sklaven« es sind, die zum eigenen Trost, aber auch zur Rache, das Jenseits erfinden).

Zum Gesellschaftlichen i. e. S. nimmt Marx das »Ensemble« der auch ökonomischen »Verhältnisse« dazu. Wie in jedem System, so trägt und bestätigt im Kapitalismus ein Glied das andere, so daß man schließlich meint, Gesellschaft und Wirtschaft könnten gar nicht anders sein. Dabei ist das Ganze nichts als ein einziger großer — mit dem späteren Wort Walter Benjamins — »Verblendungszusammenhang«. Wie psychische Täuschungsmechanismen, so gibt es soziale Verblendungsmechanismen. Nicht der Einzelne ist verblendet, oder vielmehr auch er ist es, aber er ist es nicht für sich und ausnahmehaft, sondern nur durch Teilhabe an der allgemeinpermanenten Verblendung. Er wird in die Verblendung ohne Zutun und eigene Schuld eingewickelt durch den Zustand der Dinge, durch die verkehrte Welt, in der wir leben.

Aber wie wir bei Fichte die uns entgegenstehende Welt des Faktischen durch unbewußte Produktion selbst schufen, so auch nach Marx die gegenwärtigen sozioökonomischen Verhältnisse, die sich dann bloß verselbständigten und gegen uns übermächtig wurden. Und wie wir bei Fichte die unbewußte Produktion uns bewußt machen können und so gegen die Welt ein Bewußtsein der Freiheit gewinnen, so auch bei Marx. Die als von uns selbst herrührend durchschaute Verblendung verliert ihre bannende Gewalt über uns. Während diese Einsicht des Geistes jedoch bei Fichte sich selbst genügt, wird sie bei Marx zum ersten Schritt der Tat, die nicht nur ein Bewußtsein der Freiheit, sondern wirkliche Freiheit herstellt. Wie wir den jetzigen Weltzustand, ohne ihn letztlich zu wollen, selbst schufen, also Herren der Geschichte sind, so können wir ihn auch wollend ändern, können einen neuen Weltzustand herbeiführen. Das Durchschauen ist Realmacht, es macht uns stärker als das blind über uns wegrollende Schicksal. »Man muß den versteinerten Verhältnissen ihre eigene Melodie vorspielen, um sie zum Tanzen zu bringen.«

III

Die Wertung

Wie wir sahen, fassen Religion, Metaphysik, Erkenntnistheorie die Täuschung *eo ipso* als das Schlechtere, als ein zu Vermeidendes und zu Überwindendes, auf. Psychologie und Soziologie sind da realistischer. Sie kennen Motive, die die Täuschung *wollen*, kennen — so wie man heute von einem »Krankheitsgewinn« spricht — den Täuschungs*gewinn*.

Wie wir weiterhin sahen, kann Täuschung auch als eins der negativen Momente begriffen werden, ohne die der Weg nicht zu höherer Positivität führt. Illusionär zu sein gehört zur »Reinheit«, ist Vorrecht des Unerfahrenen, ja fast seine Pflicht; denn wer von vornherein ängstlich und argwöhnisch mit der Niedertracht der Welt rechnet, ist entweder altklug oder mit den widrigen Mächten kosubstantiell verschworen. Jeder muß also durch Täuschung und Enttäuschung hindurch. Darin liegt Gefahr: sie können ihn zerbrechen oder zumindest ein lähmendes Trauma in ihm hinterlassen, können nicht wiedergutzumachende Definitivitäten setzen. Besteht er aber die Gefahr, dann geht er als ein anderer aus ihr hervor. Er wird jetzt als ganzer seiner Verantwortung bewußter, wird dünnhäutiger sein, wird die Sprache der günstigen und ungünstigen Vorbedeutungen besser verstehen.

Und dies nicht nur in der Verfolgung der bisherigen Ziele. Denn nicht nur in den geeigneten Mitteln zur Erreichung seiner Ziele kann man sich täuschen, sondern auch im Ziel selbst. Wie eine Enttäuschung des Nichterreichens, so gibt es auch eine solche des Erreichens, dann nämlich, wenn man jetzt erst entdeckt, daß man sich das falsche Ziel gesteckt hat. Es kann einem Menschen in einem Lebensabschnitt alles wohl geraten, aber die Richtung, die er einschlug, ist ihm unangemessen, befriedigt ihn im letzten nicht. Daraus wächst dann Besinnung: er muß den ganzen Kurs ändern.

Einen nicht-pejorativen Begriff der Illusion bildete zuerst die Ästhetik. Er wird im 18. Jahrhundert in der Debatte um die Naturwahrheit des Dramas regelmäßig gebraucht. Aber auch außerhalb der »Illusionskunst« i. e. S. weiß schon Platon im »Phaidros« von der heilsamen Mania vor allem der Dichter. »Des Dichters Aug, in schönem Wahnsinn rollend«: das übernimmt Shakespeare aus einer Überlieferung. In einem »schönen Wahn« lebt der Dichter nicht nur, weil die Kunst ein Reich außerhalb der Realität ist, sondern auch weil die Menschen und Begebenheiten, die er in ihr zeigt, ungewöhnlich, unalltäglich sind. So billigt man, die Dinge anders zu sehen als sie sich gemeinhin präsentieren, dem Dichter in seiner Sphäre zu als die Kraft, aus der er schöpft.

Vielleicht aus der Ästhetik dringt eine Bejahung der Illusion dann auch in andere Bereiche ein. Schon Machiavelli reklamierte sie für die Politik, und ihm folgte noch in unserm Jahrhundert George Sorel mit seinem Begriff des »Mythos«. Entgegen dem Kampf der Aufklärer gegen das *préjugé* verteidigt Herder das Vorurteil, und in Goethes (?) »Fragment über die Natur« heißt es von ihr: »Sie freut sich an der Illusion. Wer diese in sich und andern zerstört, den straft sie als der strengste Tyrann. Wer ihr zutraulich folgt, den drückt sie wie ein Kind an ihr Herz.« Bei Leopardi gewinnt die Illusion ein pessimistisches Vorzeichen: alles nur Wahn, aber mehr als ihn haben wir im Leben nicht.

Aus dem Pessimismus, auch Schopenhauers, übersetzt Nietzsche den Gedanken wieder zurück: »kräftige Wahnbilder«, »Mythen«, müssen den »geschlossenen Horizont« des Lebens umstellen, damit es gesund bleibt und sich schöpferisch steigert. »Der Irrtum ist das Leben« (Schillers Kassandra): damit ist ebenso einer scheinbar natürlichen Tendenz des Menschen wie dem Ethos der Philosophie widersprochen. Von diesem »Nihilismus« führt der Weg zum »Dezisionismus« unseres Jahrhunderts. (Vgl. Verf., Nietzsche als Ethiker der Erkenntnis, in: Geist und Leben [Varia Nietzscheana], Bonn 1951. Jürgen Habermas [Hrsg.], Fr. Nietzsche, Erkenntnistheoretische Schriften, Frankfurt 1968, mit Nachwort [dieses jetzt auch in J. H., Kultur und Kritik, Frankfurt 1973].)

Oft werden Phänomene von ihrem negativen Aspekt her entdeckt. So in der Antike die »Leidenschaft«: zuerst tritt sie in den Blick nur als Gegenmacht zur Vernunft, erst später preist man die »edle Leidenschaft« (Pseudo-Longin). Es gibt also offenbar, wie bei Hesiod zwei Formen des Neides — eine schlechte und eine gute — zwei Formen der Leidenschaft. So scheinen auch zwei (wenn nicht mehr) Formen der Täuschung zu bestehen. Ursprünglich kennt man sie nur als »Verblendung«, als »Wahn« und »Schein«. Auf »romantischer« Stufe bejaht man dann die »lebenerhaltende Illusion«. —

Nach dem Vorgang der griechischen Metaphysik erklärt die neuzeitliche Physik: die wahre Welt ist ganz anders als die Welt, die in unsere Sinne fällt und in der wir gemeinhin leben. Die Qualitäten, die wir wahrnehmen, sind nur subjektive Umsetzungen des ihnen zugrunde liegenden mechanischen Äquivalents, das seinerseits quantitativ ist. Ganzheiten gehen zurück auf Elemente. Wir bewegen uns in Sinnbezügen, aber die gemessene, gewogene und gezählte Natur kennt keinen »Sinn«. Wir sehen die Sonne sich um die Erde drehen, in Wirklichkeit dreht die Erde sich um die Sonne. Kurz, wir befinden uns gemeinhin, im Alltag, in einer habituellen Täuschung. Hier liegt, in Antike wie Moderne, eine der Quellen der Erkenntnistheorie: sie hat zu erklären, wie es zur Täuschung kommt. Und die Antwort pflegt zu sein: wir tragen in uns verschiedene Erkenntniskräfte. Die eine haftet an der Oberfläche resp. verfälscht. Nur die andere dringt in die Tiefe und ist wahrheitsfähig. Aufgabe ist also: sich der höheren Erkenntniskraft anzuvertrauen, sie zu kultivieren. Was die Alltagserkenntnis uns zuträgt, wird von ihr gereinigt und verbessert. Wie die beiden Erkenntniskräfte, so stehen die beiden von ihnen gelieferten Weltbilder sich im Rang gegenüber. Alles Licht fällt auf das eine, während das andere im Schatten liegt.

Eine Veränderung des Blickwinkels trat erst ein durch die lebensphilosophische Revolution. Sie ging nicht mehr vom Ideal absoluter Wahrheit aus, zu der wir — durch göttliche Aufeinander-Abstimmung — eine Fähigkeit in uns tragen, gegen die dann andere Fähigkeiten als verhindernde, vorläufige, dumpfere abfallen. Sie sah vielmehr, daß das Erkennen von vornherein ein Lebensorgan ist, das für das Überleben eines Wesens eine Funktion versieht. Was keine Lebensrelevanz für sie hat, beachten Tiere überhaupt nicht. Auch das Relevante apperzipieren sie nur in der Verkürzung zum »Signal«, zum Auslöser von Instinkten. Beim Menschen ist zwar demgegenüber die »Objektivität« im extensiven wie intensiven Sinne erhöht. Ein »Filter«-Charakter der Sinne bleibt jedoch auch bei ihm erhalten. Daß die Sinne das Wahrgenommene verkürzen, bildet jedoch keinen Nachteil, solange sie ihre Funktion erfüllen, uns die lebensnotwendige Weltorientierung zu vermitteln. Der messende Vergleich mit einer »absoluten Wahrheit« bleibt demgegenüber sekundär. Jedes Wesen steht in seiner relationalen Wahrheit.

Hier hat die Phänomenologie (in anderer Weise auch Dilthey) angeknüpft. Als wissenschaftlich gebildete und verbildete Spätmenschen stehen wir in der Gefahr, unsere Wahrnehmungen und Sinnbezüge von vornherein in den zweiten Rang zu verbannen, weil sie sich wissenschaftlich nicht bestätigen. Allein — so wendet die Phänomenologie ein — daß sie in der Wissenschaft verloren gehen, das ändert nichts daran, daß sie unausschaltbar unsere menschliche »Lebenswelt« aufbauen. Es kommt dazu, daß der Anspruch des Szientifismus, das wissenschaftliche Weltbild »reinige« nur das des Alltags, sich nicht aufrecht erhalten läßt. Wissenschaft streicht auch manches völlig aus, wofür der Alltag noch ein Sensorium besaß. Alltag und Wissenschaft verhalten sich nicht wie das Niedriger und Höher auf einer Skala, sondern bilden zwei unterschiedliche Perspektiven, denen beiden eine Erschließungskraft einwohnt, die beide aber auch Dimensionen abschirmen. Deshalb etabliert sich Phänomenologie als diejenige Disziplin, die der nichtwissenschaftlichen Wahrheit — zu der auch die künstlerische gehört — zugeordnet ist. Sie rettet gegenüber der Alleinherrschafts-Prätention der Wissenschaft die anthropine Wahrheit. Deshalb bildet die Phänomenologie von der objektiven Seite her den ersten Schritt der erst später entstehenden Philosophischen Anthropologie. Gegenüber der Wahrheit der Physik, die sich uns als zweite Natur auferlegt und uns so unsern spontanen Weltzugang zu rauben droht, kehrt die Phänomenologie — darin Tendenzen der Goethezeit wieder aufgreifend — »zurück« zum Vorher ursprünglicher Gegebenheit. Was die Wissenschaft als Täuschung deklassiert, ist Bedingung und Ausdruck unseres Lebens.

IV

Vom Tugend-Wissen-Satz zur »logischen Syntax«

»Tugend ist Wissen«, soll Sokrates gesagt haben. Das läßt sich leicht widerlegen. Nach Bruno Snell bildet eine Entkräftung des Tugend-Wissen-Satzes sogar das erste indirekte Zeugnis, das wir von Sokrates besitzen. In der »Medea« des Euripides sagt Medea: »Ich sehe das Bessere und billige es, aber ich folge dem Schlechteren.« Das richtet sich offenbar gegen die — Sokratische — Behauptung, daß Erkenntnis des Guten auch das entsprechende Handeln nach sich zieht.

Man hat sich zu helfen gesucht, indem man Sokrates besondere Willensstärke, »Sokratische Kraft«, zuschrieb. Von Max Scheler gibt es eine »Restitution« des Satzes des Sokrates. Andere werfen Sokrates vor, er habe die Vorziehbarkeit des »niedrigeren Wertes«, er habe die Triebe und Süchte übersprungen. Er habe die Freiheit des Menschen, auch gegenüber der Wahrheit, verkannt. Religiös gewandt: er glaube an ein autonomes Erlangen von Vollkommenheit, wo der Mensch doch stets auf die göttliche Gnade angewiesen bleibe.

Die Lösung dürfte in der Richtung liegen, daß man den Tugend-Wissen-Satz mit dem anderen Sokratischen Satz: »Ich weiß, daß ich nichts weiß« zusammenbringen muß. Dann gewinnt nämlich, was für sich allein genommen paradox, rationalistisch und leicht ad absurdum zu führen scheint, vertretbaren Sinn. Was Sokrates sagen wollte, war offenbar nicht, daß unser bisheriges, gewöhnliches Wissen um das Gute zum guten Handeln schon ausreiche. Vielmehr schwebte ihm ein höheres Wissen vor: ein Wissen, das über die Sache *logon didonai*, Rechenschaft ablegen kann, ein begründend-definitorisches Wissen. Von diesem höheren Wissen bekannte er, daß er selbst es nicht besitze. Deshalb nannte er sich nicht Lehrer, seine Mitstrebenden nicht Schüler. Er war auf der *Suche* nach diesem Wissen. Wenn es aber gefunden wäre, so war seine Überzeugung, dann müßte mit diesem Wissen das Handeln übereinstimmen. Es müßte dann auch in der ethischen Sphäre so sein wie in der handwerklichen: kein Baumeister wird absichtlich — im Wissen um das Bessere — ein Haus falsch bauen; ebenso wird dann auch »keiner absichtlich freveln«.

Sokrates hofft also auf eine Form des Wissens, die per se das schlechte = falsche Handeln ausschließt. Das mag man — über alle Distanzen hinweg — zusammenbringen mit dem Programm des Wiener Kreises, insbesondere Carnaps. Unsere gewöhnliche Syntax, so sagen sie, läßt Aussagen zu, die zwar grammatisch korrekt gebaut, aber inhaltlich falsch sind. Man müßte eine »logische Syntax der Sprache« erfinden, die, so wie die herkömmliche Syntax *grammatisch* falsche Aussagen ausschließt, so auch die *inhaltlich* falschen Aussagen ausschließt. Schon allein aus der Syntax würde folgen, daß alle ihr gemäßen Aussagen richtig sind. Das ist auf der theoretischen Ebene ein Analogon zu Sokrates' Forderung nach einem Wissen, durch das alle Handlungen gut werden. Beidemal sucht man ein höchstes Prinzip, das die Richtigkeit sei es der Aussagen, sei es der Handlungen, von selbst verbürgt.

Nach Sokrates sind wir schlecht nur aus Unwissenheit. Hätten wir das höchste Wissen, dann *müßten* wir gut sein. Und das erscheint, solange es nur auf das objektiv gute Handeln ankommt, als erstrebenswertes Ziel. Doch sind damit gewisse subjektive Momente ausgeschaltet. Daher halten andere dem Gut-sein-*Müssen* entgegen: daß es weder der menschlichen Wirklichkeit entspricht, noch daß es ein Gewinn wäre. Nach Augustin sind wir nur, weil wir auch das Böse wählen können, zum Guten frei; und nur die Güte aus Freiheit ist wahrhaft Güte, ist Güte auf höherer Stufe. Ähnlich und doch anders Kierkegaard: mit der Wahrheit, die wir nach ihm im Christentum bereits besitzen, ernst zu machen, sie für die eigene Innerlichkeit zu erwerben, das gerade ist die religiöse Lebensaufgabe. Wahrheit ist kein Besitz, sondern ein Weg, in dem wir ein Subjekt erst *werden*. »Jedes Rezipieren ist ein Produzieren.« »Die Frage ist die nach dem Übergang von einem objektiven *Wissen* um die christliche Wahrheit zu einem subjektiven *Leben* in der christlichen Wahrheit. Dieser Übergang vollzieht sich keineswegs direkt, von selbst. Gerade er ist die Entscheidung.« Die Entscheidung, die Sokrates durch das zwingende Wissen ausschalten will, erscheint hier als die auszeichnend humane.

Etwas Analoges mag auch auf der theoretischen Ebene spielen. Wären wir durch »logische Syntax« gezwungen, immer nur Wahrheit sprechen zu können, dann wäre dies eine begrenzte und nicht mehr wachstumsfähige Wahrheit. Der Erwerb neuer Wahrheit schließt das Risiko des Irrtums ein. Um finden zu können, müssen wir auch fehlgehen können. Die »logische Syntax« verkennt den »instrumentellen« Charakter sowohl der Sprache wie des Denkens. Gerade daran, daß sie nicht von vornherein an einem Ziel festgemacht sind, hängt ihre Leistungskraft. Nur dadurch werden sie flexibel für ungezählte Möglichkeiten, werden sie produktiv für das Neue. »Chance« ist nie ohne »Gefahr«.

ZWEITER TEIL

Mensch und Geschichte im status rationalis

DIE ZUKUNFT DES EINZELNEN IM REGNUM RATIONIS

Entstehung und Auflösung des Individuums

I

Anthropologie des Individuums
Originarität und Modellierbarkeit des Menschen *

a) Die »anthropine Lücke« — Schöpfertum und Individualität als ihre erste Schließung

Individuum in einem elementaren Sinne ist nicht nur der Mensch, sondern sind auch Pflanze und Tier. Jedes Geschöpf ist numerisch von seinen Mitgeschöpfen unterschieden. Allein der Mensch ist in noch darüber hinausgehender und intensiverer Weise Individuum. Das Einzelsein der Pflanze und des Tieres nämlich beschränkt sich darauf, daß sie Exemplare ihrer Gattung sind. Sie wiederholen und verkörpern, was als allgemeine Vorzeichnung in der Gattungsidee beschlossen liegt. Zumindest weichen sie voneinander sehr viel weniger ab als Menschen, und sehr oft beruht ihr Eigensein nur auf einem Mangel, nur darauf, daß sie hinter dem in ihnen Angelegten zurückbleiben, weil widriges äußeres Schicksal der vollen Verwirklichung entgegenstand. Beim Menschen dagegen läßt die Gattung dem Einzelnen von vornherein einen sehr viel weiteren Spielraum, sie determiniert ihn lange nicht so streng; ja sie erwartet geradezu von ihm, daß er das ihm von ihr Mitgegebene von sich aus ergänzt und ihm etwas Eigenes hinzufügt. Kraft seines Wesensauftrages stellt jeder einzelne Mensch verglichen mit der Idee des Menschen etwas positiv Neues dar, muß er sie von sich aus füllend überschreiten.

Zur bloß quantitativen Individualität — um diese Unterscheidung Georg Simmels hier aufzunehmen — tritt damit beim Menschen die qualitative. Wenn wir von menschlichen Individuen sprechen, dann meinen wir nicht nur, daß ein und dasselbe Menschsein sich in ihnen vielfach konkretisiert, sondern wir nehmen an, daß jedes von ihnen eine gewisse Selbständigkeit aufweist, daß jedes sich seine wieder etwas andere kleine Welt aufgebaut hat und auf nur ihm eigentümliche Weise fühlt, denkt und handelt. Und diese qualitative Individualität bildet nicht etwa bloß ein Ideal, das von den Wenigsten erreicht würde. In vielen Kulturen herrscht dieses

---

* Vgl. Verf., Der Mensch als Schöpfer und Geschöpf der Kultur, München 1961.

Ideal gar nicht, sondern wird im Gegenteil von jedem Gleichförmigkeit erwartet. Aber schon naturhaft ist, daß jeder das Menschsein wieder auf einmalig originäre Weise ausprägen muß, im Bauplan des Menschen vorgesehen, wenn auch freilich das Maß dieser Originarität je nach Anlage und Kulturvoraussetzungen variiert. Wenn der Mensch Münzen prägt, heißt es im Talmud, so kommt jede gleich heraus, im Prägstock Gottes dagegen wird jeder Mensch wieder verschieden.

Denn beim Tier regelt sich das gesamte Verhalten durch in der Gattung verankerte Instinkte, die jedes Einzelwesen kraft biologischer Vererbung immer schon in sich vorfindet. Es braucht sich diesen ihm angeborenen Instinkten bloß zu überlassen und sie zu aktualisieren, es kann gar nicht anders als sie zu aktualisieren, und eben deshalb reagiert, aufs Ganze gesehen, eine Grasmücke wie die andere. Der Mensch dagegen verfügt über solche Instinkte nicht oder nur rudimentär. Mit Hilfe welcher Wirtschaftsform er sich ernähren, durch welche Familienform er sich fortpflanzen, in welchen Sozialformen er sich mit seinesgleichen gesellen, wie er wohnen und sich kleiden, die Götter ehren und sittlich handeln, wie er sprechen, ja unter welchen Kategorien er die Welt apperzipieren soll — für all dies findet er keinerlei Präformation, keinerlei naturgegebene Anlage in sich vor, durch die ihm der Weg vorgesteckt wäre und die er bloß zu entfalten hätte. Es ist, als ob die Natur ihn nur halb vollendet, als ob sie ihn aus ihren Händen unfertig entlassen hätte. In der Mitte seines Wesens krankt er an einer Unabgeschlossenheit, klafft eine offene Lücke.

Allein diese Lücke ist nur eine scheinbare. Sie wird durch etwas anderes, Positives, kompensiert und mehr als kompensiert. Zugleich mit der Lücke und auf sie abgestimmt nämlich hat der Mensch auch die Kraft erhalten, sie zu schließen und sich zum lebensfähigen Ganzen aufzufüllen. Weil er unvollendet in die Welt tritt, darf und muß er sich selbst vollenden. Dafür, daß er für sein Verhalten keine festen Vorschriften in sich bereitliegen findet, ist er als einziger frei, sein Verhalten von sich aus zu ersinnen und selbst erst zu bestimmen. Auf der einen Seite das unfertige, ist er also auf der anderen und in notwendiger Ergänzung hierzu das schöpferische Wesen.

Eben weil er dies ist, kann er aber auch nur im uneigentlichen Sinne unfertig genannt werden. Seine Unabgeschlossenheit und seine Lücke imponieren als solche nur, solange man ihn mit dem Tier vergleicht. Sobald man ihn dagegen aus sich selbst begreift, erweisen sie sich als das sinngeforderte Korrelat des Schöpfertums, als Problem und Aufgabe, die er an sich vorfinden muß, damit sein Schöpfertum eine Herausforderung und eine Angriffsfläche gewinnt. Schaut man das, was auf den ersten Blick als Unfertigkeit aussieht, mit dem Schöpfertum innerlich zusammen, so ist also auch der Mensch durchaus in sich vollendet. Nicht war er erst unfertig und dann brachte sein Schöpfertum hilfreich den Ausgleich, sondern weil er von vornherein schöpferisch war, bedurfte er des Fertigseins der anderen Wesen gar nicht erst.

Daß aber der Mensch das schöpferische Wesen ist, das bildet fast nur einen *modus loquendi* dafür, daß er das individuierteste Wesen ist. Indem der konkrete Mensch die Leerstelle, die in der Idee des Menschen beschlossen liegt, jeweils selbsttätig ausfüllt, ragt er eben damit über das Allgemeine hinaus und setzt einen in diesem nicht vorgesehenen, grundsätzlich zwar geforderten, aber inhaltlich ihm überlassenen neuen Anfang. Was wir vorhin die qualitative Individualität des Menschen nannten, erweist sich hier als ein jedesmal von ihm selbst erst zu Leistendes. Die Einzigartigkeit eines jeden Menschen ist nur zu einem Teil ein immer schon von selbst Vorhandenes, sie beruht zumindest in ihren höheren Formen rückgekoppelt bereits auf seiner eigenen Entscheidung und Tat.

b) Die zweite Schließung der anthropinen Lücke durch die kulturellen Traditionen — Wechselspiel zwischen ihnen und der Kreativität des Einzelnen

Wir haben uns bisher aus darstellerischen Gründen eine Vereinfachung zuschulden kommen lassen. Wir müssen jetzt etwas Entscheidendes berichtigen oder vielmehr hinzufügen.

Weil die Gattungsidee des Menschen sein Verhalten nicht festlegt, deswegen schien es so, als ob jeder Einzelne in jedem Augenblick aufgerufen sei, sich von vorn in Welt und Leben zurechtzufinden und sein Verhalten von sich aus zu bestimmen. Allein so ist es nicht. Keineswegs stehen wir immer wieder am Anfang, müssen wir neu beginnen und uns selbst entwerfen. Vielmehr kehren im Leben gleiche Situationen wieder, und wir brauchen dann bloß dasjenige Denken, Fühlen und Verhalten, das wir schon früher vollzogen und damals für richtig befanden, zu wiederholen. Einmal so Getanes wird auch zum zweitenmal so getan und habituiert sich zur Gewohnheit.

Nicht nur dies. Gewohnheiten, wenn man sie auch hier noch so nennen will, kennt nicht nur der Einzelne, sondern auch die Gemeinschaft. Was einer einmal glückhaft hervorgebracht und überzeugend vorgelebt hat, das bleibt sehr oft nicht auf ihn beschränkt, geht nicht mit ihm sogleich wieder unter, sondern wird von anderen übernommen und kann so schließlich zur von ihm abgelösten und dauerhaften Institution werden, in deren festem Rahmen nun ein ganzer Stamm, ein ganzes Volk sein Leben verbringt. Ist der Einzelne — oft ohne es zu wissen und zu wollen — der Hervorbringer und Gestalter, so ist die Gemeinschaft die Trägerin und in eins die Bewahrerin dieser Institutionen, oder vielmehr: durch die Gemeinschaft wird die genial-spontane Schöpfungstat erst in das objektive Kulturgut einer Institution umgesetzt. Jede Gemeinschaft verfügt über einen ärmeren oder reicheren, starreren oder lockereren Besitzstand kultureller Einrichtungen, durch den sie das Leben meistert und formt, der ihre Mitglieder innerlich miteinander verknüpft und den sie als kostbares Traditionsgut von Generation zu Generation weitergibt.

Vorhin sagten wir, der Mensch müsse der Naturmitgift, die bei ihm nicht das Ganze ist, aus seinem Eigenen etwas hinzufügen, er müsse die anthropine Lücke ausfüllen und sich selbst seinen Weg durchs Dickicht bahnen. Aber diese Lücke, so zeigt sich hier, ist zu einem guten Teil immer schon gefüllt durch die Kultur der Gemeinschaften. Es steht gar nicht auf der einen Seite die Idee des Menschen und auf der anderen der Einzelne, der das ihr Fehlende durch seine Kreativität ergänzen muß. Zwischen ihnen beiden vielmehr stehen immer schon die von früher überkommenen und verfestigten Kulturen. Sie nehmen als ganze bereits vorweg, was die Aufgabe des Einzelnen nur dann wäre, wenn er am Anfang der Geschichte stünde. Neben der Kreativität treten beim Menschen an die Stelle der tierischen Instinkte auch die Kulturtraditionen.

Wie der Einzelne — wir sahen es — dadurch, daß er schöpferisch über die Gattung hinausgeht, eine einmalige und unverwechselbare Physiognomie gewinnt, so gilt dies selbe daher auch für die Großindividuen der gemeinschaftsgetragenen Kulturen. Auch sie, und innerhalb von ihnen wieder die einzelnen Epochen, weisen jeweils qualitatives Gepräge auf. Wie es nicht *den* Menschen, sondern nur besondere und unterschiedliche Einzelne gibt, so gibt es auch nicht *die* Kultur, sondern eine unerschöpfliche Fülle voneinander differierender Kulturen. Beides muß so sein, beides folgt aus der Idee des Menschen, deren Offenheit durch die Kulturen auf ihre Weise ebenso geschlossen wird wie durch die Einzelnen.

Da nun der Einzelne jeweils in einer Kultur steht und von ihr geprägt ist, so fügen sich in ihm die Individualität seiner Kultur und seine nur ihm eigene Individualität zusammen. Die Kulturindividualität, die aber eine solche nur im Vergleich zu anderen Kulturindividualitäten ist, während der einzelne Mensch sie mit jedem Angehörigen der gleichen Kulturgemeinschaft teilt, bietet gewissermaßen das Fundament, auf dem sich seine persönliche Individualität erst erhebt. Jene bildet, da sie vielen zukommt, fast noch ein Mittleres zwischen Individuellem und Allgemeinem, zudem verdankt er sie nicht sich selbst, sondern sie erlegt sich ihm auf. Nur diese, die persönliche, ist also Individualität im strengen Sinne, die gleichwohl ohne jene arm wäre und isoliert nicht bestehen könnte.

Wäre der Einzelne sich selbst überlassen, so müßte er bei jedem Wechsel der Lebenslage seine Antwort neu überlegen und improvisieren. So dagegen wächst jeder dadurch, daß er natürlicherweise in einer Gemeinschaft aufwächst, immer auch schon in eine Kultur hinein. Er darf sich auf die Vorarbeit stützen, die von Generationen Früherer bereits geleistet worden ist und die, von der Gemeinschaft treu gehütet, akkumuliert und weitergegeben, nun endlich auch ihn, den Spätling, erreicht und ihm hilfreich zur Verfügung gestellt wird. Gewiß nicht für alle, aber für die meisten oder doch für sehr viele der Situationen, vor die das Leben ihn stellt, findet er im kulturellen Traditionsgut seiner Gemeinschaft bereits eine Verhaltensweise vor, die für solche Situationen vorgesehen und als altbewährte üblich ist und die er daher bloß aneignend zu übernehmen und wieder zu aktualisieren braucht. Auf weite Strecken hin ist unser Verhalten nur Resubjektivierung und neue Verlebendigung von objektiv längst Vorgeformtem. Wir schlüpfen in ein vorbereitetes Kleid, gehen auf geebneter Straße, schreiben auf Prälineamenten.

So nimmt uns die uns vorgeordnete und tragende Gesamtkultur einen großen Teil zwar nicht unseres Handelns selbst, wohl dagegen des Schöpfertums ab, das wir sonst aufbringen müßten, um unser Handeln zu planen und auszuformen. Dank ihr bestehen wir nicht nur überhaupt das Leben, sondern bestehen es viel müheloser und führen es auf unendlich höherer Stufe, als wir sie von uns allein aus je erklimmen würden. Auch unser verbleibendes Schöpfertum setzt dank dem übernehmbar Vorgeprägten bereits auf höherem Niveau ein und gelangt, da es sich nur noch auf wenige Punkte zu konzentrieren braucht, weiter, als wenn es sich diffus auf alles erstrecken müßte. Daß uns die Institutionen so und so vieles vorwegnehmen, bedeutet also energiesparende Entlastung und zugleich ungeheure Steigerung. Deshalb ist der Einzelne auch im allgemeinen dankbar, wenn sich ihm vorgeprägte Formen anbieten, und wie die Gemeinschaft — aus zahlreichen, hier nicht zu erörternden Gründen — von ihm erwartet, daß er sich dieser Formen bedienen soll, so pflegt er sie auch seinerseits willig und völlig unreflektiert aufzugreifen und sich anzuverwandeln.

In den kulturellen Vorbahnungen seines Verhaltens, denen er sich jederzeit anvertrauen darf und soll, besitzt somit doch auch der Mensch ein Analogon dessen, was für das Tier die Instinkte sind. Nicht nur, wie wir sahen, seine schöpferischen Kräfte, sondern auch diese Vorbahnungen — als verfestigter Niederschlag früheren Schöpfertums — wiegen seine fehlenden Instinkte auf und machen sie wett. Aber während die Instinkte das Tier unverbrüchlich determinieren, behält der Mensch im letzten die Freiheit, den kulturellen Vorbahnungen zu folgen oder nicht. Die Instinkte sind naturgegeben und daher für die ganze Gattung dieselben, die Vorbahnungen, als vom Menschen selbst erworbene, wechseln von Land zu Land. Werden jene biologisch vererbt, so diese geistig tradiert: die Älteren müssen Sorge tragen, daß das einst Erworbene nicht untergeht, die Jüngeren müssen sich anstrengen, es nachzuerwerben.

Das bildet den Grund, weshalb der Mensch das Wesen der längsten Jugend ist, weshalb sie nicht nur absolut, entsprechend seiner längeren Lebenszeit, mehr Jahre umfaßt als bei den meisten Tieren, sondern auch proportional im Verhältnis zum Gesamtleben eine größere Spanne ausfüllt. Das Tier bringt die es steuernden Instinkte von Geburt schon mit. Sie können, sobald ihrer bedurft wird, in Aktion treten. Daher wäre ihm eine lange Jugend zu nichts nütze. Der Mensch dagegen muß sich die kulturellen Errungenschaften und Gepflogenheiten seiner Gruppe erst selbst aneignen. Er muß sie nicht nur kennen, sondern auch einüben und so sehr von innen her beherrschen, daß er sie gegebenenfalls auch wechselnden Lebenssituationen sinngemäß anpassen kann. Eben daher die Notwendigkeit einer prolongierten Plastizitätsphase, während deren die kulturellen Normen seiner Umgebung auf ihn einwirken und in ihn übergehen können.

An früherer Stelle hatten wir zu konstatieren: der Mensch ist das schöpferische und als solches das individuellste Wesen. In gewisser Weise dem genau widersprechend müssen wir jetzt sagen: er ist auch das übernehmende und als solches das sozial-abhängigste Wesen.

Auch viele Tiere leben freilich in Gruppen. Aber dennoch greift die Sozialität bei ihnen nicht so tief ein. Jedes Individuum trägt die Instinkte von Anbeginn seiner Existenz schon in sich. Nicht das Zusammenleben, das ganz anderen Zwecken dient, ist es, das sie ihm erst einpflanzt. Es ist schon als Individuum fertig und in sich geschlossen. Der Mensch dagegen empfängt seine Sitte, seine Sprache, alle die Verlaufsformen seines Lebens erst in und von seiner Gruppe. Ohne das, was erst sie auf ihn überträgt und aus ihm macht, wäre er auch als Einzelner nicht, was er ist und sein soll. Nicht nur muß er eine Gemeinschaft bilden, sondern noch ursprünglicher bildet sie ihn. Zu den biogenen Formantien treten bei ihm die soziogenen. Das Zusammenleben mit andern hat also bei ihm viel elementareren Sinn. Man muß ihn von vornherein als Sozialgeschöpf definieren. Wer der Gemeinschaft nicht bedarf, heißt es bei Aristoteles, ist kein Mensch, sondern »entweder ein Tier oder ein Gott«. Und bei Fichte: »Der Mensch wird nur unter Menschen ein Mensch. Sollen überhaupt Menschen sein, so müssen mehrere sein.«

Wie einseitig ist eine Philosophie wie die Heideggers, die das Verhältnis des Einzelnen und der Tradition nur so sieht, daß der Einzelne durch das banale Alltagsgerede des »Man« — ein neues Wort für das, was Nietzsche die »Herde« nannte — um seine Eigentlichkeit gebracht wird, zu der er nur findet, wenn er sich allein auf sich selbst, auf seine innersten nur in ihm liegenden Möglichkeiten zurückbesinnt. Solches Sichhinausschwingen über den in einem Lebenskreis gültigen Standard — durch das vielleicht ein neuer, höherer Standard begründet wird — mag zwar der Ethiker postulieren, allein auch wo es den Wenigen gelingt, ist das primäre und viel fundamentalere Phänomen dies, daß zunächst einmal der Einzelne, der für sich allein arm und leer wäre, durch das, was die Gesellschaft ihm übermittelt, erst auf ihr Niveau emporgehoben wird. Selbst wenn er dieses Niveau dann noch übertreffen sollte, verdankt er den Ausgangspunkt und die Kraft hierzu einzig ihm.

Freilich müssen wir uns hüten, das Verhältnis Mensch-Objektivation zu harmonistisch zu deuten. Das Urverhältnis kann umspringen in ein Mißverhältnis. Die kulturelle Objektivation, deren Funktion die Selbstkonstitution des Menschen ist, kann dysfunktional werden und dann den Menschen gerade von sich entfremden. Daher gibt es auch einen Pessimismus der Objektivation. In dem vorliegenden Buch ist mehr als von der heimat-gebenden von der entfremdenden, mit dem Menschen ungleichgewichtigen Objektivation die Rede. —

Über eines müssen wir uns hierbei immer klar sein. Was den Menschen erst zum vollen Menschen macht, das beruht nicht darauf, daß er einen sozialen Ort erhält und in soziale Relationen tritt, also auf dem spezifisch Sozialen, sondern auf der viel weiter gehenden Gängelung und Formung durch die kulturellen Traditionen, die er an sich erfahren darf. Nun ist, wie wir sahen, Trägerin dieser Traditionen die Gemeinschaft. Sie ist es, die sie bewahrt und an den Einzelnen weitergibt. Die eigentümliche implikative Verkettung ist also die, daß der Weg zur Kultur für den Einzelnen nur durch die Gesellschaft führt. Um Kulturwesen zu sein, muß er zuerst Sozialwesen werden. Die zu Unrecht meist überakzentuierte und für allbestimmend erklärte Sozialeinbettung dient aber, vom Ganzen her gesehen, in Wahrheit dem Ziel der Kultureinbettung. Die Sozialanthropologie ist nur im Außenaspekt verharrende Vorbereiterin und erstes Teilglied der Kulturanthropologie.

c) Eigenwegigkeit und die Wiederholung von Mustern als unaufhebbare menschliche Antinomie

Durch zwei entgegengesetzte Faktoren hatten wir den Menschen zu charakterisieren. Versuchen wir, ihr Verhältnis zueinander zu bestimmen.

Jeder Einzelne, so sagten wir zu Beginn, muß die anthropine Lücke, die er an sich vorfindet, produktiv ausfüllen, muß sich selbst entwerfen und zu Ende schaffen. Das ist eine Aufgabe, vor die er sich als Mensch unausweichlich und immer wieder gestellt sieht. Andererseits, so sahen wir dann, ist die Lücke ihm zum Teil immer schon vorwegausgefüllt durch die Kultur, die ihn als Glied seiner Gemeinschaft selbstverständlich umfängt. Er muß also nicht total, gleichsam an allen Fronten, produktiv sein, sondern ebensosehr zuerst einmal die kulturellen Einrichtungen, in denen er groß wird, rezeptiv in sich aufnehmen. Zwischen den Generationen findet gleichsam eine Arbeitsteilung statt. Was die Produktivität der früheren schon geleistet hat, muß sich die Rezeptivität der späteren nur noch aneignen. Neben die Fähigkeit des Menschen, Kultur zu erzeugen, tritt als ihm ebenso essentielles Anthropinon die Mit- und Gegenfähigkeit, sich Kultur einzuverwandeln und sich durch sie prägen zu lassen, neben die Originarität die Modellierbarkeit. Aus demselben anthropologischen Prinzip heraus ist er in antinomischer Spannung sowohl das hervorbringerischste wie das plastisch formbarste Wesen. Dieses ineinandergreifende Wechselspiel zwischen Schaffen und Empfangen, Neuern und Bewahren bildet recht eigentlich sein *proprium* und seine Kunst. Es sind die beiden Pfeiler, auf die er gestellt ist. Wie die Natur immer Kraft und polare Gegenkraft sich in Kontrastharmonie in Schach halten läßt, so auch hier.

Betrachten wir dabei die zwei Kräfte in sich, dann ist es evident, daß der Produktivität logisch wie zeitlich der Primat zukommt. Nur und erst aus ihren Resultaten baut sich, wenn sie allgemein werden und eine soziale Gruppe ihnen Kontinuität leiht, die Gesamtkultur auf, die dann von der Rezeptivität eingefiltert wird. Betrachten wir dagegen den einzelnen konkreten Menschen, dann ist es umgekehrt die Rezeptivität, die am Anfang steht: erst wer mit seiner Kultur schon vertraut ist, kann sie sinnvoll verbessern oder erweitern. Und nicht nur dies, sie überwiegt beim Einzelnen auch quantitativ. Offenkundig ist er in weit höherem Maße, als er Kulturformer sein kann, kulturgeformt. Verglichen mit der verästelten Fülle einer durch jede Generation noch bereicherten Überlieferung, der er sich öffnen und die er verarbeiten muß, wiegt selbst beim Genie das Eigengeleistete nur gering. Und bei den meisten wird die Schöpferkraft durch das früher aus ihr schon Geschaffene — das sich hier als ihre ärgste Gegenmacht enthüllt — derart überwuchert, daß sie nur im Kleinen, in der Handhabung des Geschaffenen, nicht dagegen mit eigenen Taten, in Aktion tritt, wenn sie gleich als tiefster Keim, der bei unvorhergesehenen Konstellationen dann doch seine Fruchtbarkeit erweist, stets latent bleibt. Weil uns das Überkommene und Übernommene selbstverständlich geworden ist, das neu Geschaffene dagegen auffällt, deshalb neigen wir dazu, den Anteil dieses letzteren bei uns selbst und anderen zu überschätzen. Kulturgeschichtlich nüchterne Reflexion belehrt uns bald, daß die meisten unserer Höherflüge nur Zaunkönigstriumphe sind.

Soweit wir produktiv einen neuen Anfang setzen, sind wir individuell, soweit wir dagegen nur kulturelle Vorprägungen nachvollziehen, gleichen wir allen, die mit uns von der gleichen Tradition umgriffen sind. Wir sind also einmalige Persönlichkeiten und Repräsentanten eines Allgemeinen in einem. Wir müssen jenes nicht durch und durch sein, weil wir auch dieses sein dürfen, wir sind jenes nur auf der Basis von diesem. Das Persönliche bildet nur ein hinzukommend minimes Ingrediens, das freilich wunderbarerweise das Ganze mit seiner Farbe durchtränkt.

Überall dort, wo die Kultur dem Menschen seinen Gestaltungsauftrag bereits abgenommen hat und er sich ihr bloß zu überantworten braucht — und auf wie weite Räume hin darf er dies —, verhält er sich eben damit bloß so, wie schon die Eltern es taten und auch der Nachbar sich verhält. Und doch ist er nie bloß so Exemplar seiner Kulturgemeinschaft wie das Tier Exemplar seiner naturhaften Gattung. Nur partiell kann er die überkommenen Traditionen für sich arbeiten lassen. Nicht nur muß er sie seinen Begabungen und Neigungen gemäß adaptieren und damit für sich übersetzen. Immer wieder tritt er auch im Leben vor die Situation, in der aus seinem Lebenszentrum ein ihm unabnehmbares Neues hervorgehen muß. Hier überall öffnet sich dann die notwendige Dimension des Eigenseins und Besondersseins.

Der Produktivitäts- und damit der Individualitätsfaktor kommt keineswegs allen Menschen im gleichen Maße zu. Eine gewisse persönliche Initiativkraft und Eigenverantwortung gehört freilich zum Menschen als solchen. Ihr Quantum hängt jedoch einmal von Anlage und Schicksal des Einzelnen und sodann auch von Kultur und Epoche ab. Im allgemeinen waltet, um es mit Spencer auszudrücken, in der Frühzeit die Integration vor, in der Spätzeit die Differenzierung. In der Frühzeit wacht die Gemeinschaft ängstlich darüber, daß keiner von den in ihr aufgerichteten einheitlichen Paradigmen und Mustern abweicht; erst in der Spätzeit gewährt sie der Autonomie der Persönlichkeit freieren Entfaltungsraum. Deshalb mag Individualität wohl ein allgemeines Anthropinon sein, aber bis sie sich ihrer selbst bewußt wird und den Mut zu ihren Kräften und Gnaden gewinnt, dazu muß sie einen langen Weg zurücklegen. Wiewohl naturhaft im menschlichen Bauplan angelegt, ist sie dennoch ihrem eigentlichen Durchbruch nach erst ein Kulturerzeugnis und hat, wie alles Kulturelle, ihre Geschichte, in der sich ihre Strukturformen erst *successive* ausgliedern. Um ihre volle Spannweite kennen zu lernen, müssen wir daher der Anthropologie des Individuums eine Kulturgeschichte des Individuums folgen lassen.

II

Kulturgeschichte des Individuums

Schon seinem Bauplan nach, so sahen wir, ist der Mensch das individuierteste Wesen. Denn instinktfrei muß er die Formen seines Verhaltens selbständig aufbauen. Wie das individuelle, so ist er jedoch zugleich das Wesen verbindlicher Traditionen. Verhaltensformen, immer schon von früheren Geschlechtern herausgebildet, werden in jeder Gemeinschaft bewahrt und weitergegeben. Die erfinderische Kraft des Einzelnen hat zum Gegenpart die Tendenz, solche Formen zu übernehmen und bloß zu wiederholen.

In Frühzeiten pflegt diese Tendenz die Selbständigkeit fast ganz zu überwachsen. Individualität gibt es auf dieser Stufe zwar als naturwüchsige, aber nicht als gewollte. Erst spät wird Individualität sich ihres Auftrags bewußt. Indem sie ein eigenes Ethos entwickelt, erstarkt sie auch faktisch. In Etappen eines kämpferischen Selbstwerdungsprozesses, von der Gegenmacht stets angefochten, entfaltet sie ihre Möglichkeiten.

Es gibt also sowohl eine Anthropologie des Individuums wie eine Kulturgeschichte des Individuums. Obgleich Individualität einesteils zur Urmitgift des Menschseins gehört, beruht sie — dies bildet keinen Widerspruch — in ihren höheren Formen dennoch auf Leistung. Sie hat eine Geschichte. »Der Einzelne ist noch die jüngste Schöpfung« (Nietzsche). Indem wir ihre Geschichte nachzuzeichnen suchen, vergegenwärtigen wir uns ihre Dimensionen.

a) Die Herauslösung des Individuums aus seiner Sippe in der Bibel
Das juristisch-moralische Individuum

Ursprünglich steht der Einzelne noch nicht isoliert und selbständig für sich. Er bildet einen Zweig am Stamm seiner Sippe. Sie ist das eigentlich verantwortliche Subjekt. Für das, was er begeht, wird sie von den Nachbarn als ganze zur Rechenschaft gezogen. Auch aus diesem Grunde überwacht sie den Einzelnen ängstlich, billigt ihm nur eine begrenzte Freiheit zu. Hat er einen Mann aus einer fremden Sippe erschlagen, so kann zur Rache ein anderes Mitglied seiner eigenen Sippe von den Fremden erschlagen werden. Es genügt frühem Rechtsempfinden, die andere Gruppe ebenso zu schädigen, wie die eigene Gruppe durch jene geschädigt wurde. Dagegen muß es nicht die Person des Schädigers selbst sein, an der man die Rache vollstreckt.

Im alten *ius talionis* führt diese Gleichgültigkeit gegen die Person des

Schuldigen zu so sonderbaren und unmenschlichen Vorschriften wie denen der babylonischen Gesetzgebung des Hammurapi, bei dem es heißt: Wenn ein Baumeister ein Haus schlecht baut, so daß es einstürzt und den Sohn des Besitzers erschlägt, dann soll man zur Strafe — nun nicht etwa den Baumeister selbst, sondern *den Sohn* des Baumeisters töten! Oder: Wenn bei einem Streit ein Mann ein schwangeres Weib stößt, so daß eine Fehlgeburt eintritt und das Weib daran stirbt, dann soll man — nicht etwa ihn selbst, denn ein Weib ist nicht so viel wert wie ein Mann, sondern *seine Tochter* töten!

Die mosaische Gesetzgebung dagegen, die das Recht der frühen Hochkulturen in so vielem erst ethisiert, bestimmt im Buche Exodus für diesen Fall (und das war einmal neu und bahnbrechend): Dann ist der Täter — also der, der das Verbrechen selbst begangen hat, nicht irgendeine Ersatzperson aus seiner Sippe — des Todes schuldig. Ebenso wird auch im Deuteronomium die Vergeltung am Unschuldigen ausdrücklich verworfen: »Die Väter sollen nicht für die Kinder noch die Kinder für die Väter sterben, sondern ein jeglicher soll nur für seine Sünde sterben.« Noch Jeremia und Ezechiel geißeln die ältere Auffassung mit dem Sprichwort: »Die Väter haben Herlinge gegessen, und der Kinder Zähne sind stumpf geworden.« So kommt dem Alten Testament das Verdienst zu, daß es den Einzelnen zuerst aus der Identifikation mit dem Familienkollektiv herausbricht und ihn moralisch auf sich selbst stellt, das heißt aber: ihn als moralisches Eigenzentrum überhaupt erst entdeckt. Sein Tun kann nur ihm, anderer Tun kann ihm nicht zugerechnet werden.

Die Bibel kennt noch keine Selbstbestimmung des Einzelnen, vielmehr empfängt er die sittlichen Gebote von Gott. Sie kennt auch noch keine Pflicht gegen die eigene Einmaligkeit, vielmehr wird in ihr von allen dasselbe erwartet. Dennoch bildet sie, durch die Entdeckung der unübertragbaren sittlichen Verantwortung eines jeden, im großen Individualisierungsvorgang der Menschheit den beginnlich schicksalhaften Schritt. Daß freilich auch die ältere Denkweise nicht ganz untergegangen ist, zeigen Beispiele wie die christliche Erbsündenlehre und die stellvertretenden guten Werke des Mittelalters.

b) Die Autonomie-Verleihung an das Individuum bei den Griechen

1. Vernunft gegen Tradition Wie die Bibel den Einzelnen aus dem Blutsgeflecht der Sippe entläßt, so entlassen ihn die Griechen aus dem geistigen Geflecht der Tradition. Denn ursprünglich — wir sagten es — ahmt der Mensch überkommene Vorbilder nach. Er richtet sich nach den in der Gemeinschaft, in der er aufwächst, herrschenden Gepflogenheiten, Erwartungen und Wertungen. Solche Traditionen erstrecken sich bei primitiven Stämmen oft bis auf die kleinste Einzelheit des Lebens, wie etwa das Feuermachen. Ihre Einhaltung durch jedes Stammesmitglied wird um so rigoroser gefordert, als man ihnen auch magische Kraft zuspricht: Die altgeheiligte Sitte hat sich bewährt, jede Abweichung von ihr könnte unvorhersehbare Gefahr heraufbeschwören.

Oft verdichten sich die Traditionen auch zu »mythischen Vorbildern«. Der mythische Mensch, hat man gesagt, tritt, bevor er handelt, einen Schritt zurück, er schlüpft in die Maske eines ihn bestimmenden Archetypus (Kerényi).

Deshalb waltet in solchen Verhältnissen unter den Mitgliedern einer Gruppe in Anschauungen und Handlungsweisen noch eine weitgehende Uniformität. Eigenart und Eigenwilligkeit des Einzelnen setzen sich zwar auch so durch, doch bleibt ihr Spielraum begrenzt. Der durch gemeinsame Normen Bevormundete weiß noch nicht, wie sehr er bevormundet ist. Zwischen seiner halb schlummernden Freiheit und dem Konformitätsdruck empfindet er kaum einen Konflikt.

Es bedeutete einen ungeheuren Einbruch, als zuerst die Griechen die bisher allgültige Macht der Tradition begrenzten durch die Gegenmacht der Vernunft. Gestützt auf nichts als die eigene Überlegung und Einsicht, darf der Einzelne nun Richter über alles Hergebrachte sein, darf er ihm entgegentreten und neue Richtungen einschlagen. Nur seiner Vernunft verantwortlich und durch sie bestimmt, ist er aber seinem eigenen Innern verantwortlich, bestimmt er sich selbst. War Autonomie, Selbstgesetzgebung, früher ein Kennzeichen der griechischen Polis, so wird sie vom Ende des 5. Jahrhunderts ab von der griechischen Ethik jedem Denkenden zugebilligt und von ihm erwartet. So wird die Vernunft bei den Griechen zum großen Movens der Individualisierung.

Das neue Lebensprinzip der Autonomie durch Vernunft löst das bisherige Prinzip des Gelenktseins durch gemeinschaftliche Tradition nicht völlig ab. Nach wie vor verfallen wir unbewußt der Suggestion durch das »Königsrecht des Geformten« (Jacob Burckhardt). Auch bewußt fügen wir uns der Konvention, teils weil wir sie bejahen, teils, auch wo wir sie verneinen, weil wir die Sanktionen der Gesellschaft gegen den Abweichler nicht auf uns ziehen wollen. Vor allem bildet, sich in vorgeprägten Verlaufsformen zu bewegen, eine »Entlastung« und »Stabilisierung« (Gehlen). Eigenes zu ersinnen und durchzusetzen ist die ungleich größere Anspannung. Oft lohnt sie nicht, und grundsätzlich ist es ausgeschlossen, sie in jedem Lebensmoment aufzubringen. Nur weil wir in der Regel leicht auf schon geebneter Straße gehen, können wir dort, wo es uns darauf ankommt die Initiativkraft der Autonomie um so gesammelter einsetzen.

So leben wir seit den Griechen bis heute nebeneinander in zwei verschiedenen ethischen Systemen, die sich in jedem Zeitalter und jeder Person wieder anders durchmischen, sich ergänzen und oft auch miteinander streiten. Wir gehorchen dem Überlieferten und entdecken und schaffen das Neue. Durch das eine verkörpern wir ein Typisches und gleichen einander, durch das andere lenken wir uns selbst aus einem eigenen Zentrum. Die Formübernahme bildet die Basis der immer nur partiellen Selbständigkeit. Unsere Individualität ist ein Aufschwung über unsere bleibende Verhaftung im Vorindividuellen.

Beides ruht aber nicht reinlich geschieden nebeneinander. Was allgemeine Gepflogenheit ist, das wiederholt jeder auf nur ihm entsprechende, ihn ausdrückende Weise. Er tut das unausweichlich, weil er naturhaft eigenartig ist; er tut es auf höherer Stufe absichtsvoll, und das steigert dann den individuellen Einschuß noch. Diese Verquickung des Besonderen mit dem Allverbreiteten ist, verglichen mit dem isolierten Hervortreten des Besonderen, sogar das Häufigere. Es ist auch das Leichtere. Das ist wie bei Künstlern, die einen überlieferten Stil nach Zeittendenz und eigener Anlage abwandeln und gerade darin sich entfalten und offenbaren. Dagegen wären sie überfordert, wenn sie einen nur ihnen eigenen Stil neu schaffen müßten. Nach Georg Simmel bildet eben dies eine unaufhebbare soziale Antinomie: die Gesellschaft determiniert uns als fremde Kraft und bildet doch gleichzeitig das Element, in dem allein unser Eigenes sich ausbildet und auswirkt.

Nach Arnold Gehlen ist es nicht so, daß wir steigend immer mehr aus dem Prinzip der Individualität heraus leben und uns ihm schließlich ganz überantworten könnten. Unsere eigene Subjektivität gefährdet uns mit Chaos und Lähmung. Eine Lebensform kann sich selbst nicht diskursiv legitimieren. Sie würde sich verlieren in der »Dauerreflexion«. Erst die großen, umspannenden »Ordnungs- und Führungssysteme« geben dem Menschen, der seiner Natur nach ein riskiertes Wesen ist, Halt und Richtung. Er muß den Umweg über die Institutionen nehmen, muß sich an sie und ihren — sei es auch fiktiv — in seiner intersubjektiven Gültigkeit festgelegten, der subjektiven In-Frage-Stellung enthobenen Sinn entäußern, sich für sie entscheiden. Nur dann findet er sich auch in seinem Eigenwillen und seiner Freiheit. Als eine künstlich »zweite Natur« retten sie ihn von seiner konstitutionellen Außen- und Innenüberlastung. In der Mannigfaltigkeit der Deutungs- und Handlungsmöglichkeiten, die ihn sonst überfluten, gewinnt er durch die Institutionen erst Identität und Konsistenz. Diese vorindividuellen Mächte bilden somit keine Alternative zur Individualität, sondern im Gegenteil ihre Bedingung. Das zeigt sich deutlich an solchen, die aus den Institutionen ihrer Heimat gerissen werden, ohne in neue, verbindliche Institutionen hineinzuwachsen. Es findet ein Persönlichkeitsabbau statt, dessen Extrempunkte Neurose und Kriminalität bilden.

2. Die »objektiven Werte« gegen die Tradition Das Vertrauen auf die eigene Vernunft, so sagten wir, gibt bei den Griechen dem Individuum die Distanz zum Herkommen, gibt ihm den Mut, sich auf sich selbst zu stellen. Allein Vernunft ist nicht bloß Subjektivität und innere Tiefe. Durch Vernunft erkennen wir Strukturen der Welt und objektive Forderungen der Werte. Sich nach der Vernunft richtend, richtet sich der Grieche nach den maßstäblichen Ideen jedes Kulturgebiets. Aus ihnen wächst ihm der Auftrag zu seiner Verwandlung zu. Wenn der Weisheitsuchende nicht mehr nur wissen will, was immer schon als weise galt, dann liegt das daran, daß vor seinem inneren Auge die Idee der *Wahrheit* aufging. Sie ist es, die ihn zwingt, die überlieferte Wahrheit neu zu prüfen, reicheres und tieferes Wissen zu erobern. Deshalb haben die Griechen die Kulturgebiete der Philosophie und der zweckfreien Wissenschaft erst begründet. Wenn der Künstler nicht mehr nur im Stil seiner Lehrer weiterarbeitet, so deshalb, weil er jetzt, während sie bisher nur stileingewoben wirkte, der Idee der *Schönheit* untersteht. Unter ihrer Direktive darf er den Stil modifizieren und verfällt er auf neue künstlerische Motive und Ausdrucksmittel. Und wenn der Handelnde nicht mehr nur der üblichen Sitte nachkommt, wenn er neben der Legalität eine innere Moralität entwickelt und aus ihr heraus tut, was noch keiner tat, so nur, weil die Idee des *Guten* ihn hält und ihm dazu die Kraft gibt.

Daß der Mensch sich jetzt dem höheren und stärkeren Gesetz dieser Ideen und so auch der Idee des Staates, der Wirtschaft usw. verpflichtet weiß, ist eigentlich das, was ihn bei den Griechen — derselbe Vorgang wiederholt sich noch einmal in der Renaissance — gegen die Anforderungen der Tradition immunisiert. Nicht der Einzelne mit seiner Vernunft stemmt sich gegen die Macht des Überkommenen, sondern die immanente Eigenlogik der objektiven Kulturbereiche selbst. Sie ist es, die aus seiner Vernunft spricht, die ihn durch das Mittel seiner Vernunft isoliert und lenkt. Am Anfang steht also die Autonomie der Kulturgebiete, aus ihr folgt erst die Autonomie des Menschen. Das Individuum wird zum Individuum nur als Verwirklicher von Kulturideen, die tragend und für die kämpfend es mehr ist als nur Subjekt.

3. Vernunft gegen Individualität — Der nur quantitative Individualismus der Griechen Hier zeigt sich nun im griechischen Gedanken der Individualität eine Grenze. Im Unterschied zum Individuum der Neuzeit ist das der Griechen nur Vernunftindividuum. Aus seinem eigenen Inneren heraus handeln und schaffen: das bedeutet für den Griechen nur, eine von ihm unabhängige, ihm schon vorbestehende Norm, die für alle gilt, zu erkennen und nachzuformen. Zumindest ist dies die Interpretation, die er sich gibt; aber die Interpretation schlägt auf die Sache zurück. Selbstbestimmung des Einzelnen heißt hier nicht, daß er ein nur ihm Gehöriges, das seine Person, seine Kultur und seine Zeit unverwechselbar von andern unterscheidet, darstellen soll. Was der Einzelne findet, das ist, wenn es ein Wahres ist, das Wahre nicht nur für ihn allein. Die Vernunft bekundet ihre Kraft nicht in der freien *Erfindung* des Einmaligen, sondern in der *Entdeckung* objektiver, in sich gegründeter Strukturen und Gesetze. Sie steht dem Einzelnen im Sinne der eigenwegigen Persönlichkeit gerade *entgegen. Ratio triumphans, individuum patiens.*

Am auffälligsten ist dieses Paradox in der griechischen Ethik. Einzig seine Vernunft, sagt sie, soll für den Menschen bestimmend sein. Aufgabe der Vernunft aber ist es, das Gute zu erkennen. Und dieses Gute glaubt die griechische Ethik bereits zu besitzen. Der Einzelne soll es zwar nicht blind übernehmen, sondern mit seiner eigenen Vernunft innerlich bejahen. Er soll aber nicht ein eigenes, nur für seine einmalig-besondere Situation zugepaßtes Gutes aus sich selbst schöpfen. Damit ist das Individuum im gleichen Augenblick, in dem es entdeckt wurde, der Hälfte seiner Individualität auch schon wieder beraubt. Es tritt aus der allgemeinen Sitte nur heraus, um sich sogleich einer anderen Allgemeinheit, der des — wenn auch von ihm selbst eingesehenen — Guten, unterzuordnen.

Die Griechen sind damit die Begründer nur eines quantitativen, nicht eines qualitativen Individualismus (Georg Simmel). Wie Vernunft die für alle Menschen gleiche Idee entdeckt, so ist Vernunft auch selbst in allen dieselbe. Jeder ist zwar selbständiges Vernunftzentrum, aber einer ist es genau so wie der andere. Als Vernunftwesen sind wir ununterschieden. Der quantitative Individualismus bringt die Befreiung von historischen und gesellschaftlichen Banden. Sein Instrument dazu ist die Vernunft, die für diesen Zweck in allen die gleiche sein darf, ja muß. Erst der qualitative Individualismus bringt die Freiheit zum eigenen Selbst.

Allein wie wir sagten, daß jeder neben seiner Individualität mit einer Schicht seines Wesens im allgemeinen Herkommen wurzelt, so wurzelt er auch neben seiner qualitativen Individualität in der quantitativen. Was die Griechen brachten, bleibt ein notwendiger Baustein der Individualität. Als das 18. Jahrhundert daranging, gegenüber der Gewissensbevormundung durch die Kirche dem Menschen wieder die Freiheit des eigenen Vernunftgebrauchs zuzubilligen und gegenüber der künstlichen Ständeungleichheit wieder die natürliche Gleichheit aller in allgemeinen »Menschenrechten« zu verteidigen, da hatte sogar in dieser späten Geschichtsepoche der quantitative Individualismus noch einmal seine menschheitliche und politische Mission. Noch bei Kant sind, in einer Zeit, in die das eigentlich schon nicht mehr gehört, sowohl das »transzendentale Subjekt« wie der »intelligible Charakter« nur *quantitative* Individualbegriffe. Nachdem sich im Schock des Ersten Weltkriegs der Glaube des Bürgertums aufgelöst hatte, die Gegensätze der Welt seien im Kunstwerk der eigenen Person zu überwölben und zu relativieren, kehrt in den zwanziger Jahren die Existenzphilosophie zum quantitativen Individualismus zurück.

Der Sozialindividualismus der älteren Neuzeit ließ methodisch auch die Verbände, so wie in der Physik Körper aus Korpuskeln, erst sekundär aus den primären Einzelnen entstehen. Demgegenüber erweist die Goethezeit den geschichtlichen Vorhergang der Verbände. Erst die Tönniessche Typologie zeigte, daß beide recht haben: die Goethezeit für die ursprünglichen »Gemeinschaften«, die ältere Neuzeit für die gestiftete und zweckhafte — eben deshalb aber dem Einzelnen mehr Freiheitsspielraum lassende — »Gesellschaft«. Das weltlos vereinzelte, numerische Individuum der älteren Neuzeit wird durch seine Hineinstellung in die Gemeinschaften erst von der Goethezeit wieder vermittelt mit dem »objektiven Geist« von Religion, Sprache und so fort.

Grundsätzlich ist unter der Herrschaft der quantitative Individualismus jeder Einzelne nur »ein Mensch« wie alle Menschen. *Faktisch* bildet er jeweils ein Glied engerer Gemeinschaften: einer Sippe, eines Staates, einer Kultur. Er spiegelt die Individualität dieser Gemeinschaften, trägt ihre Farbe. *Innerhalb* einer solchen Gemeinschaft mögen die Individuen sich sehr ähnlich sein; aber nach *außen* hin sind sie trotzdem *qualitativ* individuiert als Repräsentanten der Qualitas ihrer Gemeinschaften. Das Besondere, das sie als Einzelne vermissen lassen, wird von ihrer Gemeinschaft für sie geleistet. Das ändert sich erst, nachdem völkerumspannende Großgemeinschaften wie das Römische Reich und das Christentum entstehen. Römer oder Christ zu sein, das teilt man jetzt fast mit jedem. Extrem so wäre das in einer planetaren Einheitskultur. Diese Zugehörigkeit individuiert nicht mehr. Eben dadurch — könnte man sagen — stimulieren die universalistischen Kollektive den Einzelnen, selbst eine partikulare Identität zu begründen. Was das Kollektiv ihm bisher abnahm, das muß er jetzt allein aufbringen.

c) Der qualitative Individualismus in Renaissance und Goethezeit

1. Seine Wurzeln in Christentum und Pantheismus Ist die Vernunft in allen Menschen dieselbe, dann sind sie, eine so hohe Würde Vernunft dem

Einzelnen auch verleiht, doch grundsätzlich austauschbar. Demgegenüber entdeckt das Christentum »den unendlichen Wert der Einzelseele« (Harnack). Der nicht auf seine Vernunft eingeebnete, ganze, jedesmal wieder andere Mensch ist Gottes Kind, hat einen persönlichen Bezug zu ihm, wird von ihm begnadet oder verdammt. Augustin stellt sich einmal die *magna quaestio,* ob im Denken Gottes nur die allgemeine Idee des Menschen oder jeder konkrete Mensch enthalten sei, und antwortet: jeder Mensch. Platon und Aristoteles hätten noch umgekehrt geantwortet. Für sie war der einzelne Mensch wie der einzelne Tisch nur Exemplar des paradigmatischen Typus. Immerhin wirft Aristoteles Platon vor, durch den Kommunismus der Phylakes werde eine zu große Gleichförmigkeit unter ihnen herrschen: es gibt einen Grad der Einheit, bei dem der Staat nicht mehr bestehen kann, so wie eine Melodie bei Aufhebung aller in ihr enthaltenen Gegensätze zur Monotonie würde.

Für Platon war die Kraft in uns, die uns zu Menschen macht, das die allgemeine Idee schauende Logistikon. All dasjenige an den Dingen — und ebenso an den Menschen —, was über ihre ideelle Determinante hinausgeht, was sich ihrer Definition entzieht, sich unter ihren Begriff nicht subsumieren läßt, ist für den Platonismus letztlich ein Unwirkliches. (Vgl. Verf., Nil novi sub idea, in: Ursprungsbild und Schöpfertat, München 1966.) Sowohl die Vernunftanthropologie wie die Ideenmetaphysik mußten, wie dies im Christentum geschah, außer Kraft gesetzt werden, damit die Einsicht reif wurde: höchste Wirklichkeit hat gerade das, was jenseits von Logik und Deduktion liegt. Nach dem Abbau der falschen rationalen Prätention des Mittelalters, das insofern wieder »griechisch« war, geschah dies an der Schwelle zur Neuzeit. Auf nicht rationale Weise, nur in einer *visio dei,* oder nur durch Offenbarung und Glaube faßbar erscheint jetzt auf der einen Seite Gott. Ihm korrespondieren auf Erden die kontingent-unbegrifflichen, »unaussprechlichen« Individuen, aus denen allein sich jedoch unsere Welt zusammensetzt. *Deus absconditus* und Individuum gehören zusammen. Das Individuum konnte in seiner Seinsmacht erst entdeckt werden, nachdem die Ratio in ihre Grenzen gewiesen war.

Die Denkweise Augustins ist aber nicht schlechthin »Fortschritt«, sondern auch Entscheidung, die sogar noch im Christentum umgekehrt gefällt werden kann. »Ein Meister sprach: daß alle Grasspinnen so ungleich sind, das kommt vom Überfluß der Güte Gottes. Da sprach ich: es ist noch wunderbarer, daß alle Grasspinnen so gleich sind.« Ja in der Idee, »in der ersten Reinheit, sind alle Grasspinnen nur eine« (Meister Eckhart).

Der qualitative Individualismus, der in der Renaissance durchbricht, ruht auf diesem christlichen Untergrund. Er ruht auch auf der pantheistischen Metaphysik des Nicolaus Cusanus, der den Universalien-leugnenden, alles Sein individualisierenden Nominalismus der Spätscholastik dahin gewandt hatte, daß jeder Teil der Welt ein Spiegel Gottes, aber jedesmal ein anders gekrümmter Spiegel ist, so daß Gott an jeder Stelle anders gespiegelt erscheint. Das gilt auch für den Menschen: auch das so nicht wiederkehrende, einmalige Individuum ist ein solcher Spiegel. Die schon früher gesehene, aber nicht bejahte, von Platon den Verfallsformen des Staates zugerechnete Einzigartigkeit wechselt damit erst auf die positive Seite hinüber.

Für Meister Eckhart ist Gott nur der *Grund* der Geschöpfe. Mit seinem Einzelsein geht jedes über ihn hinaus. Es hat seine Individualität nur für sich und ist mit ihr nicht göttlich, im Gegenteil, es muß sie abstreifen, sich von ihr reinigen, um seinen göttlichen Grund zu finden und mit ihm eins zu werden. Bei Cusanus dagegen verkörpert sich Gott in allen Geschöpfen in einzigartig anderer Weise. Er zeigt sich gerade in ihrem Sondersein. Die Geschöpfe sind nicht göttlich trotz ihrer *singularitas*, sondern gerade in ihrer *singularitas*.

Deshalb sucht man sie jetzt sogar womöglich noch zu steigern. Die Renaissance stellt das Ideal des *uomo unico*, des *uomo singolare* auf, sie betont den individuellen Stil in der Kunst und in jeder Lebensäußerung. Dabei war für die Renaissance noch die quantitative Individualität, das autonome Auf-sich-selber-Stehen des Einzelnen, der Zweck; die qualitative Individualität war nur das Mittel, um sie zu intensivieren. Später, im Sturm und Drang, ist umgekehrt die Unvergleichlichkeit, die Unwiederholbarkeit und Unersetzbarkeit der Zweck, während der trotzige Titanismus des Alles-Sich-selbst-verdanken-Wollens zum Mittel wird.[1]

---

[1] Nach Herman Schmalenbach, Individualität und Individualismus, Kantstudien 1919. Schmalenbach bezieht sich auf seinen Lehrer Georg Simmel, der in der »Philosophie des Geldes« die Geschichte des Individualismus (über Jacob Burckhardt hinaus) vertiefte und in seinem »Kant« die Begriffe des quantitativen und qualitativen Individualismus einführte. Vgl. noch die jetzt in »Brücke und Tür« gesammelten Aufsätze, S. 251 ff. — Verwiesen sei hier ferner auf H. Schmitz, Hegel als Denker der Individualität, 1957. Rolf Denker, Individualismus und mündige Gesellschaft, Stuttgart 1967. Max Horkheimer, Aufstieg und Niedergang des Individuums, jetzt in: Zur Kritik der instrumentellen Vernunft, ed. Alfred Schmidt, Frankfurt 1967. Karl Schmidt, Überwindung des Materialismus, 1968, S. 314 ff. Verf., Das Ende des Individuums, Stuttgart 1971, S. 115 ff. Casimir N. Koblernicz, Individuum und Kollektiv, in: Sowietsystem und demokratische Gesellschaft, Freiburg 1973 (dort auch Literatur). Dietmar Kamper, Geschichte und menschliche Natur, München 1973. Erich Kahler, The Tower and the Abyss — an Inquiry into the Transformation of the Individual. New York (Braziller), 1957.

Die Antike setzte Mensch = erkennende Vernunft. Jeder hat zwar seine eigene Vernunft und soll sie anwenden, aber Aufgabe und Leistung der Vernunft bestehen idealiter für alle in der gleichen Erkenntnis der gleichen Wahrheit. Die Neuzeit dagegen bestimmt den Menschen weder ausschließlich noch auch nur primär als Erkennenden, sondern als Lebenden und Handelnden. Er wird nicht durch Wahrheit gebunden, sondern ist in seinem religiös-metaphysischen Kern frei. Diese ganz andere Anthropologie, die nicht mehr Vernunftanthropologie ist, stößt erst eine neue Tür innerhalb der Individualität auf. Während der Vernunftglaube Gleichheitsglaube ist, wird jetzt der Weg frei zur Anerkennung letzter Differenzen. Der spezifische Individualismus der Neuzeit hat also zur Voraussetzung eine anthropologische Dezentrierung der Vernunft. Diese Dezentrierung ist als solche noch nicht Irrationalismus, enthält aber immerhin seine Möglichkeit. In einer Spätphase der Neuzeit, in der Romantik, treibt der Individualismus Irrationalismus hervor und wird umgekehrt durch diesen motiviert.

Während Vernunft ihrem Auftrag nach den objektiven Pol der für alle identischen Wahrheit entdeckt, drückt sich im Gefühl der subjektive Pol wechselnder Individualität aus. Daher zeigt die Kunst, der es um Darstellung von Individualität geht, diese gern in Äußerungen des Affekts. Dagegen entdeckt die Philosophie den Affekt sehr viel später als die Kunst. Sie blieb abhängig von der stoischen Wertung, die die Erkenntnis nicht nur »höher« stellt als den Affekt, sondern der Vernunft geradezu die Aufgabe gibt, den Affekt zu bekämpfen. Es bedurfte einer Erschütterung des Vertrauens in die »objektive Erkenntnis«, damit auch die Philosophie der zustandsbetonten Subjektivität, und so dann auch der Individualität, einen Wert zubilligt.

Qualitative Individualität, und nicht möglichst angemessene Realisation einer allgemeinen Idee, ist es auch, wie Simmel gegen Platon (aber mit Platons Aristophanes) richtigstellte, worauf Liebe sich richtet. Das gilt nicht nur für Qualität im Sinne des Wertes, sondern für jede Qualität. Nur bei dem, was überhaupt eine Farbe, eine charakteristische Physiognomie trägt, werden wir heimisch. Das schlägt selbst dort durch, wo diese Physiognomie als solche nicht anziehend zu sein scheint. Das Fehlerhafte und Brüchige wird bevorzugt vor dem Indifferenten und noch der *slum* vor der perfekten Wohnmaschine.

Alexander Rüstow, Vereinzelung, in: Alfred Vierkandt zum 80. Geburtstag, ed. Eisermann, Potsdam 1949 (über den isolierenden Effekt der Erlösungsreligionen).

2. *Das schöpferische Individuum* Das qualitative Sich-Abheben von anderen ist nur ein Äußeres und Sekundäres. Es ergibt sich erst durch den Vergleich. Individualität, logisch der Gegensatz zum Allgemeinen, begründet sich für das Erleben der Neuzeit nicht von diesem Gegensatz her. Schon in der Renaissance, in radikalerer Weise im Geniekult und im Persönlichkeitsideal der Goethezeit, wird ein tieferes Moment herausgestellt. Der Mensch ist nach Cusanus nicht nur ein jeweils anders gekrümmter, sondern ein *lebendiger* Spiegel Gottes, eine *viva imago.* Er ist mit noch gewagterem Bild ein *schaffender* Spiegel. Der Künstler, hier Prototyp des Menschen überhaupt, schafft, mit einem anderen Begriff der Renaissance — nach dem Muster der biblischen Genesis, während die griechischen Götter intramundan waren —, wie ein »zweiter Gott«. Für die Griechen war Kunst *Nachahmung*: sei es der Welt selbst, sei es eines vernunftgeschauten, objektiven und allgemeinen Musters. Jetzt wird Kunst *Schöpfung*: neben das schon vorhandene Wirkliche tritt das Werk als ein gleich Ursprüngliches. Nicht *die* Natur, erklärt die Sturm-und-Drang-Ästhetik, soll man nachahmen, sondern *der* Natur, der produktiven *natura naturans* des Neuplatonismus.

Als Schöpfung ist aber Kunst auch *Ausdruck.* Sie trägt den Stempel ihres Hervorbringers, der in ihr eine neue, seine eigene Welt schafft. Daher binden ihn auch angeblich ewige Stilmuster nicht mehr. Aus geschichtlicher Einmaligkeit kreiert er seinen nur ihm gemäßen, von ihm zeugenden Stil, und so kreiert jede andere Individualität notwendig wieder anderen Stil.

Komplementär dazu entsteht in derselben Zeit, die die Kreativität des Einzelnen entdeckt und befreit, der *historische Sinn,* der auch früheren, fremden Stil nicht mehr an allgemeinen Normen mißt, sondern ihn als Ausdruck damaliger Individualität versteht und der sich die Freiheit der heutigen Individualität durch ihn bestätigen läßt.

Für die Griechen waren die Epen Homers Realisationen der objektiven, zeitlosen Idee Epos. Für uns sind sie Ausdruck lebendiger Subjekte. Durch dieses Organ für die Ausdrucksbeziehung können wir hinter den Epen viel besser die einzelnen Dichterpersönlichkeiten, können echt und unecht unterscheiden. Erst wir ordnen die Dramen des Sophokles und die Dialoge Platons inneren Entwicklungsphasen ihrer Schöpfer zu und können daher die Reihenfolge bestimmen. Wir haben das individualisierende Auge. Weil das Werk für uns Ausdruck des Schöpfers ist, deshalb sammeln wir auch im Unterschied zur Antike seine Briefe und Gespräche: auch in ihnen drückt er sich aus, auch sie tragen zu seinem Verständnis bei.

Ein Kunstwerk, so lehrt Kant in der »Kritik der Urteilskraft« (§ 46), kommt zwar immer nur aufgrund einer Regel zustande, aber nicht aufgrund einer begrifflich allgemein vorherwißbaren und lernbaren. Also

»muß die Natur im Subjekte der Kunst die Regel geben, d. i. die schöne Kunst ist nur als Produkt des Genies möglich«. Die erste Eigenschaft des Genies ist die Originalität. Da es jedoch »auch originalen Unsinn geben kann«, müssen »seine Produkte zugleich Muster, d. i. exemplarisch sein«. Endlich kann das Genie nicht beschreiben, wie es sein Produkt zustande bringt, weil es »selbst nicht weiß, wie sich in ihm die Ideen dazu herbei finden, auch es nicht in seiner Gewalt hat, dergleichen nach Belieben oder planmäßig auszudenken, und andern in solchen Vorschriften mitzuteilen, die sie in Stand setzen, gleichmäßige Produkte hervorzubringen.«

Der letzte Quellpunkt der qualitativen Individualität ist also die schöpferische Individualität. Schon einleitend sagten wir: Was unter der Vorherrschaft der Tradition niedergehalten wird, ist nicht nur das Anders*sein* der Menschen, sondern daß sie anders *handeln* und Neues *gestalten*. Diese innovative Kraft wird erst in Renaissance und Goethezeit ganz frei. In ihnen kommt daher die Entdeckungsgeschichte der Individualität zum Abschluß. Das anthropologisch schon immer Vorhandene und Wirksame wird damals erst bewußt. Das Bewußtsein aber steigert noch das Sein. Weil schöpferische Individualität sich jetzt mehr als bisher als ein Notwendiges und Gesolltes weiß, deswegen spannt sie ihre Schöpferkraft in der Neuzeit auch mehr an. Das gilt nicht nur für die ästhetische Sphäre. Überall will sich nun der Mensch selbst das Maß geben und die Welt nach seinem inneren Gesetz umprägen.

3. Ethik des Individuums Deshalb spiegelt sich die neue Stufe der Individualität auch wider in einer neuen Ethik. Die Griechen, sahen wir, schufen die philosophische Ethik, indem sie das Vernunftwesen der von ihm geschauten, für alle identischen Vernunftform sich unterordnen ließen. Noch Kant, der die klassische Ethik formalisiert, erhob zum Kriterium der Sittlichkeit: die Maxime unseres Willens müßte die Grundlage einer »allgemeinen Gesetzgebung« abgeben können. Aber schon vor Kant hatten andere das, was Kant hier noch harmonistisch zusammendenkt, antinomistisch gesehen und stellten Staatstheoretiker eine Ethik auf, die nicht nur die Gesellschaft vor Übergriffen durch das Individuum, sondern auch das Individuum vor Übergriffen durch die Gesellschaft schützen sollte.

Diese »Ethik des Individuums« wird durch Herder und Jacobi, Fichte und Schleiermacher noch weiter vorangetrieben. Sie wollen ihm nicht nur »bürgerliche Grundrechte« sichern, sondern ihm als Ganzem zu ungehemmter Selbstverwirklichung verhelfen. In seiner Singularität und gerade auch in seiner Eigentümlichkeit soll das Individuum zu seinem Recht kommen, soll es sich leben und darstellen dürfen. »Die erste Lebensregel ist: Anerkenne dich selbst! Werde der Form inne, die in dir liegt, und drücke sie aus«, so heißt es bei Herder, und ähnlich bei Fichte: »Jeder soll das, was schlechthin nur Er soll und nur Er kann ... nur er und schlechthin kein anderer.« Schleiermacher fand hierfür dann den später von Georg Simmel wieder aufgegriffenen Begriff des »individuellen Gesetzes«. Das Ziel, das auch bei ihm dem Staat, der sie anderseits durch seine Macht schützt, ausdrücklich »Grenzen« setzt, ist bei Humboldt die sich allseitig durchbildende und ausfaltende »Persönlichkeit«. In der »Persönlichkeitskultur« lebt das Erbe der deutschen Klassik im 19., ja bis in unser Jahrhundert fort.

Nach Kierkegaard muß der Mensch aus dem ethischen Stadium, in dem er noch den Forderungen genügt, die sich an alle richten, weiterschreiten zum religiösen Stadium. Denn die Ethik in ihrer Abstraktheit berücksichtigt nie den Einzelnen in seiner Konkretheit. Erst im religiösen Stadium öffne ich mich für den Willen Gottes, mit dem er sich nur an mich, an mich als »Ausnahme«, wendet. Beide Forderungen können sich inhaltlich widerstreiten: von Abraham verlangt Gott das ethisch Unfaßliche, er solle seinen Sohn opfern. Daher spricht Kierkegaard von einer religiösen »Suspension des Ethischen«. Bei Schleiermacher sollen wir organisch den Persönlichkeitskern entfalten; bei Kierkegaard kann das Gebot, das einen zum »Einzelnen« macht, sein Leben auch gerade zerstören. Es sondert ihn aus aller Gemeinschaft aus. Er folgt ihm nur in »Furcht und Zittern«.

Solche Ethik setzt freilich in noch halb religiösem Vertrauen voraus, daß der individuelle Kern des Menschen des Ausdrucks und der Darstellung würdig sei. Die von ihr gewährte Freiheit kann mißbraucht werden vom Verbrecher. Deshalb weiß Fichte, daß die »höhere Moralität« nur eine Spitze sein kann über der weiterbestehenden »niederen Moralität«.

Eine andere Gefahr ist, daß die Freiheit, dem Individuum geschenkt, damit es seiner tiefsten inneren Notwendigkeit, der »Stimme Gottes« in ihm, nachkommen soll, umschlägt in spielerische Laune und Willkür. Vom Besonderen bleibt nur das Absonderliche. Aus *liberté liberale* wird anarchistische *liberté libertaire* (Raymond Aaron). Dieser Gefahr ist, nachdem der Sturm und Drang das neue Daseins- und Werkprinzip gefunden hatte, schon die zweite Generation der Goethezeit, die Romantik, erlegen. Sie hat es damit diskreditiert und bereits wieder eine Gegenbewegung gegen es heraufbeschworen. Der Sturm und Drang hätte noch mit Augustin sagen können: *Deo parere libertas.* In der Romantik entwertet sich die Freiheit selbst durch ihre Grenzenlosigkeit und ruft daher nach neuer Begrenzung.

d) Das Individuum heute

Unsere Gegenwart fügt den schon früher gewonnenen Prinzipien des Individualismus keine neuen hinzu, setzt ihn aber in der Realität intensiv und extensiv noch mehr durch. Immer mehr spezielle Fähigkeiten und Kenntnisse werden verlangt; die Gesellschaft ist arbeitsteiliger und wissensteiliger denn je. Das besagt zwar nicht, daß der Einzelne mehr Freiheit hat, sondern nur, daß es eine größere Varianz von Berufstypen gibt, innerhalb derer wieder Uniformität herrschen könnte. Damit, daß der Einzelne zum »Experten«, jeder auf einem anderen begrenzten Gebiet, wird, geht jedoch einher ein Rücklauf der früher von jedem erwarteten »Selbstverständlichkeiten«, des noch vor wenigen Jahrzehnten unerschütterteren Grundstocks von allgemeiner Sitte und Bildung, des Glaubens, Denkens, Wertens. Die »institutionellen Zwänge«, die »Kontrolle« durch die Gesellschaft, die Begrenzungen durch »Tabus«, all dies verliert an Kraft in der *permissive society*. Das wirkt sich bis in die »antiautoritäre Erziehung« aus.

Auch gegen den Staat hat das Individuum die Oberhand gewonnen: Die Fürsorge für es bildet heute seinen Hauptrechtfertigungsgrund. Der Wohlfahrts- und Sozialstaat ist der Diener der Privatexistenzen. Mit dem allgemeiner werdenden Zugang zu materiellen Gütern, mit der Entlastung vom Arbeitsdruck wächst auch die Beteiligung am geistigen und sozialen Leben. Selbständiges Urteil, Ausdruckskraft, ein originärer *way of life* begegnen, wo man sie bisher nicht fand. Die Voraussetzungen zur Arbeit an der eigenen Person und zu ihrer Objektivierung sind kein Privileg der Wenigen mehr.

Eine letzte Entwicklung nimmt das Individuum nach Georg Simmel in der Großstadt. Befreite es sich im 18. Jahrhundert nur von sozialem Druck, so hier von jeder sozialen Bindung. Auf dem Hintergrund einer gesellschaftlichen Struktur von höchster Impersonalität entsteht höchste Subjektivität des Einzelnen. Eine Kehrseite dieser gesteigerten Subjektivität bildet es freilich, daß sie unkommunizierbar ist. Sie begegnet sich mit der Subjektivität des andern nicht mehr in einem gemeinsamen Medium. Sie wirft den Menschen einsam auf sich zurück.

Die damit ausgesprochene Gefahr reicht noch viel tiefer. Schon Comte nannte den Individualismus »die Krankheit der westlichen Welt«. Für Durkheim wird Individualität nur aufrecht gehalten durch stabilisierende autoritative Normen und durch konstitutive soziale Solidarität. Nach beidem tragen wir ein Verlangen, beides wird aber durch die moderne Entwicklung zerstört. Deshalb neigen heute so viele, trotz oder auch gerade wegen des Fortschritts, zu Einsamkeit, Angst, Melancholie, Selbstmord.

Die Vielen, so weiß Dostojewskis Großinquisitor, sind glücklicher, wenn man sie von der lastenden Verantwortung befreit, ihr eigenes Schicksal zu bestimmen. Vielleicht deshalb wird er von dem wiedergekehrten Christus auf die Wange geküßt.

III

Argumente gegen das Individuum

Mit dem wachsenden Spielraum der Individualität steigern sich auch ihre Bedrohungen. Zu den schon immer wirksamen Gegenkräften treten neu entstandene hinzu. Der Anspruch auf Individualität ist heute einesteils so selbstverständlich, daß sie kein eigenes Ethos mehr zu entwickeln braucht; anderseits sieht sie sich konfrontiert mit einem Gegenethos und einer sinkenden Schätzung. Aber auch von innen her gerät sie in eine Krise.

Zwei Denkmöglichkeiten bieten sich hier an. Entweder bilden die modernen Gefährdungen der Individualität nur das proportionale Gegenglied zu ihrer Ausbreitung und Stärkung. Dann hätte sich zwar der Spannungsbogen zwischen den beiden vergrößert, die Position der Individualität aber nicht verschlechtert. Polar hielte sie ihre Feinde in Schach. Oder aber ihre sich heute zeigenden Gefährdungen werden ihren Niedergang bewirken. Das Individuum hat geschichtlich seinen Höhepunkt bereits überschritten. Nach zeitbegrenzt reichster Entfaltung bildet es sich zurück. Während einige seiner Dimensionen sich festigen, gehen andere ihm wieder verloren. Im labilen Verhältnis von »Innen-« und »Außensteuerung« dringt die letztere erneut vor.

Als Jacob Burckhardt in einem berühmten Kapitel seiner »Kultur der Renaissance in Italien« es als deren größte Leistung feierte, daß in ihr das Individuum hervortrat, da geschah dies aus dem Gefühl für den drohenden Verlust des damals Errungenen in einem neuen Zeitalter der Massen und der Technik. Auf die Wiederbelebung vorneuzeitlicher Werte hoffend, schrieb nach dem Zweiten Weltkrieg Romano Guardini sein Buch »Das Ende der Neuzeit«. Man könnte die weltgeschichtliche Epoche, die mit der Renaissance begann, die *Epoche des Individuums* nennen. Solange sie herrschte, mochte es scheinen, das Individuum könne, einmal entdeckt, ebensowenig wieder untergehen wie eine Wahrheit oder eine Erfindung. Heute zeigt sich: Das Individuum war nicht nur in dem Sinn geschichtlich, daß es geschichtlich *ent*stand, sondern auch in dem, daß sein *Be*stand auf einmaligen geschichtlichen Voraussetzungen ruhte. Die Epoche des Individuums neigt sich zum Ende und erweist sich im Rückblick als bloße

Übergangsphase zwischen zwei Gebundenheitsepochen. Während jedoch die erste Gebundenheitsepoche noch in sich geschlossen war, wird die zweite zerrissen durch den Widerspruch, daß das Individuum schon entdeckt ist, daß es seinen berechtigten Anspruch nach wie vor erhebt, daß aber unsere Welt ihm entgegensteht.[2] War es früher einfach noch nicht da, so wird es jetzt unterdrückt und erstickt.

Wie wir die Stationen des Aufstiegs des Individuums nachzeichneten, so müssen wir jetzt die Motive aufzählen, die zu seinem Untergang führen.

a) Das Individuum — eine Illusion?

Als erstes stehen gegen das Individuum nicht Realfaktoren, sondern steht eine Theorie: die Theorie, daß es ein Individuum nie gab, oder genauer: daß es entgegen dem Anschein keinen Anfang setzt, keine *materia prima* ist, weil stärkere Mächte hinter ihm stehen, von denen es abhängt. Dabei macht es grundsätzlich keinen Unterschied, ob man diese Mächte spiritualistisch faßt, so wie die Romantik den Einzelnen von Volks- und Zeitgeist, Hegel ihn von der Weltvernunft und ihren Ideen bestimmt sein läßt, oder ob man naturalistisch mit den griechischen Ärzten und Montesquieu das Klima, mit Morgan die Technik, mit der historischen Nationalökonomie die Wirtschaftsform oder mit Taine die Trias von Rasse, Milieu und Moment für bewirkend ausgibt. In der heutigen Forschung ist der Gegensatz der Auffassungen bekannt als die sog. nature-nurture-Kontroverse.

Hinsichtlich der näheren Bestimmung des Individuums wird derjenige, der ihm einen eigenen Ursprung zubilligt, zum »qualitativen Individualismus« neigen, während der, der es auf Ursprünglicheres zurückführt, eher glauben wird, daß sich in jedem Individuum dasselbe — eben das von jenem Ursprünglicheren Bewirkte — abspielt. Freilich werden sich unterschiedliche Ursprünge dann auch in den von ihnen bedingten Individuen unterschiedlich auswirken.

Die antiindividualistische Theorie findet immer neue Bestätigungen. Nach Freud wird unser im Bewußtsein zentriertes Ich, während es nach den von ihm selbst angegebenen Gründen zu handeln meint, in Wahrheit gelenkt von Trieben aus dem Unbewußten respective vom »Über-Ich«. Für die Soziologie agiert durch uns hindurch die Institution — nicht aus Rachsucht rächt sich der Rächende, sondern weil in seiner Gesellschaft Rache zu üben Sitte ist —. Die Eigenlogik verselbständigter Objektivgebilde wie Staat, Familie, Firma, Wissenschaft diktiert uns unser Verhalten. Wir

---

[2] Vgl. George Steiner, In Blaubarts Burg, Frankfurt 1972.

genügen einer »Rollenerwartung«. Bei George Herbert Mead ist das von ihm so bezeichnete »I« zwar individueller als das sozial bedingte »me«, ist aber ebenfalls sozial bedingt. Das nicht-sozialbedingte Ich bleibt ein bloßer Grenzbegriff. Nach Gumplowicz suggerieren uns Ethik, Pädagogik und Psychologie, daß wir unsere Ideen selbst bilden, während wir doch nur Sprachrohr und Echo eines Wir sind. Bei Spencer sind unsere scheinbar aus dem eigenen Gewissen aufsteigenden moralischen Werturteile nur interiorisierte ursprüngliche Nützlichkeitshaltungen der Gruppe.

Das menschliche Individuum behauptet sich in der aufs Verbandhafte zielenden Soziologie ebenso schwer wie das ontologische Individuum in der aufs Allgemeine zielenden Philosophie. Philosophen und Soziologen stoßen sich gleichermaßen an der »ärgerlichen Tatsache des Individuellen«: jene, weil sie es in seiner irrationalen Kontingenz nicht aus dem Begriff deduzieren, diese, weil sie es nicht aus der Gesellschaft erklären und auf sie zurückführen können. Während Historiker und Künstler den Reiz und den unaussprechbaren, aber anschaubaren Sinn des Individuellen auf sich wirken lassen, wollen Philosophen und Soziologen den Widerstand des Individuellen, auch wenn dies nie oder nur asymptotisch gelingen mag, brechen.

Wie die Voreingenommenheit *platonistischer Philosophie* gegen das individuelle Sein in der Soziologie fortlebt, so auch die analoge Voreingenommenheit der *mechanistischen Naturwissenschaft*. Der physikalische Intellekt, so wirft Bergson ihm vor, sucht das Gleichbleibende, sich Wiederholende. Er macht das Verschiedenartige uniform. Insbesondere wendet er sich gegen die individuelle *Freiheit*. Wie im Platonismus die Fixiertheit an das »Allgemeine«, so ist es hier diejenige an die Kausalität, die sich einer Anerkennung des Individuellen entgegenstellt. Für die klassische Mechanistik kann es im präfixiert kausalen Naturablauf eine neueinsetzende »Kausalität aus Freiheit« nicht geben. Das war der Grund, weshalb Kant, um eine solche Freiheit zu retten, neben dem empirischen noch einen »intelligibeln Charakter« des Menschen postulieren mußte.[3] Dem entspricht es genau, wenn heute manche Soziologen ein gesellschaftliches und ein außergesellschaftliches Wesen des Menschen gegeneinandersetzen und ihm Freiheit nur in dieser zweiten Erstreckung zubilligen.

Unter dem Einfluß der Soziologie verwandelt sich heute auch die Psychologie aus Individual- in Sozialpsychologie. Die Einsicht schon der »Psychologie der Massen«, daß sich der Einzelne innerhalb sozialer Konstellationen verändert, erwies sich über diesen Ausgangspunkt hinaus als fruchtbar. Ja es setzt nicht bloß sekundäre Veränderung ein, vielmehr ist Soziales schon am Charakter- und Verhaltensaufbau des Einzelnen konstitutiv beteiligt.

Indem das Individuum durch Struktur und Interessen der jeweiligen Gesellschaft geprägt ist, ist es zugleich durch Geschichte geprägt. Das scheinbar natürliche Individuum ist ein historisches Produkt. In ihm schlägt sich ebenso die Gegenwart nieder wie geschichtliche Überlieferung. Das gilt wie für die konkreten Individuen auch für die Begriffe und Ideale des Individuums.

Eine moderne Spielart des Antiindividualismus ist der Strukturalismus: Unbewußte Strukturen beherrschen unser gesamtes Denken und kulturelles Verhalten. Auch das scheinbare Schaffen des Neuen ist nur Umkombination vorhandener Elemente. Das bedeutet nicht nur ein *décentrement* (Lacan) des *Subjekts,* das seine Autonomie an die Struktur verliert und zu ihrem Gefangenen wird. Es bedeutet auch, daß die mit dem Individuum verknüpfte *Geschichte* zugunsten eines Gleichbleibenden ihres evolutiv-gerichteten und damit ihres spezifisch geschichtlichen Charakters entkleidet wird. Nach Althusser war schon Marx Strukturalist, denn nicht der *homo oeconomicus* ist bei ihm das handelnde Subjekt; jeder vollführt nur einen Handgriff im von ihm unabhängigen, übermächtigen System von Produktion, Distribution und Konsumtion. Nach Friedrich Meinecke bilden Individualität und Entwicklung die beiden Grundprinzipien historischer Sehweise; beide werden sie vom Strukturalismus in ihrem Prinzipiencharakter bestritten.

Man kann alle diese Theorien in die Geschichte des Reduktionismus eingliedern, der ein entwickeltes und komplexes Gebilde auf eine Grundlage beziehungsweise auf Elemente zurückführt und nun erklärt: »eigentlich« ist es »nichts als« diese Grundlage und diese Elemente. Der Reduktionismus, wenn er, wie meist, ein solcher »nach unten« ist, trifft den »Geist« und die geistigen Objektivationen. Durch Anlegen einer Perspektive, aus der nur das in Sicht kommt, worin die Menschen tatsächlich gleich sind, erstreckt er sich auch auf das Individuum. Wie für Materialismus und Biologismus der Geist ein wegzuinterpretierendes Ärgernis bildet, so für den Soziologismus das Individuum. Es imponiert jetzt weder mehr als Faktor noch als Wert. Mit den Unterschieden der Individuen werden auch die der Völker und Epochen, das heißt der Geschichte, gleichgültig. Geschichte interessiert höchstens noch als Beweis oder Vorstufe für die eigene Heilswahrheit. Irrealisierung des Individuums und Irrealisierung der Geschichte gehen parallel.

Der Glaube an das Individuum beruht also nach dieser Theorie auf falscher Isolierung, darauf, daß wir es aus den umspannenden Ganzheiten, in denen es steht und die es durchregen, künstlich herauslösen. Dann scheint

[3] Vgl. Nicolai Hartmann, Ethik, Berlin 1926 u. ö., dritter Teil.

es, als ob seine Antriebe in seinen eigenen Bedürfnissen, Charaktereigenschaften, Wertvorstellungen lägen und als ob es frei sich entscheide. Vielleicht ist diese Selbsttäuschung für den Menschen notwendig, eine Art »Lebenslüge«. Sie löst sich deshalb vor der besseren Einsicht so wenig auf, wie wir den gebrochenen Stab im Wasser, nachdem wir wissen, daß er nicht gebrochen ist, gerade sehen, und so wenig wir aufhören, Farben und Töne wahrzunehmen, nachdem Physik uns belehrt, daß sie als solche in der Natur nicht existieren.

Aber wie hinsichtlich der Natur, so erweist sich auch hinsichtlich des Menschen das unmittelbare Erleben auf reflektierterer Stufe als nur subjektiv. Es gilt, die zu große Nahstellung gegen eine andere Optik zu vertauschen, eine Kopernikanische Wende zu vollziehen. Dann zeigt sich, wie sehr das vermeintlich freie und schöpferische Individuum sich überschätzt und in Wirklichkeit von über es Hinausliegendem getragen und bedingt, wie sehr es nur Fall von Allgemeinerem ist. Was wirkt, als quölle es aus ihm, quillt aus Überindividuellem.

Damit aber entfällt auch das Gewicht der qualitativen Verschiedenheit: verglichen mit dem allen Gemeinsamen bildet sie nur eine Minimaldifferenz. »Verbissen sperren die Monaden sich ihrer realen Gattungsabhängigkeit ebenso wie dem kollektiven Aspekt all ihrer Bewußtseinsformen und -inhalte, während doch dem Individuum kein sogenanntes Erfahrungsmaterial zufällt, das nicht vom Allgemeinen vorverdaut und geliefert ist.«[4] »Die Theorie von der Freiheit des Individuums«, so heißt es im Prospekt zu einem Stück von Peter Rühmkorf, »wird demontiert, die Personen sind Chargen im kapitalistischen Spektakel, und noch die privateste Macke ist Ausdruck der jeweiligen Konjunkturlage.«

Die neue Grundhaltung spiegelt sich im Nouveau Roman, in Theater (A. Miller, S. Beckett) und Film. Sie alle kennen nicht mehr den »Helden«, ja die zentrale Figur wird von der Kritik unserer Nachkriegszeit ausdrücklich »anti-hero« genannt. Der *anti-hero* war ursprünglich »der große Sünder«, der atheistische Nihilist Dostojewskis. In unserer Zeit wurde aus ihm der Mensch, von dem sich nichts Auszeichnendes, auch nicht im negativen Sinn, sagen läßt. Er ragt weder durch Persönlichkeit oder Macht noch durch Schicksal oder Sinnhaftigkeit des Lebens hervor (so wie auch die Schauspielerin nicht mehr »schön« zu sein hat). Gerade weil er indifferent ist, kann jeder sich mit ihm identifizieren. Der Zuschauer darf sich sagen: So wie dieser werde auch ich durchs Leben kommen; ich muß unter meiner eigenen Sinnleere nicht so sehr leiden, denn sie ist allgemein. Die Indifferenz des *anti-hero* ergibt sich aber primär aus der elementaren Erfahrung

[4] Th. W. Adorno, Negative Dialektik, S. 305.

unserer Zeit, daß wir den Mächten um uns wie in uns auf Gnade und Ungnade ausgeliefert sind (Dos Passos). Ihnen gegenüber kommt Individualität nicht in Anschlag. Sie ist nur ein privates Nebenher (s. u.), keine schicksalbestimmende Kraft.

Man könnte einwenden, die Wertschätzung verschwinde heute nur, im Zuge der Demokratisierung, für das außerordentliche, pathetisch gesteigerte, das »weltgeschichtliche« Individuum, während die Wertschätzung der humanistischen »Persönlichkeit« nach wie vor erhalten bleibe. Aber beides hängt näher zusammen als man denkt. »Heroenkult«, so ungemäß er uns heute ist, richtete immerhin Leitbilder auf; er entsprang dem Wunsch und weckte ihn, sie in bescheidenerem Maßstab zu wiederholen. Das »große« Individuum verkörpert nur in besonders hervorstechender Weise die Werte der Individualität überhaupt. Die Empfänglichkeit für beide ist daher dieselbe Empfänglichkeit; die Verneinung von jenem bildet ein Indiz für die Verneinung auch dieser.

b) Determinismus und Kollektivismus Individualität als etwas nur »Privates«

Die praktische Konsequenz aus dieser Auffassung ist oft dahin gezogen worden, daß der Einzelne, da ein Umfassenderes ihn konstituiert, sich gegen es nicht zu sehr verselbständigen, kein Eigenrecht für sich fordern dürfe. Er soll, so will die Romantik, nur die Welle sein, mit der der Strom strömt. Nur dadurch, daß das Ganze mit seinen naturhaft-unbewußten Kräften ihn durchrauscht, wird er als Handelnder schöpferisch und dringt er als Erkennender hinter die Fassade, während er als isolierter Verstand steril und flach bleibt. Nach Gorki soll der Schriftsteller das Leben in seiner Einheit mit Gesellschaft und Politik und damit in seiner Realität darstellen, nicht die private Seele eines »überflüssigen Menschen«.

In extrem sozialistischer Gegenwendung: Individualismus war nie etwas anderes als »politische Weltanschauung«. Nur die bürgerlich-liberale Klasse, so hören wir hier, sei es gewesen, die eine Naturanlage des Menschen zur Individualität behauptete und eine direkte Verbindung der Einzel-Vernunft zur Wahrheit postulierte, weil es ihr so gelang, die Gesellschaft auf Markt- und Konkurrenzbeziehungen primärer und unabhängiger »Eigentümer ihrer Person und ihrer Fähigkeiten« zu gründen, die nur ihrem Eigennutz dienen und die sich weder moralisch dem andern noch als Teilglieder der Gesellschaft als ganzer verpflichtet fühlen.[5] Spätere Gene-

---

[5] Vgl. C. B. Macpherson, Die politische Theorie des Besitzindividualismus, 1967. Nach einer neuerdings vertretenen Auffassung gehört sogar die sinnliche

rationen würden das Individuum im Sinn der Neuzeit nicht nur nicht kennen, sondern auch weder anstreben noch bewundern. Der Wert des Individuums, selbst wenn er an sich bestehe, werde heute — wie schon Lukács Nietzsche vorwarf — von der herrschenden bürgerlichen Klasse als ideologisches Kampfmittel verwandt, um die Menschen von ihren sozialen Zielen abzuziehen und sie darüber hinwegzutäuschen, daß die Individualität des einen sich immer nur anreichert auf Kosten der verkümmernden Individualität der andern. Die Frage nach Sinn und Telos der eigenen Existenz ist idealistisches Verschleierungs- und Ablenkungsmanöver, das auf seine Manipulationsstrategie hin hinterfragt werden muß. Sie bleibt bestenfalls Privatangelegenheit des Einzelnen, hat letztlich überhaupt kein Recht. In der Optimierung des Kollektivs, in der gerechten Verteilung wirtschaftlicher Güter, findet er seine eigene Optimierung.

Daß Individualität sich in der Kultur des Bürgertums vor allem im privaten Bezirk darstellt und erfüllt, daß sie mehr und mehr zu einer Sache der »Innerlichkeit« wird, das macht sie zwar einesteils ungefährlich und erlaubt es, sie innerhalb dieser Beschränkung zu dulden. Andernteils verrät gerade die Trennung des Lebens in eine zweckharte Öffentlichkeit und in die private Innerlichkeit der »höheren Bedürfnisse«, daß die bürgerliche Kultur insgesamt einen Fehlgang bildet. Kräfte, die im öffentlichen Dasein keine Stätte finden, werden von ihr ins Seelische abgedrängt. Hier wird den verhaßten Wirtschafts- und Herrschaftszwängen des Kapitalismus ein durch sie scheinbar unberührbares Adyton entzogen, hier wird gegen sie eine gefühlhaft-ästhetische Gegenwelt aufgebaut. Insofern ist der

---

Wahrnehmung nicht von Haus aus dem Individuum, sondern bildet ein Teilglied des Verhaltens innerhalb gesellschaftlicher Handlungszusammenhänge. Auf die Wahrnehmung ursprüngliche und unmittelbare Gewißheit zu gründen ist nur eine »gesellschaftlich zugestandene Kompetenz«. Die empiristische Voraussetzung, »Erfahrung« sei eine neutrale Instanz, Erfahrungssätze seien durch Evidenz gerechtfertigt und die auf Erfahrungsdaten errichtete Wissenschaft stehe somit autonom diesseits jedes gesellschaftlich ideologischen Interesses, erweist sich selbst als Ideologie resp. als ideologisch bedingte Selbsttäuschung. Daß Empfindungen »innere Ereignisse« sind, die dem Empfindenden gehören und über die er introspektiv unfehlbar verfügt, das setzt bereits das individualistische Menschenbild von Gesellschaften mit privaten Eigentumsverhältnissen voraus. Die Syntax unserer Empfindungssprache muß aus der Struktur privater Eigentumsverhältnisse erklärt werden. Hartwig Berger, Die soziale Struktur der Erfahrungssprache, in: neue hefte für philosophie, Göttingen 1971. Solches Denken deklariert sogar das, was naturhafte Selbständigkeit des Individuums zu sein scheint, als geschichtlichen, und keineswegs zu bejahenden, Erwerb, ja nur als geschichtlich bedingte Fehlinterpretation.

ganze bürgerliche Individualitätsprunk nur »glanzvolles Elend«. Eine Aufgabe des Sozialismus ist es, den privaten und den öffentlichen Bereich wieder sinnvoll aufeinander zu beziehen, in der Öffentlichkeit die ins Private verdünnten Werte wieder erstarken zu lassen und anderseits auch den »Alltag« (Agnes Heller) sozialistisch durchzuformen. —

Antropologisch und soziologisch bildet es die Funktion des Individuums, gegenüber der meist traditionsgebundenen Gemeinschaft die vorderste Spitze der kreativen Vernunft zu sein. Wie die Anlage und Tendenz des Menschen, einmal geprägte Muster zu wiederholen, ihre Repräsentanz mehr in der Gemeinschaft hat, so seine Fähigkeit zur Originarität mehr im Einzelnen. Er ersinnt die für das Ganze — zur Erreichung einer höheren Stufe oder zur Adaption an veränderte Verhältnisse — notwendigen »Innovationsstrategien«. So sehr sich die Gemeinschaft oft gegen den Einzelnen und seine Neuerungspläne stellt, so sehr handelt er daher doch indirekt in ihrem Auftrag. Die beiden polaren Anthropina des Übernehmens und des Neubeginnens haben sich, damit jedes von ihnen eine Chance hat, auf die beiden Partner der Gemeinschaft und des Individuums verteilt. Jeder der Partner tut, indem er das vorzugsweise ihm zugefallene Anthropinon kultiviert, damit auch etwas für den andern.

Verglichen mit dieser gattungsverankerten Leistungsposition des Individuums bildet das »private Individuum« nur eine Schwundstufe. Immer wieder aber kommt es zur Verwechslung des menschlich-sozial funktionalen Individuums mit dem privaten Individuum. Ein Ausdruck solcher Verwechslung ist die Methode der Literaturwissenschaft des späten 19. Jahrhunderts, die das Werk eines Autors aus seiner Liebe und Lektüre ableitete. Demgegenüber zeigte Friedrich Gundolf, daß der Autor, mit dem die Literaturwissenschaft es zu tun hat, nicht »Herr X« ist, sondern ein »transzendentales Subjekt«, in dem die formenden Kategorien des Werkes liegen. Wölfflin und Dilthey stellten die Schaffenden als Träger größerer, über sie hinausgehender Stil- und Ideenbewegungen dar. Wenn jedoch sogar manche *Parteigänger* des Individuums es mit seiner privaten Schwundstufe verwechselten, wieviel näher liegt es dann für die *Gegner* des Individuums, die an dieser Verwechslung ein *Interesse* haben, sie zu üben und dem Individuum seinen nur privaten Charakter zum Vorwurf zu machen (s. u.). Das biedermeierliche und psychologistische Selbstmißverständnis wirkt vorbereitend für das absichtsvolle und aggressive politische Mißverständnis.

Unabhängig von der Verwechslung der beiden Individualitätsformen, die jederzeit möglich ist, vollzieht sich jedoch im 19. und 20. Jahrhundert ein Vorgang, der das Individuum tatsächlich der Privatheit überantwortet. Denn früher stimmten die Wirklichkeit, von der Religion, Metaphysik und Wissenschaft sprachen, und die vom Einzelnen erlebbare und erlebte Wirklichkeit noch mehr überein. Im 19. Jahrhundert dagegen gelangt die neuzeitliche Mechanistik, die die Natur in berechenbare Quantitäten und verfügbar-manipulierbare Elemente auflöst, vollends zum Sieg. Dem entspricht eine normierte und standardisierte Administration der Gesellschaft. Weder in seinem qualitativ-gestalthaften Auffassen und Reagieren, noch in seiner spontanen Personalität wird daher der Einzelne von der »an sich« bestehenden Welt, in der er sich vorfindet, jetzt noch bestätigt. So wie ihre Wahrheit für ihn, für seine Erfahrungen und seinen Anspruch, unverbindlich, ja unerlebbar geworden ist, so wenig darf er hoffen, die Gültigkeit beider bei ihr durchzusetzen. Rational begriffene und geordnete Realwirklichkeit und irrationale Erlebniswirklichkeit brechen auseinander. Damit wird die Subjektivität des konkret-persönlichen Erlebens, die bisher dem Objektiven zugeordnet war und in ihm ein Echo fand, ganz in die anarchische Kontingenz, in die Privatheit verstoßen. Die Konsequenz daraus kann entweder die sein, in der künstlerischen Imagination das Objekt neu zu schaffen und auf diese Weise in einer ungegenständlichen Kunst Subjekt und Objekt ästhetisch fiktiv wieder eins werden zu lassen. Oder aber umgekehrt die »verlorene Einheit« durch Umschaffung des Subjekts politisch real wiederzufinden in einem neuen, mit dem Subjekt vermittelten Kollektiv.[6]

Man könnte das seiner Entsprechungen im objektiven Kulturzustand und seiner eigenen geschichtlichen Funktion entkleidete Individuum mit einem Ausdruck Hegels, den er in anderm Zusammenhang verwendet, »substanzlose Subjektivität« nennen. Daß das, was weltgeschichtlich überholt ist, im Privaten noch ein Rückzugsgebiet findet, ist ein auch sonst zu beobachtender Vorgang. Wer heute noch ein *uomo universale* im Stil der Renaissance sein will, der mag dadurch für seine Freunde liebenswert werden. Aber es ist nicht mehr an der Zeit und daher nur noch sein *hobby*.

c) Diskussionen um das Individuum

1. In der Soziologie Die »kollektivistische« Konsequenz ist aber nicht notwendig. Denn daß das Individuum Einflüsse von außen erfährt, schließt nicht aus, daß es zugleich einen Ursprung bildet, aus dem es sich selbst bestimmt, aus dem es auch Einflüsse filtriert und anverwandelnd umsetzt. Geschichtliche Bedingtheit des Individuums und »unableitbares Wesen«

---

[6] Vgl. Heidemarie Oehm, Die Kunsttheorie Carl Einsteins, Diss. Berlin 1974. (Carl Einstein war mit seiner Individualitätsproblematik ein Schüler Georg Simmels.)

können koexistieren und kooperieren. Auch hinsichtlich der objektiven Formen und Werke muß Kulturgeschichtsschreibung die gesellschaftlichen Verhältnisse zwar (neben den physischen, psychischen, technischen) als *Bedingungen* einsetzen, aus denen alle Gestaltungen hervorgehen, darf sie jedoch nicht zu Ursachen erheben, aus denen sich das Einmalige, Außerordentliche »erklären« ließe, dem vielmehr stets ein Moment des Spontanen und Überraschenden anhaftet.[7] Das Geschichtliche aus Realfaktoren deduzieren, hieße bloß mit umgekehrtem Vorzeichen den Fehler Hegels wiederholen, der es aus Ideen deduzierte.

Emile Durkheim sprach vom *homo duplex.* Auf der einen Seite wird der Mensch nur in der Gesellschaft zum Menschen. Daher muß er ihr etwas von seinen Wünschen opfern. Auf der andern Seite neigt die Gesellschaft, in Fortsetzung und Überspannung ihrer Sozialisationstendenz, dazu, ihn am Eigen-sein, am Anders-sein zu verhindern. Dagegen muß er sich zur Wehr setzen. Zwischen dem Einzelnen und der Gesellschaft besteht daher immer ein notwendiger Konflikt. In etwas anderer Weise erhob Georg Simmel dies zu einem der von ihm statuierten »soziologischen Aprioris«, durch die allein »Gesellschaft möglich wird« (und in denen allen ein Konfliktmoment beschlossen liegt): daß das Individuum kein Element der Gesellschaft ist, bildet die Bedingung dafür, daß es ein Element der Gesellschaft sein kann. Die Art seines Vergesellschaftetseins wird determiniert durch die Art seines Nichtvergesellschaftetseins.

Bestreitung des Individuums kann seine Bewußtheit und seinen Willen zu sich sogar steigern. So provozierte der naturwissenschaftliche Determinismus der älteren Neuzeit im Sturm und Drang und im Deutschen Idealismus als Gegenschlag eine Anthropologie der Freiheit und des Schöpfertums: der Mensch *definiert* sich jetzt eigens als aus dem Determinismus ausgenommen.

Der Mensch der Soziologie, so schreibt Ralf Dahrendorf in seinem »Homo sociologicus«, ist nur ein *homunculus.* Vergißt sie den *ganzen* Menschen, zu dem auch die Autonomie gehört, so wird sie zum Instrument der Unfreiheit. »Es ist nur ein Schritt vom entfremdeten Verständnis des Menschen als bloßem, stets bedingtem Rollenspieler zu jener entfremdeten Welt von 1984, in der alle Individualität, die sich dem Zugriff der Rollen entzieht, zum Verbrechen an der zur Gesellschaft hypostasierten Soziologie wird.« — Allerdings kann die Gefahr der Verdinglichung des Individuums durch die Rolle nicht dadurch gebannt werden, daß man der Rolle die Autonomie wie eine getrennte zweite Hälfte sich hinzufügen läßt. Die Rolle steht dem Individuum nicht als etwas Äußerliches, ihm von der

[7] Nach Arnold Hauser, Methoden moderner Kunstbetrachtung (= Philosophie der Kunstgeschichte, 1958), München 1971.

Gruppe Zudiktiertes gegenüber. In lebendigem Wechselverhältnis identifizieren wir uns mit unserer Rolle. In diesem Akt der Sozialisierung aber werden Individualität und Freiheit erst wahrhaft begründet.[8] Gegen das »übersozialisierte Menschenbild der modernen Soziologie« wird heute auch eingewandt, daß wir unsere Rolle nicht nur *spielen,* sondern *nehmen,* ja *erschaffen* (Ralph Turner). Wir sind keine Marionetten, sondern stellen selbst eine Strategie her, in der wir die Rolle in mehrstufiger Koordination der variablen Handlungsfelder »interpretieren«. In der Interpretation der Rollen finden wir erst die eigene Identität, die nichts Statisches ist, sondern von uns immer neu aufgebaut wird.[9] Daran, daß wir in der Interpretation etwas Eigenes zur Rolle hinzufügen, zeigt sich erst, daß wir sie nicht nur äußerlich übernahmen (um dann bei erster Gelegenheit aus der Rolle zu fallen), sondern daß wir sie uns wirklich zu eigen gemacht haben. Deshalb hat die Gesellschaft an diesem individuellen Einschuß selbst ein Interesse und erwartet ihn.

2. *Bei Marx* Sozialismus heißt als solcher nicht Lobpreis des Kollektivs. Marx will die bürgerlichen Freiheiten in die sozialistische Gesellschaft integrieren. Insbesondere der frühe Marx selbst versteht die Abhängigkeit des Menschen von den Produktionsverhältnissen nur als einen zeitbedingten Übelstand. Er will diese Abhängigkeit durch Änderung der Produktionsverhältnisse wieder aufheben, will dem durch diese verstümmelten Menschen seine Totalität und Allsinnigkeit zurückverleihen. Er erstrebt das »total entwickelte Individuum«. Marx ist hierin ebenso Erbe der Romantik, wie er durch seine Philosophie des sich in der Arbeit selbst herstellenden Menschen Erbe Fichtes ist. Wenn es in Rußland vor der Oktoberrevolution ein gleichzeitiges Bekenntnis zu Marx *und* zu Nietzsches Übermenschen gab, so ist das nicht so paradox, wie es auf den ersten Blick scheint.

Marx hat historisch zurückblickend sogar eine Schätzung für den bürgerlichen Besitz-Individualisten. Sein privater Egoismus war die maieutische Kraft, ohne die es nie zu moderner Naturwissenschaft, Ökonomie und Technik, zur Entfaltung der Produktivkräfte, gekommen wäre. Nachdem freilich die individuelle Unternehmer-Initiative ihre weltgeschichtliche Mission erfüllt hat, bedürfen wir ihrer nicht nur nicht mehr, sondern müs-

---

[8] Nach Friedrich H. Tenbruck, Zur deutschen Rezeption der Rollentheorie, Kölner Zeitschrift für Soziologie, 1961.

[9] Nach Uta Gerhardt, Konflikt und Interpretation, in: Kölner Zeitschrift für Soziologie, 1972. Vgl. Lothar Krappmann, Soziologische Dimensionen der Identität. Stuttgart 1971. Vorstufen dazu aber schon bei George Herbert Mead und bei Erik H. Erikson.

sen sie inhibieren. Sie heute noch zu fordern ist Ideologie. Denn eben das, was wir ihr verdanken, bildet nun die Voraussetzung für eine neue Gesellschaft.

In Marx lebt Aristoteles wieder auf, für den der Idee nach das Glück des Einzelnen mit dem Glück der Polis zusammenfällt. Die sozialistische Gesellschaft soll die neue Polis sein. Die antike Harmonie, so hatte Rousseau festgestellt, ist uns zwar lange zerbrochen dadurch, daß der sogenannte Fortschritt durch den Reichtum und durch die künstlichen Bedürfnisse, die er brachte, die »Eigenliebe«, die privaten Interessen und Leidenschaften, groß werden ließ. Gegen sie, die *volonté particulière*, will Rousseau durch ein korrigierendes Erziehungs- und Verfassungssystem die *volonté générale* wieder mehr zur Geltung bringen. Im individuellen Ich soll das Gemeinschafts-Ich, soll der Staatsbürger wieder geweckt und gestärkt werden. Während jedoch Rousseau die Übereinstimmung von Individuum und Allgemeinheit in unserer Zeit für verloren ansieht und wir immer nur partiell versuchen können, etwas von ihr zu retten, glaubt Marx sie durch eine revolutionäre Veränderung der ökonomisch-sozialen Verhältnisse wiederherstellen zu können.

Nach Marx leistete die Französische Revolution nur halbe Arbeit. Ja durch Errichtung der bürgerlichen Klassenherrschaft leitete sie eine neue Fehlentwicklung ein. Der Grund ist, daß sie nur das isolierte, egoistische Subjekt der Selbsterhaltung und des Privatinteresses befreite. Denn das Bürgertum sieht nur dieses Subjekt als das eigentliche, natürliche Individuum an. Der Gesellschaft anzugehören ist für dieses Individuum etwas Sekundäres, ja sie erscheint vor allem als Beschränkung seiner Selbständigkeit. Diese Anthropologie muß als eine historisch erst in der älteren Neuzeit entstandene Ideologie durchschaut und überwunden werden. Erst dann kann aufgrund einer neuen Anthropologie nach der bloß politischen die wahrhaft menschliche Emanzipation einsetzen. Denn in Wirklichkeit bildet nicht eine abgelöst-zeitlose individuelle Natur des Menschen die präexistierende Grundlage für eine dann erst aus ihr hervorgehende Gesellschaft und Geschichte; vielmehr ist der Mensch primär gesellschaftlich-geschichtliches Wesen, und erst auf der Basis hiervon kann er dann auch Individuum sein. Sozialität ist nicht Akzidens sondern Substanz.[10] »Erst wenn der wirkliche individuelle Mensch den abstrakten Staatsbürger in sich zurücknimmt und als individueller Mensch in seinem empirischen Leben, in seiner individuellen Arbeit, in seinen individuellen Verhältnissen, *Gattungswesen* geworden ist, erst wenn der Mensch seine *forces propres*

[10] Gut herausgearbeitet bei Dietmar Kamper, Geschichte und menschliche Natur, München 1973, S. 53.

als *gesellschaftliche* Kräfte erkannt und organisiert hat und daher die gesellschaftliche Kraft nicht mehr in Gestalt der politischen Kraft von sich trennt, erst dann ist die menschliche Emanzipation vollbracht.«

Das Individuum unter kapitalistischen Bedingungen befriedigt nur seine egoistisch-privaten Bedürfnisse. Die Entfaltung seiner Fähigkeiten geht auf Kosten der unentfaltet bleibenden Fähigkeiten der Mehrzahl seiner Mitmenschen. Umgekehrt geht geschichtlich — wie schon nach Rousseau und Schiller — das Reicherwerden der Fertigkeiten und Kräfte der Gattung auf Kosten der Einengung der Sphäre des Einzelnen. Im Sozialismus dagegen werden die Bedürfnisse des Einzelnen und die aller wieder übereinstimmen. »An die Stelle der alten bürgerlichen Gesellschaft mit ihren Klassen und Klassengegensätzen tritt eine Assoziation, worin die freie Entwicklung eines jeden die Bedingung für die freie Entwicklung aller ist« (Manifest der Kommunistischen Partei). Individuum und »Gattung« werden sich gegenseitig bedingen und befreien. Der Antagonismus zwischen den beiden soll ebenso zu einem Ausgleich kommen, wie nach Marx an anderer Stelle der Antagonismus zwischen Mensch und Natur: wie der Einzelne Züge der Gesellschaft und die Gesellschaft Züge des Einzelnen annehmen wird, so wird der Mensch wieder naturverwandter werden bei gleichzeitiger »Humanisierung der Natur«.

Damit — nach der alten Utopie — Individuum und Gesellschaft, die geschichtlich zunehmend auseinandertraten, endlich zur Kongruenz kommen, muß der eine der beiden Partner gestärkt, der andere geschwächt werden. Die Tendenz von Marx ist es, das Individuum weiter und reicher zu machen, bisher von ihm Abgespaltenes in es hineinzunehmen. Es soll aufhören, nur ein Mittel der Reproduktion der Gattung zu sein, soll durch eine dies hinter sich lassende Kraftentwicklung in einem Reich der Freiheit als Selbstzweck gelten. Der Arbeitsvorgang soll auf einer freien Assoziation der Produzenten beruhen, vor allem aber soll Arbeit i. e. S. soweit wie möglich ersetzt werden durch selbstverwirklichende Tätigkeitsformen (woraus dann bei Marcuse die Ablehnung der »Leistungsgesellschaft« und das Postulat wurde, auch in die Arbeit müßten Züge des »Spiels« eingehen). Auf der andern Seite soll der Staat absterben zugunsten einer unmittelbar von der Freiheit der Individuen getragenen Gesellschaft.

Die Lösung — als »Lösung« nur erstrebt, weil man die an sich bestehende Antinomie nicht annehmen und mit Gewalt zum Verschwinden bringen will — kann aber auch auf genau umgekehrtem Weg versucht werden, nämlich durch Rückkehr zum *Existenzvorzug* und zur *Allmacht* der Gesellschaft. Läßt sich die Entfremdung nicht dadurch beheben, daß man die Entfremdungs*reize* aufhebt, die von der Gesellschaft ausgehen, dann wenigstens dadurch, daß man die *Empfindlichkeitsschwelle* für die

Entfremdung auf seiten des Individuums herabsetzt. »Das menschliche Wesen ist kein dem einzelnen Individuum innewohnendes Abstraktum. In seiner Wirklichkeit ist es das Ensemble der gesellschaftlichen Verhältnisse« (6. Feuerbach-These). Hier springt die Einsicht, daß das Individuum nicht isoliert von seiner Einbettung *betrachtet* werden darf und daß die wechselnden Einbettungen eine *gestaltende Kraft* auf es ausüben, um in eine Sozialmetaphysik mit der These, daß das Individuum überhaupt ein *non ens* sei. Seine Selbständigkeit wird als bloßes »Abstraktum« geleugnet und degradiert. Im »Ensemble« sind die Individuen so sehr sozialisiert, daß nicht nur ihre »Selbstsucht« schweigt, sondern daß mit ihr jede metasoziale Dimension des Individuums verlorengeht. Eine ähnliche Position nahm auch Ferdinand Lassalle ein: individuelle Freiheit ist Willkür.

So kann Marx selbst der von ihm aufgestellten Gleichung auch ein entgegengesetztes Vorzeichen geben. Was individuums*freundlich* gezielt ist, führt, wegen der Irrealität des zugrunde gelegten Individuums-Begriffs, und nicht erst in einer pervertierenden Praxis, zu einem individuums*feindlichen* Effekt. Deshalb darf sich auf Marx mit partiellem Recht auch kollektivistische Ideologie berufen. Die Theorie des Individuums, die mit ihm als einer Substanz begann, die ihren Relationen vorhergeht, dann es aus diesen Relationen konstituierte, endet damit, es in diesen Relationen sich erschöpfen zu lassen. An die Stelle von »bürgerlichem Individualismus« wollte Lenin »sozialistischen Kollektivismus« setzen. Er wettert gegen die »individualistischen Intellektuellen«, die die Unterordnung des Teils unter das Ganze, der Minderheit unter die Mehrheit als »Knechtung«, die proletarische Parteidisziplin als »Leibeigenschaft« und die organisierte Arbeitsteilung als die Verwandlung des Menschen in »Rädchen und Schräubchen« beklagen. Die Verstaatlichung der Industrie müsse auch zu einem »kollektivistischen Bewußtsein« führen.

3. Im »humanistischen Sozialismus« Staat und Institutionen abbauen, um die Spontaneität des Einzelnen zu befreien: das ist der Weg des Anarchismus. Auch der Anarchismus aber ist ein Seitentrieb des Sozialismus. Er lebt bei Herbert Marcuse und seinen Anhängern noch in unserer Zeit wieder auf.

Gegen den staats- und parteidirigistischen Sozialismus des Ostens steht heute die Tendenz zum »humanistischen Sozialismus«. Geschichte wird hier nicht so sehr als nach immanentem Gesetz ablaufender, objektiver Gesellschaftsprozeß begriffen. Sie hat zum Ziel die vom Menschen selbst — als Gattung, aber auch als Individuum — in Gang gesetzte eigene Selbstwerdung. Materielle Produktion ist zugleich Selbstproduktion. Diese stärkere Betonung des »subjektiven Faktors« *in der Geschichte* zieht nach sich eine höhere *Wertung* des Subjekts, dann auch als eines aus der Geschichte herausgelösten. Aus einem Faktor wird es zum eigenen Zentrum. In dieser Tendenz begegnet sich der bei Sartre und Marcuse noch an die bürgerliche Aufklärung anknüpfende Neomarxismus des Westens mit Strömungen innerhalb des postrevolutionären und poststalinistischen Sozialismus des Ostens. Insbesondere die sozialistische *Literatur* soll sich, so fordert etwa der englische Dramatiker Arnold Wesker, den Problemen des Einzelnen, seinem Gestelltsein in Verantwortung, seinem Ringen um Sinn und Glück nicht verschließen. Es gibt neben dem Bewirktsein des Einzelnen durch Gesellschaft und Geschichte nicht nur seinen vielleicht weitertreibenden Beitrag zu diesen beiden, sondern auch das eigene Leben und Sterben, das Selbstsein, das wir weder uns »durch Dienstboten abnehmen lassen« (Kierkegaard) noch kollektivieren können.

Nach Roger Garaudy[11] werden, im Gegensatz zu den entpersönlichenden früheren Maschinen, die intelligenten Maschinen der Zukunft eine »Explosion der Subjektivität« nach sich ziehen, teils weil sie selbst von ihren Bedienern mehr Initiative, synthetische Kraft und Entscheidung verlangen, teils weil sie durch Entlastung eine gebildete Gesellschaft ermöglichen, in der die Chancen für den Durchbruch der Person generell günstiger stehen. Weil er neben der konstituierten Ethik der Gesellschaft eine konstituierende Ethik des Individuums forderte, deshalb wurde Garaudy aus der KPF ausgeschlossen.

In den Sozialismus, der den Einzelnen durch Revolution der Gesellschaft zu befreien gedenkt, will Sartre das Gewicht derjenigen metaphysischen Freiheit einlegen, die der sozialen und historisch zu verwirklichenden noch vorhergeht. Auch äußerlich befreien kann man nur einen Menschen, in dem schon das Potential der Freiheit liegt.

Gegen diesen Sartreschen Freiheitsbegriff wird jedoch von orthodoxer marxistischer Seite eingewandt[12], er sei insofern noch »idealistisch«, als er die Freiheit vor allem in die Kraft setzt, sich gegen das Bestehende aufzulehnen (vgl. Marcuses »Große Weigerung«) und es aufgrund eigener Einsicht und Initiative zu verändern. Die Gesellschaft steht also bei Sartre dem Selbstsein beschränkend gegenüber, sie wird aus Freiheit *negiert*. Woher der Einzelne Einsicht und Willen nimmt, die ihn zur Negation disponieren, das bleibt damit der unableitbaren, irrationalen Spontaneität, bleibt dem Zufall der so oder anders gearteten Persönlichkeit, der Willkür des Augenblicks überlassen.

---

[11] Die Große Wende des Sozialismus, 1970.

[12] Nach Hans Heinz Holz, Strömungen und Tendenzen im Neomarxismus, München 1972, S. 32ff.

Greift die Persönlichkeit in die Geschichte ein, so wird auf diese Weise auch die objektive Geschichte zu einer Kette von Zufällen. Das, wodurch Freiheit sich nicht nur *von* etwas abgrenzt, sondern *zu* etwas entschließt, ist also hier mit der Gesellschaft nicht vermittelt. Individuum und Gesellschaft wirken im historischen Prozeß als zwei völlig disparate Momente. Die Gesellschaft erscheint nicht auch als die *positive* Instanz, die die sachlichen Möglichkeiten reif werden läßt, die dann erst von der Freiheit des Einzelnen ergriffen und gestaltet werden. In Wirklichkeit greifen welthafte Situation und Entwürfe der Freiheit immer ineinander, die dadurch aufhört, etwas undurchschaut-unanalysierbar Kontingentes zu sein. Daß Chlodwig Gallien einigte, entsprang nicht nur seinen privaten Antrieben und Zwecken — wie dem persönlichen Machtstreben —, sondern war durch die geschichtliche Gesamtlage motiviert! (Garaudy)[13]

An Sartre, aber auch an den frühen Marx anknüpfend, erwartet Adam Schaff (vgl. Leszek Kolakowski und die jugoslawische Praxis-Gruppe) von der Gesellschaft nicht nur, daß sie dem Individuum einen Privatraum ausspart, der jedoch für die Gesellschaft unerheblich bliebe; vielmehr bildet das Individuum eine ethisch fordernde und kontrollierende Instanz, auf die die Gesellschaft in ihrem eigensten Interesse angewiesen ist. Noch und gerade als ihr Gegenglied ist es ihr Faktor. Es hält als nicht-konformes Möglichkeiten bewußt, die zwar im Augenblick verworfen sind, die aber bei einer kommenden Veränderung als Modelle fruchtbar werden können.

Alle diese Richtungen werden von der offiziellen Parteilinie als »revisionistisch« beargwöhnt, wenn nicht verketzert, weil sie statt von der alldeterminierenden, wirtschaftlich begriffenen Gesellschaft und Geschichte vom (einzelnen) »Menschen« ausgehen. »Anthropologie« (die sich besser Personalismus nennen würde und mit der »Philosophischen Anthropologie« des Westens nicht identisch ist, aber auch diese) gilt als »bürgerlich«. Auch der Marxismus bejaht zwar Freiheitsrecht und Glücksstreben des Einzelnen, sie dürfen jedoch nicht als eine metaphysische Qualität der Person gefaßt, von der Befriedigung materieller Bedürfnisse abstrakt getrennt und zur gesellschaftlichen Ordnung in ein antinomisches Verhältnis gesetzt werden.[14] Das Individuum, das unmittelbar gegeben scheint, ist in Wirklichkeit sekundär gegenüber dem nur mittelbar gegebenen Ganzen der Ge-

---

[13] »Ein großer Mann ist nicht dadurch groß, daß seine persönlichen Besonderheiten den großen geschichtlichen Geschehnissen ein individuelles Gepräge verleihen, sondern dadurch, daß er Besonderheiten besitzt, die ihn am fähigsten machen, den großen gesellschaftlichen Bedürfnissen seiner Zeit zu dienen« (Plechanow).

sellschaft. Das Individuum wird erst konkret, wenn man seine Beziehungen und Bedingtheiten in es aufnimmt und dialektisch in ihm mitdenkt. Läßt man diese Dialektik fallen, dann wird zur Grundlage des Personseins wieder die idealistische Spontaneität. Die materielle Bedingtheit des Menschen und seine persönliche Freiheit treten auseinander. Gesellschaftslehre und Ethik geraten in Konflikt. Es findet ein Rückfall auf den vormarxistischen Liberalismus statt.

Dagegen läßt sich wieder replizieren, daß das Individuum, um mit der Gesellschaft vermittelt werden zu können, nicht in dieser Vermittlung aufgehen darf, sondern einen eigenen Bestand, einen Rückhalt in sich selbst aufweisen muß. Der Handelnde tritt zwar in eine vorbestehend objektive Konstellation ein und wird von ihr bedingt, aber wie er sie *interpretiert*, was er aus ihr macht, das ist dann doch wieder seine Sache. Sonst könnte er nur reproduzieren, nicht erneuern. Das Individuum ist also selbst ein irreduzibler Faktor der Konstellation. Wie der Begriff der Interpretation heute in der Rollentheorie die Starrheit der Rolle auflöst, so läßt er sich im selben Sinn auch auf den Historischen Materialismus anwenden.

d) Die Verdinglichung des Subjekts

Je nach dem, welche Dimension des Individuums von seinen Gegnern in Frage gestellt wird, heben auch seine Verteidiger andere Seiten an ihm hervor. (1) Angesichts des Anspruchs der Mechanistik der älteren Neuzeit, auch den menschlichen Geist unterschiedslos in eine kausaldeterminierte Natur einzubeziehen, akzentuiert die Goethezeit Freiheit, Schöpfertum, Spontaneität. (2) Bei Hegel sind es Logizität und Allgemeinheit der Begriffe, in deren allüberspannendem Netz der Mensch zuletzt nur noch wie eine *infima species* erscheint; dagegen stellt Kierkegaard Wirklichkeit, Einzelhaftigkeit, Innerlichkeit der Existenz. (3) Generell neigt systematisierende Erkenntnis, sei es in Form der Wissenschaft oder der Philosophie, dazu, auch aus Seele und Geist ein Objekt unter Objekten zu machen. In der Welt der Objekte hat dann auch dieses Objekt seinen ihm zugewiesenen Ort, wird berechenbar und verfügbar. Eben dies aber raubt dem Subjekt seinen spezifischen Subjektcharakter. Es wird hier nur von außen nachgezeichnet, nicht von innen gesehen als das, als was es sich selbst erfährt. Es wird, wie man heute sagen würde, »verdinglicht«. Gegen diese Verdinglichung richtet sich daher eine weitere Opposition. Für sie ist das

[14] Nach H. H. Holz, op. cit. S. 55 ff.

Individuum primär der durch nichts substituierbare, nicht vergegenständlichbare Subjektpol seiner eigenen Erlebnisse. In ihnen wissen wir uns als nichtdinglich.

Wenn wir bisher in diesem Kapitel »Argumente gegen das Individuum« zusammentrugen, so ergaben sich diese Argumente alle aus der Struktur der Welt, in der das Individuum steht. Sie besagten, daß das Individuum von stärkeren, universelleren Mächten erzeugt und gelenkt wird. Es überschätzt seine Ursprünglichkeit und Eigenhaftigkeit nur deshalb, weil es sich selbst zu nah steht, weil es sich nicht gebührend in den größeren Kontext einordnet. Jetzt dagegen zeigt sich eine Gefahr der Auslöschung des Individuums von ganz anderer Seite her, nämlich aus der Struktur der Erkenntnis. Erkennen heißt: etwas sich zum Objekt machen. Dieses ihm einwohnende Gesetz wendet das Erkennen auch auf sich selbst und sein eigenes Woher, auf alle Akte und Zustände des Subjekts an. Damit desavouiert jedoch das Erkennen, und gerade je mehr es sich vervollkommnet, eine Qualität des Subjekts, die ihm im unmittelbaren Erleben noch durchaus gegenwärtig ist. Es verliert die Disjunktion zwischen »Person« und »Sache« (William Stern). Das implizite Sich-selbst-Gegebensein (Herman Schmalenbach) des Subjekts in seinen Vollzügen geht in die gegenständliche Form des »Wissens von etwas als etwas« nicht ein.

Vor dem Zugriff des alles in seine Kategorien spannenden Erkennens rettete Kant den Ausgangspunkt allen Erkennens, das »transzendentale Subjekt«. Es ist dasjenige, was sich selbst nie gegenständlich werden kann. Ich bin mir in ihm nur bewußt, daß ich bin, nicht wie ich bin. Versuchen wir es zu vergegenständlichen, so wirft es uns einen Wechselbalg seiner selbst herüber.

Während Kant im transzendentalen Subjekt nur einen uneinnehmbaren Grenzpunkt ausspart, bildet es demgegenüber die säkulare Bedeutung von Husserls Phänomenologie, daß sie erklärt: gewiß kann man etwa den Wahrnehmungsvorgang physikalisch und physiologisch »erklären«. Etwas ganz anderes aber ist es, was ich selbst erlebe, während ich den Wahrnehmungsakt vollziehe. Das sich selbst gegebene Bewußtsein zu beschreiben — »transzendentale Egologie« — bildet für Husserl ein eigenes zweites großes Forschungsfeld neben der Naturwissenschaft.[15] Dieses Forschungsfeld wird dann in der nächsten Generation erweitert und vertieft vom »Bewußtsein« zur »Existenz«.

Objektivierende Erkenntnis, in unserer Zeit unter der Führung nicht

---

[15] Vgl. Hermann Lübbe, Bewußtsein in Geschichte (Studien zur Phänomenologie der Subjektivität), Freiburg 1972.

mehr der Naturwissenschaft sondern der Soziologie, verfeinert ihre Methoden immer mehr. Zuletzt droht sie doch, auch noch das Subjekt in seiner Subjekthaftigkeit einzuholen. Vor dieser Bedrohung rettet sich das Subjekt in eine »Dauerreflexion« (Schelsky), durch die es der Objektivierung immer grade noch um einen Schritt voraus ist.[16]

IV

Realmächte gegen das Individuum

a) Das Überflüssigwerden des Individuums im Posthistoire

Nach der subjektiven Seite hin heißt Individualität: eigenstrukturierte Persönlichkeit. Dies ist aber nur das eine. Nach der objektiven Seite hin ist sie die Kraft, die das Neue entdeckt und erfindet. Darin hat sie ihre ursprüngliche gesellschaftliche Funktion. Die Gesellschaft bedient sich ihrer, um die Tradition, die von sich aus zur Erstarrung neigt, zu erweitern und veränderten Gegebenheiten anzupassen. Je emanzipierter in einer Epoche das Individuum ist, desto schneller bewegt sich die Geschichte.

Nach Spengler erreicht jede Kultur eine zivilisatorische Endphase, in der sie ihre schöpferischen Möglichkeiten ausgeblüht hat. Der durch eine größere Vorwelt beschenkte, innerlich aber leere Spätmensch benutzt nur noch die überkommenen Formen und richtet sich in ihnen ein (ebenso charakterisierte Ortega y Gasset den von ihm so genannten *homo vulgaris*). Während dann jedoch nach Spengler an anderer Stelle eine neue Kultur beginnt, scheint heute, nach dem Planetarwerden der abendländischen Kultur, die Menschheit als ganze in die Endphase einzutreten, in der sie beharrt. Daß Form sich an Form reiht, die Geschichte sich bewegt, setzt nicht nur Kreativität als subjektive Fähigkeit voraus. Es setzt auch das objektiv noch Ungeschaffene, noch zu Schaffende voraus. Eben diese zweite Voraussetzung ist nicht mehr gegeben. Sie entfiel früher immer nur scheinbar: in Traditionalismen und Hellenismen, in feste Denk- und Handlungsschemata gebannt, *sahen* die Menschen ein aus diesen Herausfallendes, noch zu Schaffendes nicht, konnten oder wollten es nicht sehen. Heute dagegen entfällt sie endgültig, nachdem an sich der Schatz des zu Schaffenden aufgebraucht, das Feld der *creabilia* abgeerntet ist. Was gefunden werden konn-

[16] Stellen bei Jürgen Habermas, Legitimationsprobleme im Spätkapitalismus, Frankfurt 1973, S. 173 f.

te, ist gefunden, jetzt wird es nur noch kombiniert, verfeinert, verwaltet. Das Posthistoire hat begonnen.

In einer solchen Welt, in der die Wahrheiten erforscht, die Erfindungen gemacht und die Institutionen gut sind, wird Kreativität funktionslos. Es fehlt ihr das *challenge*, die Aufgabe. Frühere haben die Arbeit schon getan und ihr keine zurückgelassen. Eine brachliegende Fähigkeit aber bildet sich zurück. Die heute so moderne Kreativitätstheorie erforscht psychologisch das, was weltgeschichtlich schon im Rückgang ist.

Funktionslos aber wird zusammen mit der Kreativität auch ihr menschlicher Träger, die Individualität. Auch sie baut sich ab. Das postkreative Zeitalter ist das postindividuelle. Individualität war die Verschworene des Neuen, der Zukunft. Wo die Zukunftsdimension, wo die Geschichte wegfällt, da verliert deshalb auch die Individualität ihr Recht.

Das ist schematisch gedacht. Wie wir sahen, daß auch der individuelle Mensch in weiten Bereichen immer noch präindividuell lebt, so findet auch im neuen Zeitalter Individualität nach wie vor Angriffsflächen, die nach ihr verlangen. Um die Unterscheidung Alfred Webers zu benutzen: Der Kulturprozeß verlangsamt sich und wird uninteressant, der Sozial- und Zivilisationsprozeß geht weiter. Politische Geschichte lebt länger als Geistesgeschichte.

Aber Individualität war nie ohne Feinde. Solange sie auf ihre täglichen großen Leistungen hinweisen konnte, war sie gerechtfertigt und konnte sich leichter verteidigen. Jetzt dagegen geht ihre Leistung und mit ihr ihr eigenes Vertrauen in sich zurück. Sie wird an sich selbst irre. Wie das Schwangere sich instinktiv schützt, so läßt beim Sinkenden der Selbstbewahrungswille nach. Es hat schon ein Trauma und verteidigt sich nicht mehr. Sich selbst unbewußt, scheint es auf seinen eigenen Untergang hinzuarbeiten. Diese Schwächezeichen werden für die Feinde zum Signal, um zuzuschlagen. Es geht dem Individuum, wie es oft den Fremden ging, die man duldete, ja eigens ins Land holte, solange sie Pioniere waren und eine Lücke füllten, die man jedoch, sobald andere das von ihnen Vorbereitete übernehmen konnten, tötete oder vertrieb. Das Individuum ist der Fremdling unserer Zeit. Seine Gegner fallen über es her wie in der Geschichte Rand- und Seevölker über erlahmende Imperien.

b) Das Individuum als Störfaktor in durchrationalisierter Welt

Die von Max Weber als das Gesetz der Neuzeit bezeichnete Rationalisierung hat sich in den letzten Jahrzehnten noch subtilisiert und beschleunigt.

1. Zunehmend unterwirft die Vernunft das Gewachsene, das Nun-ein-

mal-so-Seiende, dem Legitimationszwang. Durch ihn veranlaßt sie das nicht oder nach heutigem Maßstab unzureichend Motivierte, sich umzuformen oder abzutreten. Ihre Voraussetzung ist: Nur das Motivierte hat Daseinsberechtigung.

Eben diese Voraussetzung aber ist fraglich. Indem sie uns zu Dank vom unmotiviert-Negativen befreit, beraubt sie uns zu unserm Nachteil des unmotiviert-Positiven. Und zu diesem unmotiviert-Positiven gehören auch manche Formen der Individualität. Sie sind wie gewisse Tiergattungen, die nur in geschütztem Habitat entstehen und die verschwinden müssen, sobald das Klima härter wird oder stärkere Feinde einbrechen.

2. Wir sind heute eingebaut in eine vernunftgeboren verselbständigte zweite Welt, in den sinnreich komplexen »Apparat der Daseinsfürsorge«. Nun sahen wir schon früher: Vernunft vereinzelt wohl den Menschen, aber sie vereinzigt ihn nicht. Als Vernunftwesen sind wir gleich. Sie erzeugt das autonom auf sich stehende, aber nicht das differentielle Individuum. Dieser Effekt setzt sich erneut und umso stärker durch, nachdem Rationalität sich, wie bei uns, in Technik und Administration institutionell verselbständigt und objektiviert hat: Die objektive Rationalität mobilisiert nur noch die subjektive, nicht dagegen, was außerhalb von Rationalität noch in uns ruht. Um den »Apparat«, der nur dann seine Vorteile für uns hergibt, zu bedienen, müssen wir uns genau so verhalten, wie jeder andere in gleicher Lage sich verhalten würde. Wir müssen als Fälle eines Allgemeinen subsumierbar, müssen konform sein. An unser Unterscheidendes dagegen, unser Kontingentes, wird hier nicht appelliert, ja es könnte den reibungslosen Ablauf des Getriebes stören. Daher wagt es sich bald kaum mehr vor. Es hat nicht mehr das gute Gewissen zu sich und degeneriert. In einer Welt der Roboter wird der Mensch selbst zum Roboter.

Auch diese Konsequenz ist nicht unumgänglich. Die Rationalität der Automaten könnte, statt auf den Menschen abzufärben, ihn im Gegenteil für anderes freisetzen. Wie die Malerei nach Erfindung der Photographie, die ihr das Imitative abnahm, das Imitative hinter sich ließ und dadurch noch mehr sie selbst wurde, so könnte, nachdem die Sphäre dessen, wofür es der Individualität nicht bedarf, sich als eigenes Reich etabliert hat, Individualität umso mehr sich auf sich besinnen und sich bejahen. Statt für den Apparat zu leben, ihn immer noch mehr zu verästeln und dadurch sich ihm anzugleichen, könnte der Einzelne, indem er ihn für sich arbeiten läßt und so Unabhängigkeit gewinnt, gerade in seiner Andersheit gestärkt hervorgehen.

Aber dieser Tendenz steht die stärkere Tendenz des Apparats (kapitalistischer wie sozialistischer Observanz) nach immer größerer Vollkommenheit und Ausbreitung entgegen. Auch Institutionen entfalten Egoismus und Imperialismus. Sie werden aus Mitteln Zwecke. Ursprünglich »für den Menschen« geschaffen, wollen sie zum Ende nur noch sich selbst und fragen nicht mehr danach, ob und wieweit sie für die Menschen »gut« sind. Um immer besser zu funktionieren, um immer rationeller planen zu können, muß der Apparat den Eigenspielraum des Individuums zunehmend einschränken, muß es lenkbar machen. Individualität in ihrer eigenwilligen Sperrigkeit kompliziert die Berechnung. Sie hält auf. Sie ist zu teuer.

Bei diesem Hinweggehen über die Individualität verfährt der Apparat um so unskrupulöser, als er die Menschen nicht, wie imperialistische Staaten, für ihnen fremde politische und militärische Ziele versklavt. Er zwingt sie, so scheint es, nur zu ihrem eigenen Glück (Herbert Marcuse). Wenn er sie hoch besteuert, so geschieht es für das Wohl aller. Wenn er ihnen den Kauf von Waren suggeriert, so dient es ihrem persönlichen Genuß. Wir bemerken die Entindividualisierung kaum, weil sie zusammengeschnürt ist mit luxuriösen Geschenken. Es ist oft bemerkt worden: Der totale Sozialstaat tendiert, obgleich dies seiner Zielsetzung widerspricht, faktisch zum totalitären Staat.

c) Selbstdiskreditierungen des Individuums

Wir sagten: Individualität bedarf, um in ihre Hochform zu wachsen, der objektiven Herausforderung. Wiewohl ein Wert »um seiner selbst willen«, kann sie nicht Ziel sein, sondern erhält sich nur geschenkt, indem sie sich selbst andere Ziele setzt. Allein die Herausforderung erzeugt die Individualität nicht, sondern weckt und stärkt sie nur. Ein Verlangen nach ihr ist im Menschen immer schon vorhanden. Es regt sich auch heute, und dies um so mehr, als wir Erben einer alten, auch uns noch verpflichtenden Tradition der Individualität sind.

Da anderseits das Klima der Individualität nicht günstig ist, sind ihre Früchte heute sauer. In sich homogenisierender Gesellschaft findet sie für ihre Profilierung kein Vorbild, keine Kontrolle mehr. Da ihr das Notwendige und Wesenhafte von Früheren vorweggenommen ist, wirft sie sich auf das Experimentelle und Spielerische. Sie, die einst an der Spitze lag und das Neue für alle brachte, ertrinkt jetzt in byzantinischen Nichtigkeiten und in Subjektivismen, die sich nur noch gegenseitig interessant sind. Oben sahen wir, daß eine kollektivistische Weltanschauung der Individualität vorwirft, sie sei nur »etwas Privates«. Dieser Vorwurf verkennt die große geschichtliche Funktion und Leistung der Individualität. In der heutigen Wirklichkeit dagegen behält er recht, nicht als Vorwurf, sondern als Feststellung. Individualität bleibt tatsächlich mehr und mehr auf die privaten Bereiche beschränkt.

Das ergibt sich, wie wir sahen, zwangsläufig aus der Situation des Individuums in postkreativer und durchrationalisierter Welt. Zugleich kommt aber das Rückbildungsprodukt des nur noch privaten Individuums auch dieser sehr gelegen. Auf einen Spielraum an Individualität besteht ein natürlicher, seit der Neuzeit gesteigerter Anspruch. Über diesen Anspruch kann auch die Welt der allverbindlichen Normen, der Verhaltensnivellierung und der aufgezwungenen Identifikationsmodelle nicht einfach hinweggehen. In der Form des nur noch Privaten nun kann sie Individualität nicht nur dulden, sondern sogar ermutigen und fördern. Von der individuellen Freiheit bleibt noch die »individuelle Note«. Jeder darf nach Geschmack und Ermessen sich kleiden und einrichten und aus einem großen Waren- und Reiseangebot seine Auswahl treffen.

Als im 19. Jahrhundert die Metaphysik tot war, da entdeckte und rettete man das »metaphysische Bedürfnis«, das durch »Weltanschauung« gestillt werden sollte. Analog bleibt in standardisierter Welt von der Individualität nur das »Bedürfnis nach Individualität« übrig. Individualität wird zu einer Sache des Stils. In der allgemeinen Gleichheit bleibt mir die Wahl des *personal touch* in Wohnung, Kleidung und Haarschnitt. Damit renommiert der Uniformismus. Dafür macht er Propaganda.

Selbst der verbleibende Restbestand an Individualität erweist sich damit als vorkalkuliert und manipuliert. Was Freiheit und Eigenwuchs zu sein scheint, ist berechneter Effekt. Individualität erinnert hier an jene Stoffe, die als home-spun-Stoffe verkauft werden und in die, damit sie so wirken, eine Maschine absichtsvoll kleine Fehler einwebt. Individualität hält die Leute bei Laune. Sie steigert den Umsatz. —

Wie das Individuum in unserer Zeit ins Private verzwergt, so verwildert es ins Monströse und Destruktive. Die an sich für mehr als nur das Private berechnete Individualitätskraft überfrachtet das Private bis zur Skurrilität. Da die Individualitätskraft sich nach außen nicht genügend auswirken kann, schlägt sie vergiftend nach innen. Oder aber sie hofft, durch Einreißen des Bestehenden wieder eine neue Bedarfslage für sich zu schaffen. Nach dem Aufbauenden kommt die Reihe an das Zerstörerische. Wie der eine die überlieferten Normen der Gesellschaft schaffend und gestaltend nach oben übertritt, so übertritt der andere sie nach unten. Weil ihr nur an der Einhaltung ihrer Normen gelegen war und sie daher nur das Übertreten als solches sah, verwechselte die Frühzeit das Genie mit dem Verbrecher. Es gibt aber auch faktisch einen Umschlag der sublimen Individualität in die aggressive und kriminelle.

Ein anderes Rückzugsgebiet des Individuums ist die Neurose. Der seiner humanen Aufgabe beraubte postkreative Mensch ist ein psychologischer Fall. In Strindberg, Osborne, Albee fand auch er seine Dichter.

Was funktionslos wird, aber nach wie vor auf sich besteht, entartet. Heute ist es, als ob das Individuum in seiner eigenen Negativform ein Refugium fände und daher von ihr attrahiert würde. Es sucht sein Selbstsein in seiner Perversion. Seines Status in der Gesellschaft beraubt, geht es in den *underground*. — In einer solchen Zeit gelingt auch besonders leicht der Betrug derer, die Individualität, weil sie wissen, daß der andere sie schätzt, nur fingieren, um sich durch sie Geltung und Vorteile zu verschaffen. Individualität wird zur *solemn mockery*.

d) Erstickung des Individuums

Wie es auf der einen Seite eine naturhafte Anlage zur Individualität gibt, die sich widrigen Umständen zum Trotz und noch in ihrem eigenen Schatten durchzusetzen sucht, so gibt es auf der anderen Seite eine naturhafte Abwehr gegen die Individualität. Wir finden diese Abwehr schon im Mobbing der Tiere, die jedes Gruppenmitglied, das von der Artnorm abweicht, anpöbeln und, damit es die Art nicht gefährdet, letztlich ausmerzen (deshalb sondert es sich ab, wird zum Einzelgänger, und deshalb sprechen wir auch beim Menschen vom Sonderling, von Absonderlichkeit). Auf früher Stufe und in psychisch archaischen Schichten gilt auch beim Menschen Anderssein als solches für Schuld und wird von dem, der dafür nur Gelächter und Aggressivität erntet, selbst als Schuld empfunden. Neid tritt ins Spiel: Man gönnt dem anderen seine Vorzüge nicht, will sich ihm nicht unterlegen fühlen müssen. Elementarer wirkt in jedem Einzelnen, entgegen seinen eigenen Möglichkeiten zur Individualität, die Scheu vor den Pflichten, die sie einem aufbürdet: Das nichtindividuelle Leben ist das leichtere, es fordert nicht so viel Geist, Entscheidung, Verantwortung. Es wirkt die Sehnsucht nach dem »Unisonogefühl«, nach spontan-unbemühtem Kontakt mit den im Kern gleichen, aus den gleichen Selbstverständlichkeiten lebenden Partnern, während die zunehmende Differenzierung der Individuen die Kommunikation zunehmend erschwert, ja ausschließt: Simmels »soziologische Tragödie«.[17] Anders-sein-Dürfen als der andere, so zeigt sich, war Vorrecht und Ethos innerhalb einer Elite (Ortega y Gasset). Heute schwinden die Eliten und mit ihnen das Individuum.

[17] Vorhin sagten wir: Vernunft findet, durch Erkenntnis des für alle Wahren, durch Schaffung des für alle Praktischen, für die Menschen ein gemeinsames Maß. Damit erfüllt in paradoxer Verschränkung die höchste Kraft uns auf ihrer Stufe einen Wunsch schon der Subkortikalperson. Indem sie numerisch individualisiert, stellt sie, in Antagonismus zu der unabhängig von ihr in den Hochkulturen schon gewonnenen Höhe der qualitativen Unterschiede, eine Gleichheit wieder her, die auf nichtrationaler Stufe in der Primitivgesellschaft bereits bestand und nach welcher Primitivität verlangt.

Den naturhaft antiindividuellen Impulsen bietet jedoch das Individuum Paroli, solange es auf seiner Höhe ist. Es besiegt sie durch die Evidenz seines Wertes. Sobald es dagegen obsolet, sobald es gefährlich wird, flammen sie auf. Sein Weg ins Dunkle kommt ihnen wie gerufen. Zum Gegeninstinkt tritt das Gegenargument. Der Terror der Majorität gegen das Individuum fühlt sich gerechtfertigt. Jeder Schritt wird ihm jetzt erschwert, ist schmerzhaft. Es sieht sich beargwöhnt von einer Menge, die jede seiner Schwächen ausspäht und zum Anlaß nimmt, gegen seine ganze Daseinsform vorzugehen.

Die Kontrolle des Einzelnen durch die Gesellschaft, früher noch naiv geübt, organisiert und perfektioniert sich jetzt. Wenn heute in Schweden die Kinder Pillen schlucken müssen, damit die Kinder, die sie selbst nach Jahrzehnten vielleicht haben werden, keine Röteln bekommen, wenn dort die Defloration von Staats wegen nach der zweiten Impfung medizinisch vorgenommen wird, so sind das Eingriffe in die Freiheit, die uns heute bereits als relativ harmlos berühren. Anders steht es schon, wenn es an schwedischen Schulen heute schon ein offen proklamiertes Programm ist, Begabungen, weil sie die Unbegabteren frustrieren, weil sie Ansprüche erzeugen, die vom auf den Durchschnitt berechneten Lehrangebot nicht befriedigt werden können, zu drosseln, und wenn ein Computer nach den Bedürfnissen der Gesellschaft darüber entscheidet, ob und was ein Abiturient studieren soll.[18]

Worum es im Ziel geht, das ist, den Menschen von vornherein und als ganzen so zu formieren, daß er die hochverletzliche technisch-administrative Maschinerie nicht gefährdet und nur noch wie ein Rädchen in ihr schnurrt. In seiner Utopie »Beyond freedom and dignity« hat der amerikanische Behaviorist Skinner einen Weltzustand entworfen, in dem durch psychologisches Training die Neigungen zu Faulheit, Egoismus, Rauschgift und Verbrechen wegprogrammiert werden, so daß nur die positiven Eigenschaften übrigbleiben. Die Menschen sollen für andere und für sich selbst harmloser gemacht werden.

Das Recht zu solcher »Verhaltenstechnologie« nimmt Skinner sich mit folgender Argumentation. Daß wir von einem »autonomen Individuum« sprachen, so sagt er, beruhte nur auf Unkenntnis. In Wirklichkeit verdankt das Individuum alle seine Fähigkeiten, Charaktereigenschaften und Tugenden der Umwelt. Nicht es selbst, sondern die Umwelt müssen wir für sein Verhalten verantwortlich machen. *Sie* müßten wir statt seiner loben und tadeln. Es ist durch sie so sehr determiniert, daß wir sein Verhalten vorhersagen können. Je mehr die Wissenschaft vom Verhalten vor-

[18] Vgl. Roland Huntford, Wohlfahrtsdiktatur, Berlin 1973.

anschreitet und die Beziehungen zwischen den Umweltbedingungen und der Einzelperson erforscht, um so mehr löst die Fiktion der Autonomie sich auf. Wenn aber das scheinbar aus sich selbst schöpfende Individuum doch von außen erzeugt und gelenkt ist, weshalb sollen wir dann nicht das Recht haben, an die Stelle zufälliger Lenkungen eine wissenschaftlich und moralisch motivierte Lenkung treten zu lassen? Weit entfernt davon, dem Individuum dadurch seine Selbständigkeit zu rauben, ersetzen wir vielmehr nur eine schlechte Unselbständigkeit durch eine bessere. An die Stelle der früheren Tendenzen, den Menschen zu »befreien«, tritt heute der bescheidenere, aber erfüllbarere Versuch, die Einflüsse, denen er unausweichlich ausgesetzt ist, zu analysieren und zu verändern, die einen abzuschwächen, die andern zu verstärken. Damit entmenschlichen wir den Menschen nicht, sondern glauben bloß nicht mehr an den von einer falschen Psychologie und Philosophie in ihm angesiedelten *homunculus.*

Zur psychologischen wird bald die Möglichkeit der biologisch in die Erbsubstanz eingebauten sowie der chemotechnischen Verhaltenssteuerung treten — nicht nur Heilmittel für die Menschheitstherapie, sondern eine neue Waffe in der Hand partikularer und kollektiver Interessen.[19] —

Aus dem Gleichheits*instinkt* erwächst, wie wir sahen, die Gleichmachungs*technik.* Dieser sekundiert nun zusätzlich noch die Gleichheits*ideologie.* Indem die technisierte Massengesellschaft den Einzelnen entmündigt, erfindet sie gleichzeitig das Credo, das ihn für den Verlust seiner personalen Freiheit entschädigen soll.[19a] Durch einen sozialethischen Code werden alle Weisen des Drucks der Gesellschaft moralisch legitimiert. Hauptsätze des Code sind, das Kollektiv sei die Quelle alles Schöpferischen und das Zugehören zum Kollektiv sei das höchste Bedürfnis des Menschen. Man nennt Sozialisierung, was in Wahrheit Kollektivierung ist. Das Abstoßende wird verbal in ein Anziehendes umgefärbt.

---

[19] »... so wird die biochemische Forschung in einigen Jahrzehnten die Rede von so etwas wie ›natürlicher Mitgift‹ unter dem Gesichtspunkt gesellschaftlich gerechter Verteilung vielleicht als problematisch erscheinen lassen. Das Spektrum der individuellen Fähigkeiten und Begabungen erscheint dann womöglich als korrigierbar, und der gesellschaftliche Emanzipationsprozeß könnte vor Bedingungen, die wir gegenwärtig noch natürlich nennen, nicht haltmachen. Bildungspolitik würde dann nicht nur das verschiedene Sprachniveau von Kindern aus Arbeiterfamilien und bürgerlichen Familien ausgleichen, sondern sehr viel tiefergreifende Homogenisierungen vornehmen, damit der demokratische Grundsatz der Gleichheit der Startchancen verwirklicht wird.« Martin Greiffenhagen, Einleitung zu: Demokratisierung in Staat und Gesellschaft, hrsg. Greiffenhagen, München 1973, S. 15.

[19a] Nach William Whyte, The Organization Man, New York 1956.

Von dieser heute allpervasiven — weil unsere Wirklichkeit spiegelnden — Ideologie bilden gewisse Formen des Spätmarxismus nur eine Variante. Eigensein gilt hier als Privileg und soll mit allen Privilegien abgeschafft werden. Wer über größere Fähigkeiten verfügt, verdankt sie nur seiner geldbedingten besseren Erziehung; es dürfen ihm aus ihnen keine materiellen Vorteile erwachsen. Kategorien, die im Kampf gegen den Kapitalisten ausgebildet wurden, werden jetzt auf das Individuum angewandt. Es gehört mit ihm in dieselbe Gesellschaftsstruktur, es ist auf seine Weise selbst ein Kapitalist. Die bürgerliche Freiheit war Reflex der ökonomischen. Schutz des Individuums hieß, so hören wir, primär Schutz des Besitzes und seines Besitzers, und es ist auch nicht etwa so, daß das ökonomische Interesse etwas hätte reif werden lassen, was auch unabhängig von ihm erstrebenswert wäre. Hatte Marx mit seiner Forderung, derselbe Mensch solle morgens Fischer, nachmittags Rezensent sein können, das allseitige Ausleben der Anlagen des Einzelnen und seine Freude an der Arbeit im Auge, so dient derselbe Gedanke jetzt umgekehrt seiner Versklavung *in majorem gloriam egalitatis.* Die Trennung in Hand- und Kopfarbeit war ein feudalistisch-kapitalistisches soziales Unrecht; jeder soll in Zukunft beides nicht nur verrichten *dürfen,* sondern *müssen.* Individualität soll nicht gesteigert, sie soll eingeebnet werden. Daher auch an Schulen und Hochschulen heute, unter dem Slogan der »gleichen Bildungschancen für alle«, die Nivellierung der Ausbildung. Nicht mehr die Begabten sollen gefördert, sondern auf Kosten der Begabten sollen möglichst viele Angehörige der »unterprivilegierten Schichten« durchgezogen werden.

Jeder soll gleiches Recht haben, keiner darf (und das gilt nicht nur ökonomisch oder sozial) herausragen, keiner darf ausgenützt werden: wo dieses Konzept in einer nur äußerlich atheistischen Gesellschaft die Valenz einer neuen Heilswahrheit annimmt, da bleibt für das Individuum kein Raum mehr. Auch im Rahmen äußerer Gleichheit könnte zwar Individualität gedeihen. Doch neigt der Gleichheitsglaube dazu, die Gleichheit zu totalisieren. Dann läuft Individualität ihr inhaltlich zuwider. Auch ohne daß sie dies tut wird Individualität rein dadurch, daß sie eine eigene Wertsphäre bildet, als Gegenmacht empfunden, die den Willen von den Idealen abzieht, für die man ihn eingesetzt sehen möchte. Diejenigen, die gegen Unterdrückung kämpfen, sind selbst Unterdrücker, nämlich des Individuums. Der Weltzustand, der sich selbst als der der Gerechtigkeit in Anspruch nimmt, ruht auf Unrecht und Mord.

Wo dieser Glaube sich ganze Staaten erobert, dort kommt es nicht mehr darauf an, daß der Einzelne sich in seinen Kräften und Neigungen erfüllt, nicht auf seine Innerlichkeit oder Wirksamkeit, sondern darauf, daß er eine weltanschaulich-politische Doktrin in seine eigene Identität aufnimmt und so dazu beiträgt, die Herrschaft einer Partei für ewig zu zementieren. Dem dient der Vorschulzwang vom dritten Lebensjahr an, durch den einer Staatsjugend Grundüberzeugungen so eingetrichtert werden können, daß sie nie mehr von ihnen loskommt. Dem dient die sich unter dem Vorwand, sie hebe das allgemeine Bildungsniveau, etablierende Erziehungsdiktatur. Dem dient die Persönlichkeitsveränderung in der Gehirnwäsche. Für diejenigen, die auch dann noch »gesellschaftsgefährdende Akte« begehen, zum Beispiel sich eine abweichende eigene Meinung bilden, stehen Nervenkliniken und Straflager bereit. Schon allein die Drohung mit diesen Schrecken sichert einen fast durchgängigen Konformismus.

Der Paramarxismus unserer Zeit richtet sich nur scheinbar gegen den Privatkapitalismus des Westens, der bereits sozialer ist als der Staatskapitalismus des Ostens. Wogegen er sich in der Tiefe richtet, das ist die individuelle Freiheit des Westens. Die Freiheit wird heute deshalb nur noch so lau verteidigt, weil ihr Träger, das Individuum, im Schwinden ist, und weil wir sie deshalb nicht mehr brauchen. Wir sind für die Unfreiheit von innen her reif. Das Individuum hat seine Partie weltgeschichtlich verloren.

GESCHICHTSHALTIGKEIT DES MENSCHEN UND VERNUNFTHALTIGKEIT DER GESCHICHTE

I

Entmachtete, angeschaute und unverlierbare Geschichte

a) Entthronung und Wiederentdeckung des »Schicksals«

Der frühe Mensch empfindet alles ihm Widerfahrende als von stärkeren Mächten über ihn verhängt. Sie haben ihm schon gleich bei der Geburt den Schicksalsfaden zugesponnen, haben das Wort gesprochen, an das als an sein fa-tum er nun gebunden bleibt, und begünstigen oder verfolgen ihn in jedem Augenblick seines Lebens. Auch nachdem die das Schicksal zuschickenden gestalthaften Gottheiten des Mythos zerbrochen sind, bleibt der Glaube an eine höhere Lenkung, nun seitens einer *unpersönlichen* Schicksalsmacht, bestehen. Weise Vorsehung und Fügung des ewigen Logos wie in der Stoa, die *necessitas* materieller Gesetze wie in der Atomistik, oder auch bloße Laune und Tücke der Tyche wie im Hellenismus, beherrschen Kosmos, Geschichte und Einzelleben. Dem Menschen bleibt nur, sich in das unabänderlich Vorbestimmte zu ergeben. Aus dem Gewirkten Gottes wird zuletzt das Schicksal im neutral-objektiven Sinn.

Dieser religiösen Konzeption gegenüber entwirft die Philosophie ein anderes Bild sowohl des Weltlaufs wie des Menschen. Für sie wird das Geschehen nicht mehr ausschließlich durch fremde und stärkere Kräfte prädeterminiert und festgelegt. Stattdessen weitet sich die Eigenmacht des Menschen. Er selbst ist es nun, der zumindest einen Teil in der Gewalt hat. Aus eigener Vernunft soll er sein ethisches Ideal aufstellen, ihm verantwortlich nachleben und so das Leben von innen bestimmen. Zum ethischen Ideal tritt das politische Programm, tritt die Utopie: er kann auch den Staat selbsttätig gestalten. In der griechischen Wirklichkeit war noch mehr erreicht: auf allen Gebieten des Lebens darf der Mensch das Zweckmäßige ersinnen, darf er Neues initiativ durchsetzen, an einer anderen Zukunft arbeiten. Die griechische Philosophie hat jedoch dieses grundsätzlich weiterreichende Selbstverständnis des Menschen als einer formenden Kraft nur auf ethisch-politischem Gebiet eingeholt.

Freilich müssen auch die Philosophen erkennen, wie sehr diese dem Menschen zugesprochene Autonomie von fortbestehenden Heteronomien eingeengt wird. Immer nur ein Bereich im Leben entspringt unserm zielstrebigen Planen und Handeln. Tausendfältig sind wir von außer uns liegenden, unserer Macht entrückten Faktoren bedingt. Der Spielraum unseres Willens liegt eingebettet in das Vorgegebene und das Mögliche, in das Unabwendbare und das Unvorhersehbare. So stößt auch die Philosophie wieder auf ein dem Menschen ohne sein Zutun Zufallendes und ihm Entzogenes, und auch sie benennt es daher gern wieder mit dem alten religiösen Begriff des Schicksals.

Aber während für die Religion das Geschehen als ganzes dem Schicksal untersteht, figuriert das Schicksal in der Philosophie von vornherein nur als Grenze und Widerpart der menschlichen Eigenkraft, die neben ihm um so mehr ins Spiel kommen darf und soll, als es nun hier, als nicht mehr gottgesandtes, auch nicht mehr *eo ipso* als sinnhaft erfahren wird. Als das aus der Welt auf uns Zukommende bildet es mit unserer Freiheit und Kunst, mit dem, was wir von innen anstreben und selbst leisten, ein Spannungsgefüge, in dem beide Seiten sich polar bedingen und miteinander ringend sich ergänzen. Wie sich nach Aristoteles in der Tragödie Ethos und Pathos begegnen, so steht, mit dem Begriffspaar der Sophistik, in allem Tun ein Teil bei unsrer Techne, bei unsrem Erkennen und Können; aber so weit Techne sich auch ausdehne, stets wirkt ihr unbegreiflich und unüberspringbar Tyche entgegen, die je nach dem ein mißgünstig-versagendes Gesicht trägt oder Glück und Gelingen gewährt. Wenn bei Macchiavelli *virtù* und *fortuna* miteinander konkurrieren, so ist dies sophistisches Erbgut.

Noch bei Schiller in seinem Gedicht über das »Glück« erneuert sich das alte Wissen, daß alles menschliche Streben fruchtlos bleibt, wenn ihm nicht eine unerzwingbare Gnade entgegenkommt.

Während die Sophistik Techne und Tyche als gleichgewichtige Partner sah, hat die Stoa die Bestimmungskraft des Menschen ins Ethische verengt, zugleich aber verabsolutiert. Durch meine eigene Vernunft, so sagt sie, kann ich tugendhaft sein, und nur Tugend zählt wahrhaft als Glück; alle Schläge, die das Schicksal mir zufügen mag, sind demgegenüber ein Allotrion, ein Adiaphoron. Dem steht im zeitgenössischen Hellenismus gegenüber der ebenso einseitige Volksglaube an die Allwirksamkeit der irrationalen Tyche.

b) Von der gelebten Tradition zur Geschichte als Gegenüber — Die Entdeckung der »Gegenwart«

Was wir bis jetzt für das Schicksal überhaupt zu konstatieren hatten, das gilt auch für den engeren Bezirk des *geschichtlichen* Schicksals. Wie die griechische Aufklärung die Wirksamkeit des Schicksals zunächst entthront und dann in modifizierter Weise wiederentdeckt und wieder einführt, so analog die abendländische Aufklärung die Wirksamkeit der Geschichte.

Im Mittelalter und bis tief in die Neuzeit hinein bewegten sich die Menschen in kontinuierlich von Generation zu Generation weitergegebenen Überlieferungen. Indem sie die aus Urväterzeiten zu ihnen herüberragende Tradition befolgten, lebten sie das Erbe der Vergangenheit noch als ihre eigene Gegenwart. Als Wiederholung des immer Gewesenen oder von Gott Gestifteten war die Gegenwart in ihrem Sosein, in ihren Einrichtungen und Anschauungen legitimiert. Freilich war die Gegenwart zugleich an solche Wiederholung gebunden und durch sie begrenzt. Das Heute wird völlig bestimmt durch das Einst. »Die Toten beherrschen die Lebenden« (Comte). Die Vorwelt trinkt das Spätere gleichsam in sich zurück, das ihr gegenüber noch kaum Selbständigkeit aufweist. Beide sind beinahe eins, es liegt noch keine Distanz zwischen ihnen.

Demgegenüber ist es seit dem 17., sich steigernd im 18. Jahrhundert die Vernunft, die aus ihren eigenen Prinzipien Leben und Welt gestalten und die Richtung des Geschehens bestimmen will. Diese Prinzipien sieht die Vernunft zwar für ewig an; allein erst jetzt werden sie vom Geist ergriffen und werden sie dadurch zu realen Bewegungsmächten. Damit gewinnt hier, auf die Vernunft gestützt, das Gegenwärtige gegen das Frühere eigenes Recht und eigene Kraft. Das Gewesene ist nicht mehr als solches schon das Vorbildliche: es untersteht dem Richtspruch der Vernunft, die es auch verwerfen und abstoßen darf. Die Zukunft braucht sich nicht nach dem Gewesenen zu richten: in ihr dürfen und können wir völlig Neues, noch überhaupt nicht Vorgezeichnetes, ins Werk setzen.

Das *ante* und das *post* sind also jetzt nicht mehr von einem gemeinsamen Traditionsstrom umschlossen (so wie sich beim Menschen im Unterschied zum Tier die Dinge überhaupt aus dem sie mit dem Erlebnispol verbindenden Vitalstrom entflechten und objektiv werden). Das *post* tritt dem *ante* selbständig und kritisch entgegen. Damit wachsen die beiden überhaupt erst auseinander. Es zieht sich ein Graben zwischen ihnen.

Allein das ist keine Minderung, nichts bloß Negatives! Wenn auch der primäre Bezug der Gegenwart jetzt den Vernunftprinzipien gilt, so bleibt sie trotzdem nach wie vor auf die Vergangenheit bezogen, bloß jetzt auf völlig verwandelte Weise. War bisher die Vergangenheit in der Gegenwart noch fortzeugend anwesend, so wird sie nun zum angeschauten Gegenüber. Für gelebte Tradition kommt im Gegenzug gewußte Geschichte, und auch diese gewußte Geschichte trägt abermals dazu bei, uns gegen die Tradition zu immunisieren. Indem die Vernunft die reale Macht der Vergangenheit über die Gegenwart bricht, behält und erobert sie sie zugleich zurück als Bild. Uns vom Anspruch der Vergangenheit an uns freisetzend, begründet die Vernunft die Vergangenheits*wissenschaft* und schenkt uns die Vergangenheit so, als historisch erkannte, wieder.

Ja nach dem die *Repulsion* der Vergangenheit als bestimmender Instanz durch den Rationalismus einmal geschehen war, konnte die Vergangenheit nun in einem zweiten Schritt, in der Romantik, sogar wieder *attrahieren*, konnte sie die Sehnsucht und die Zärtlichkeit der in der reinen Vernunftwelt frierenden modernen Seele auf sich lenken und ihr als Kompensation für das dienen, was die eigene Zeit nun nicht mehr zu bieten hat.[20] Neben die »kritisch zerbrechende« tritt die hinschmelzend bewundernde, neben die Wert und Unwert verteilende die demütig lernende Historie. Wie immer, wird das aus dem Lebenstag Ausgeschiedene und Verbannte zum doppelten Fascinosum.[21]

Es geht uns mit der Vergangenheit ähnlich wie mit der Natur. Früher lebte der Mensch noch in einem unbefragten Anthropomorphismus, er lieh der Natur eine ihm verwandte Seele und glaubte sie so zu kennen. Erst die Mechanistik, wie Descartes sie stabilisierte, hat *cogitatio* und *extensio* radikal auseinandergerissen. Wir dürfen nun nicht mehr hoffen, in der materiellen Außenwelt ein Analogon unserer Bewußtseinswelt wiederzufinden. Eben deshalb aber, weil die Natur uns fremd geworden ist, beginnen wir sie zu erforschen, und wir kennen die fremde nun besser als je zuvor die scheinbar schwesterliche. Ganz ebenso pflegten die Menschen sich bisher mit ihrer Vergangenheit zu identifizieren. Sie hielten sie für gleichen Stoffes wie sich selbst und sahen eben deshalb keinen Grund, das, dem sie sich so nah wähnten, näher zu prüfen und zu durchleuchten. In Wahrheit übertrugen sie unbekümmert spätere und nur ihnen eigene Denkformen auf das ganz andere Frühere. Auch hier hat erst die Zerstörung der naiven Uridentifikation, das Herausgerissenwerden aus dem Glauben an ein homogen Umfangendes, die Erkenntnis angespornt und dazu geführt, daß wir uns die Vergangenheit gegenständlich machen und sie in ihrer Eigenart und völligen Verschiedenheit von uns jetzt erst wirklich durchdringen. —

Nicht nur inhaltlich aber, indem sie Traditionen gehorcht, läßt sich die voraufklärerische Menschheit durch die Geschichte wegleiten. Sie glaubt auch an feststehende Formen des geschichtlichen Verlaufs, denen gemäß für die Antike jeder Geschichtskörper den Kreislauf von Blüte und Verfall durchmessen muß, für das Christentum das Weltende, für Joachim von Floris dagegen zuvor noch ein *tertium regnum* des Geistes bevorsteht oder, in Säkularisierung dessen, steigender Fortschritt, wenn nicht Sinken und Rückgang, unausweichlich unsere Bestimmung ist. Indem solche Vorfixie-

[20] Vgl. Joachim Ritter, Die Aufgabe der Geisteswissenschaften in der modernen Gesellschaft, 1961.

[21] Vgl. Verf., Tout finit par des chansons, in: Die absolute Dichtung, 1963.

rungen nicht nur die bisherige Geschichte, sondern auch noch Gegenwart und Zukunft beherrschen, lassen auch sie den Menschen nicht zur Autonomie erwachen. Vor der Weisheit dieser Fixierungen kurzsichtig, vor ihrer Gewalt schwach, bleibt ihm nichts übrig, als sich in Ergebenheit den von ihnen entworfenen Linien anzuvertrauen und sie durch sein Tun auszufüllen. Erst das spätere 18. Jahrhundert gibt ihm das Selbstvertrauen, daß er, so wenig wie an Traditionen, so wenig auch an urverhängte Gangrichtungen der Geschichte ausgeliefert ist, daß es vielmehr bei ihm, bei seinem Planen und Leisten steht, die Geschichte selbst in die Hand zu nehmen, sie aus seinem Schicksal in sein Produkt zu verwandeln und, wie über ihren Inhalt, so auch über ihre Richtung von sich aus zu bestimmen. Das gleiche Prinzip, das die Traditionen zerschlägt, zerschlägt auch die alte Geschichtsmetaphysik.

Und wie wir sahen, daß an die Stelle der Traditionen objektive Geschichtsbetrachtung tritt, so kommt auch der Rückgang der Geschichtsmetaphysik der Geschichtsbetrachtung zugute. Denn solange man die Zeiten als steigende oder sinkende schaut, bewertet man sie noch nach von außen genommenen Maßstäben. Erst die Preisgabe solcher Maßstäbe gibt den Blick frei für den spezifischen und immanenten Wert jedes Zeitalters. Diese »Eigenwertlehre« (Thyssen) aber, wie der junge Herder sie auch theoretisch begründet hat, bildet das philosophische Fundament aller seitherigen Geschichtswissenschaft.

c) Die unaufhebbare Bestimmungskraft der Geschichte

Wir umrissen damit, wie das Vernunftzeitalter sich in doppelter Weise aus der Umklammerung durch die Vergangenheit löst. Aber wie wir einleitend sahen, daß der Mensch durch seine Selbstbestimmungskraft dem Schicksal entgegentreten will und es dann doch wieder über sich anerkennen und sich ihm fügen muß, so wiederholt sich dies auch hinsichtlich der Geschichte. Die gleiche Vernunft, die die Geschichte entmachtet, entdeckt sie auch wieder, und nicht nur, wie wir schon hörten, als uns gegenüberstehende und durch die Historie zu betrachtende, sondern als unser Sein von innen her prägende und unentgehliche.

Denn dies ist das eine: daß wir frei sind, aus unserer Einsicht und Tat neue Anfänge zu setzen, und daß wir auch das, was die Vergangenheit in uns bewirkt hat, wieder aufdröseln und rückgängig machen und an seine Stelle ein Selbstverantwortetes setzen können. Das andere aber ist, daß wir dies immer nur partiell können. Denn das von uns übernommene Erbe ist überreich. An ihm haben nicht nur, wie an einem mittelalterlichen Dom, Jahrhunderte, sondern Jahrtausende gebaut. Die Leistungskraft eines Einzelnen, ja eines ganzen Zeitalters bleibt neben ihm stets beschränkt. Wir können wohl aus der von der Vergangenheit in die Zukunft wandernden Phalanx der Traditionen einzelne Glieder herausreißen, aber den Weitermarsch der Phalanx als ganzer nicht hindern. Die folgenden Zeitalter können zwar aus ihr wieder neue Teile ausmerzen, so daß ihr ursprünglicher Bestand zum Ende völlig zerstört ist. Aber dann ist bereits, was die früheren Zerstörenden an die Stelle setzten, seinerseits in die Tradition eingegangen, deren Gewicht also dem Schöpfertum des jeweiligen Augenblicks stets überlegen bleibt.

Bewußt aufheben läßt sich ferner nur die uns als solche bewußte Tradition. In unendlich vielem aber reproduzieren wir geschichtlich einmal Entstandenes, ohne daß wir uns darüber Rechenschaft gäben. Wir halten für selbstverständlich und für Natur, was in Wahrheit Menschenwerk ist. Auch aus diesem Grunde ist die Tat des Überkommenen an uns nie mehr ganz rückgängig zu machen.[22]

Solch totaler Abbau des Überlieferten liegt aber auch nicht in unserem Interesse. Neben dem auflösenswerten steht das zu bejahende Erbe, für das wir dankbar sein müssen, ja das uns Höheres darreicht, als wir es von uns aus ersonnen hätten. Wir sind nicht nur Opfer, sondern auch die beschenkten Kinder der Geschichte.

Nach Herder hat es am eindrücklichsten schon Hegel ausgesprochen und hat sein ganzes System darauf gebaut, daß in allem, was wir heute sind, wie sehr auch modifiziert, die Stationen des Weges, der dazu hinführte, aufgehoben bleiben. So bildet bei ihm die *Geschichte* der Philosophie selbst das *System* der Philosophie. »Der Besitz an selbstbewußter Vernünftigkeit, welcher uns, der jetzigen Welt, angehört, ist nicht unmittelbar entstanden und nur aus dem Boden der Gegenwart gewachsen, sondern ist dies wesentlich in ihm, eine Erbschaft und näher das Resultat der Arbeit, und zwar der Arbeit aller vorhergegangenen Generationen des Menschengeschlechts zu sein« (17, 28).

Nach den Zwischenjahrzehnten des Positivismus hat dann Dilthey diese Einsicht wieder erneuert. Wir *haben* nicht nur, als Betrachtende und Benützende, Geschichte, wir *sind* Geschichte, sind Geschichte ebensosehr wie Natur, ja erst durch sie empfangen wir unsere volle Wirklichkeit und Höhe, wärend die »allgemeine Menschennatur« des Rationalismus dürftig bleibt. Aber in Wahrheit gibt es diese allgemeine Menschennatur gar nicht, sondern immer finden wir uns schon als in die Geschichte verwobene, durch

---

[22] Vgl. Verf., Der Mensch als Schöpfer und Geschöpf der Kultur, 1961, S. 19; Pluralität und Antinomie, 1963, S. 17.

sie bedingte und besonderte vor, und all unser Tun, ja selbst unser Erkennen trägt daher den Stempel dieser historisch bewirkten Besonderung.

Weder Hegel noch Dilthey wollen dabei den Menschen als solchen bloß passives Gefäß seiner Geschichte sein lassen. Im Gegenteil, beide glauben sie, daß der Mensch selbst es ist, der unermüdlich die Geschichte und seine eigenen Wandlungen hervorbringt. Aber wovon der Frühergeborene der Former war, davon ist der Spätere nur noch der Geformte, wenn er auch seinerseits dann wieder neue Form aus sich herausprägen mag.

Unser Sein ist also ein Gewordensein, in unserer Gegenwart lebt noch verklungene Ferne. Eben deshalb aber führt auch der Weg zu unserm eigenen Selbstverständnis nur über das Geschichtsverständnis, das damit, über das schon Gesagte hinaus, noch einen weiteren und aktualen Sinn gewinnt. Wir werden uns selbst erst durchsichtig, indem wir um die Ströme wissen, die sich in uns mischen und befehden. »Die unmittelbare Selbstbeobachtung reicht lange nicht aus, um sich kennenzulernen; wir brauchen Geschichte, denn die Vergangenheit strömt in hundert Wellen in uns fort« (Nietzsche, MA 223).

II

Vergessene, mythisierte und gewählte Geschichte

Neben die in Form von Traditionen bis heute lebendige Vergangenheit, so sahen wir, tritt seit dem 18. Jahrhundert, das zuerst nicht mehr aus Traditionen, sondern aus Vernunfteinsichten leben will, die in geschichtlichem Wissen vergegenständlichte Vergangenheit. Aber auch als bloß noch gewußte übt die Vergangenheit nach wie vor eine Prägung auf uns aus. Welche großen Männer mit ihren Taten uns gegenwärtig sind, welche sozialen und staatlichen Formen wir kennen, welche Kunstgebilde wir in uns aufnehmen, all dies lenkt unsern Geist in bestimmte Bahnen und wirkt so auch auf unser Leben und Tun. Es ist der Gedanke alles Humanismus, durch Vor-Augen-stellen der klassischen Vorbilder im älteren Humanismus, der geschichtlichen Mannigfaltigkeit im neueren Humboldts, den Menschen als ganzen zu heben, zu verfeinern, zu vergeistigen, ihn, nicht nur intellektuell, zu bilden.

Aber auch durch diese indirekte und schwächere Weise der Beugung unter die Geschichte hat freier Selbstseins- und Neubeginner-Wille sich beeinträchtigt gefühlt. In verschiedener Weise hat er sich in Lebens- und Existenzphilosophie gegen sie empört.

a) Abgeschüttelte Geschichte und »Nutzen der Historie für das Leben« bei Nietzsche

Als erster ist hier Nietzsche zu nennen, dessen bekannte Jugendschrift sich zwar zunächst nur gegen das zu seiner Zeit angeschwollene *Übermaß* an Historie und also eigentlich gerade nicht gegen das uns in Pacht nehmende, sondern gegen das uns unberührt lassende geschichtliche Wissen richtet. Allein auch *dieses* Wissen übt seinen Einfluß auf uns aus, bloß negativ: es zieht uns zurück statt nach vorn, macht uns zu kontemplativen, gegen sich selbst skeptischen Spätlingen statt schöpferisch. Indem es unzählige fremde Möglichkeiten vor uns ausbreitet, verwirrt es den Instinkt, schwächt die Persönlichkeit und lähmt die Tat. Angesichts dieser Krankheitssymptome des historischen Zeitalters erklärt Nietzsche, daß alles Leben nur intakt bleibt und sich entfaltet, wenn in ihm ein Gleichgewicht herrscht zwischen Erinnern und Vergessen. »Bei dem kleinsten aber und bei dem größten Glücke ist es immer eins, wodurch Glück zum Glücke wird: das Vergessenkönnen, oder, gelehrter ausgedrückt, das Vermögen, während seiner Dauer unhistorisch zu empfinden. Wer sich nicht auf der Schwelle des Augenblicks, alle Vergangenheiten vergessend, niederlassen kann, wer nicht auf einem Punkt wie eine Siegesgöttin ohne Schwindel und Furcht zu stehen vermag, der wird nie wissen, was Glück ist, und noch schlimmer, er wird nie etwas tun, was andere glücklich macht.« Ein zweiter Rousseau, ruft daher Nietzsche dazu auf, nicht nur das Rad der Geschichte, sondern das der Historie zurückzudrehen. Nicht mehr, wie für alle ältere Philosophie, die Erkenntnis, sondern das steigende Leben ist für ihn der höchste Wert, und auch daran, daß die Wahrheit immer nur zum Guten sein könnte, glaubt er nicht mehr. Daher soll diejenige Erkenntnis, durch die das Leben verkümmert und entartet — und das ist eben die zu weit getriebene historische Erkenntnis — wieder abgebaut werden.

Dieser Appell hat, wenn auch mit anderem Motiv und Ergebnis, Nachfolge gefunden in unserer eigenen Zeit, deren Geschichtsmüdigkeit, ja -verdrossenheit viel behandelt und viel beklagt worden ist. Während die Geschichts*wissenschaft* sich noch weiter ausbreitet, tritt die Geschichte als allgemeine Bildungsmacht heute zurück.[23]

Der Hauptgrund ist, daß sich in den letzten hundert Jahren größere Veränderungen vollzogen als früher in Jahrtausenden und daß deshalb das Frühere, so wie es als Tradition abgebaut ist, nicht einmal mehr als gegenständlich Erinnertes zu uns spricht. Sogar den Theologen selbst ist

---

[23] Vgl. Hermann Heimpel, Geschichte und Geschichtswissenschaft, Vjh. f. Z. 1957; Reinhard Wittram, Das Interesse an der Geschichte, 1958.

die überkommene Religion, den Philosophen sind die überkommenen metaphysischen Systeme, den Künstlern die Stile fremd geworden. Wir können an das alles für das eigene zu Leistende schwer noch anknüpfen. Die Menschheit scheint wieder in der »Stunde Null« zu stehen. Geschichtslos beginnt sie von vorn. Bilder, die bisher noch wegleitend waren, verblassen, treten unter den Horizont.

Neben der Repulsion der Vergangenheit bleibt uns auch nach Nietzsche ihre Zurückrufung unerläßlich, ja Nietzsche feiert es als eigenes Anthropinon, daß der Mensch im Unterschied zum Tier sich erinnert. Allein auch an der Art des Erinnerns, wie sie von der Historie seiner Zeit betrieben wurde, übt er Kritik, und wieder vom Leben aus. Der wissenschaftliche Historiker ist ausschließlich seinem Gegenstand hingegeben. Demgegenüber will Nietzsche diejenige Historie wieder in ihre Rechte einsetzen, die eine Funktion des Lebens selbst ist und dem Leben dient. Das Leben bedarf der Vergangenheit als Vorbild, als Stütze oder auch um sich gegen sie abzuheben. Aber wovon es dabei geleitet wird, das ist nicht die Gerechtigkeit, sondern sind seine eigenen Nöte und Ziele. Mit plastischer Kraft verleibt es sich, wie Fremdes überhaupt, so auch das Frühere ein, bildet es jedoch dabei nach Maßgabe seiner eigenen Wachstumsgesetze um. Nicht objektiv also hat das Bild der Vergangenheit zu sein, sondern lebenfördernd, und dafür, daß es dies ist, darf das Leben sie sogar zum Mythos umwandeln. Ja im Grunde ist nur der Mythos dem Leben gemäß, während es von der Objektivität in seiner Lebendigkeit und seinem eigenen Anspruch übergangen und zum bloß passiven Spiegel herabgedrückt wird.

Auch dieses Nietzschesche Programm hat im 20. Jahrhundert Nachfolge gefunden bei Theodor Lessing, bei Ernst Bertram und, roher, in den Totalitarismen. Vorsichtigeres Denken dagegen hat sich bemüht, das Objektivitätsideal beizubehalten und dennoch auch der Forderung Nietzsches zu genügen. Der moderne Historiker will nicht mehr nur, wie Ranke, wissen, wie es damals gewesen, sondern wie es bis zu uns, zum Heute, gekommen ist. Er stellt nicht nur die Vergangenheit um ihrer selbst willen dar, sondern zieht die Linien zu unserem eigenen Weltaugenblick: was von ihr ragt als Erbe noch zu uns herüber, worin ist sie uns verwandt oder fremd und bedeutet uns noch etwas? Gegenwart und Geschichte werden so zu zwei Partnern eines »Dialogs«. Es soll in der Geistes- anders als in der Naturwissenschaft zwischen Subjekt und Objekt zum Bezug, zur »Begegnung« kommen. Die Geschichte wird als »unsere« Geschichte angenommen oder verworfen und damit bewertet.

So haben wir also auch hier nicht bloß rezeptiv hinzunehmen und abzukonterfeien, was in der Geschichte schon vorgestaltet liegt, sondern auch unser eigenes Sein tritt neben ihr als unüberspringbarer Faktor in Aktion und geht in unser Bild von ihr mit ein, das dadurch aber nur noch tiefer und wesentlicher wird. Jeder Ausleger deutet je nach seiner Situation wieder anders, aber das macht die Auslegung nicht unsachlich, es erhöht, wie zuletzt Gadamer gezeigt hat, nur ihre Fruchtbarkeit. Auszuschalten suchen muß, wer sich mit Geschichte befaßt, nur die *kleine* Subjektivität, das Private, die Willkür; die Standortgebundenheit als solche dagegen kann er weder, noch soll er sie ausschalten. Spielte sie bisher schon immer unbewußt, als naives Hineinprojizieren, mit herein, wird sie heute zu einer gewußten und gewollten, bildet jedoch als solche zur Objektivität keinen Gegensatz.

b) Angeeignet-übernommene Geschichte bei Kierkegaard und in der Existenzphilosophie

Die Wirkung Nietzsches konvergiert hier mit derjenigen Kierkegaards, dessen Ausgangspunkt jedoch ein ganz anderer war. Nietzsche litt unter dem Zuviel des uns nicht angehenden, beliebigen geschichtlichen Wissens, Kierkegaard dagegen darunter, daß sogar unsere eigene christliche Tradition uns gemeinhin äußerlich bleibt und uns nicht durch und durch ergreift. Solange ich nur Christ bin, weil ich als Christ groß geworden bin und in christlichen Sitten und Gewohnheiten lebe, bin ich es noch nicht wahrhaft. Dazu gehört vielmehr, daß nicht nur Geburt und geschichtliche Situation mich zum Christentum gebracht haben, sondern daß ich mich auch innerlich dazu *verhalte.* Ich muß das Christentum in einem bewußten Akt *wählen,* und nur in diesem Wahlakt werde auch ich selbst als Christ mir geschenkt, während der Hegelianer in »weltgeschichtlicher Distraktion« sich selbst vergißt.

Vorhin hörten wir, solange noch eine ungebrochene Tradition herrsche, seien Vergangenheit und Gegenwart im Grunde eins; erst indem ich aus der Tradition heraustrete, gewinnt die Vergangenheit für mich die Distanz des Gegenüberstehenden. Demgegenüber begrüßt Kierkegaard die historische Distanz nicht als Errungenschaft, sondern möchte sie umgekehrt wieder zum Verschwinden bringen. Allein für ihn kann auch die Tradition als solche den Graben von 1800 Jahren, der zwischen mir und Christus liegt, nicht überbrücken. Erst indem ich mir die Tradition selbsttätig *aneigne* und mich von mir aus für Christus entscheide, werde ich mit Christus »gleichzeitig«. Kierkegaard nimmt damit in gewisser Weise das alte Augustinische Motiv des *liberum arbitrium* wieder auf, bloß daß seine Entscheidung nicht eine solche für oder wider Gott ist, sondern wider den bloß gelernten und überkommenen Gott für den ursprünglich neu erlebten Gott. Kierkegaard ist insofern ein zweiter Luther. Er will an die Stelle der bloßen religiösen Sitte und der veräußerlichten Form den persönlichen Gottesbezug, die unmittelbare numinose Erschütterung setzen. Ein Mystiker, für den das höhere Leben erst mit der Wiedergeburt beginnt.

Was Kierkegaard nur für das *christliche* Erbe forderte, das haben die zwanziger Jahre auf *all* unser geschichtliches Erbe, ja auf die bloß *gewußte* Geschichte, nicht nur auf die wirklich prägende, übertragen. Diese Verallgemeinerung einer genuin religiösen Kategorie hat unseren Geschichtsbezug ebensosehr partiell intensiviert wie andernteils fehlgeleitet. Menschliche Geschichtlichkeit[24], wie das Modewort lautet, bedeutet nun nicht nur, daß wir durch Herkunft und Gegenwartskonstellation eine bestimmte Prägung erfuhren, sondern daß wir selbst es sind, die kraft eigener Aktivität die Geschichte ergreifend sie erst für uns bestimmend werden lassen. Mit wechselnder Akzentuierung bei Heidegger, Jaspers und Sartre *stehe ich* noch gar nicht *eo ipso* in der Geschichte, sondern *stelle mich* erst in sie hinein. Erst indem ich mein Erbe wollend und verantwortlich »übernehme«, wird es für mich im vollen Sinne zu meinem Erbe, während das Übernommene, das bloß real auf mich einwirkt oder von dem ich bloß betrachtend weiß, außerhalb meines eigentlichen Daseins bleibt.[25]

Hier zeichnet sich bereits die moderne Abwandlung des Kierkegaardschen Gedankens ab. Bei Kierkegaard hatte die Wahl nur den Sinn der Aneignung der einzig zählenden christlichen Tradition, jetzt dagegen hat sie zugleich den Sinn der (persönlich bestimmten) Auswahl aus dem unendlich vielen Nicht-aneigenbaren, das die Geschichtskunde uns zuträgt. Bei Kierkegaard bestand an der Absolutheit des Christentums kein Zweifel; die Aneignung sollte nur dazu verhelfen, mit dieser Absolutheit ernst zu machen. Nach der Zwischenzeit eines historischen Relativismus knüpft sich an die Aneignung jetzt die Hoffnung, dank ihr, also kraft der Absolutheit des eigenen Entscheidungsaktes selbst, der Flut des Relativismus zu entrinnen und wieder einen Punkt des Unbedingten und Verbindlichen zu finden. Für Kierkegaard erfüllen wir, uns für das Christentum entscheidend, nur unsere vorgezeichnete Bestimmung. Die Entscheidung ist zwar frei, und doch binden wir uns in ihr nur um so tiefer. Für die Existenzphilosophie dagegen bekundet sich gegenüber der *Determination* durch die Geschichte in der Entscheidung unsere *Macht und Freiheit*. Unsere Macht

[24] Vgl. Verf., Die fünf Begriffe der Geschichtlichkeit, in: Der Mensch als Schöpfer und Geschöpf der Kultur, 1961. Gerhard Bauer, Geschichtlichkeit. Wege und Irrwege eines Begriffs. Berlin 1963. Leonhard von Renthe-Fink, Geschichtlichkeit. Göttingen 1964.

[25] Vgl. Otto Friedrich Bollnow, Existenzphilosophie und Geschichte. In: Blätter für deutsche Philosophie, Bd. 11, 1938.

über unser Erbe ist größer als seine Macht über uns, die es nur auszuüben vermag, wenn und weil wir zu ihm entschlossen sind und es bejahen. Trotz aller nahen und fernen Ströme, die uns gespeist haben, gehören wir uns ganz, dürfen wieder von vorn beginnen und sind frei, uns wie aus dem Nichts so oder anders zu entwerfen.

c) Humanistische und anthropologische Kritik an der Existenzphilosophie

Gegen die existenzphilosophische Position erheben sich zwei Einwände:

1. Zunächst ist die Alternative zwischen einer mich engagierenden Geschichte, auf die ich mein Leben gründe, und einer bloß unbeteiligt angeschauten, die mich überhaupt nicht betrifft, falsch. Wie wir schon sahen, verspricht sich auch der Humanismus Humboldts vom Umgang mit der Geschichte, und zwar gerade nicht von der einverwandelten, sondern von der streng gegenüber bleibenden, mehr als bloß Bereicherung des *Wissens.* Jeder Mensch und jedes Zeitalter ist in sich einseitig und begrenzt. Indem wir uns die Mannigfaltigkeit anderer Möglichkeiten des Lebens und des Geistes vergegenwärtigen, weiten wir nach Humboldt unsere subjektiv-zufällige Enge und nehmen dasjenige, was wir im Sein nicht verkörpern, wenigstens teilnehmend und mitfühlend in uns auf. Wiewohl nur ein *Fragment* der Menschheit, tragen wir so doch die ganze Menschheit in uns: durch Universalität zur Totalität! Ähnlich hat schon Winckelmann, wie Schlegel an ihm rühmte, die Bedeutung der Antike für uns dadurch, daß er ihre völlige Andersheit herauskehrte, nur noch erhöht. Hier übt also die Geschichte eine erzieherisch bildende Funktion aus eben deshalb, weil sie ein Fremdes, weil sie das Nicht-eigene ist.

Gewiß besteht bei solchem Humanismus die Gefahr, die Geschichte rein spektakulär, als unverpflichtendes Schauspiel, an sich vorüberziehen zu lassen, sich ästhetisch an ihr zu berauschen, ohne daß sie einem innerlich zuwüchse und eine Lebensbedeutung für einen gewänne. Demgegenüber sind dann diejenigen im Recht, die von uns erwarten, daß wir wenigstens zu einer oder einigen Stellen der Geschichte nicht nur einen kontemplativen, sondern einen existentiellen Bezug gewinnen, daß sie uns aus dem »Bildungserlebnis« zum schicksalhaft fordernden und verwandelnden »Urerlebnis« (F. Gundolf), zur Wahrheit wird, zu der wir uns bekennen und mit der wir uns identifizieren, oder auch zur passioniert bekämpften Gegenmöglichkeit und Ungültigkeit, jedenfalls aber zu einem uns Angehenden, zu unserer Sache, zu der wir Stellung beziehen. — Allein so wenig, wie das humanistische Sichöffnen für die Fülle das existentielle Ergriffenwerden durch das Eine ersetzen und überflüssig machen kann, so wenig kann dieses an die Stelle von jenem treten, solange es noch echt und ernst ist. Wir bedürfen ihrer beider, müssen in der Spannung zwischen ihnen leben.

2. Sodann überschätzt die Existenzphilosophie die Tragweite unserer *Entscheidung* über die Geschichte verglichen mit dem, was die Geschichte ihrerseits schon über uns vorentschieden hat. Wie immer, so ist auch hier die Freiheits*philosophie* nur subjektive Bekundung von Freiheits*ethos*. Nicht überall hängt am persönlichen inneren Ja so viel wie im Protestantismus. Ob ich deutsch bloß spreche, weil es meine Muttersprache ist, oder ob ich mich liebend dazu bekenne, danach werde ich gar nicht gefragt, ja selbst wenn ich mich gegen das Deutsche entscheide und in einen andern Sprachraum emigriere, bleibt es meine Muttersprache, der ich gar nicht entrinnen kann. Gewiß macht es einen Unterschied, ob ich mich bemühe, ein gutes Deutsch zu sprechen, ob ich mir meiner Verantwortung der Sprache gegenüber bewußt bin, oder ob ich nur ein gleichsam naives Verhältnis zu ihr habe. Aber erstens ist auch die bewußte Übernahme der Sprache nur begrenzt ein Akt der Freiheit zu nennen, da er ja gerade darin besteht, daß ich der Sprache *diene*, mich ihren Gesetzen unterordne, ihre Möglichkeiten auszuschöpfen suche. Zweitens aber bin ich, auch wenn ich das nicht tue, auf alle Fälle immer schon in meinem ganzen Weltauffassen, Denken und Fühlen das Produkt meiner Muttersprache. Die Entscheidung für sie bringt daran keine Änderung und fügt ihm auch nur ein Geringes hinzu.

Wenn die Existenzphilosophie die Geschichte in unsere Hand gibt und es uns anheimstellt, was wir aus ihr machen, dann denkt sie — deren Anspruch es doch sonst ist, das Elementare und Ursprüngliche aufzugraben — allzusehr nur an das Spät- und Oberflächenphänomen der Geschichte, die wir aus Büchern lernen. *Dieser* Geschichte gegenüber sind wir in der Tat frei, ob wir sie für uns gültig werden lassen oder nicht. Dagegen ist die Existenzphilosophie offenbar zu wenig von der unüberspringbaren anthropologischen Erkenntnis des Historismus, von der wir sprachen, berührt worden, daß wir, längst ehe wir um Geschichte *wissen*, ihr immer schon ausgesetzt und unterworfen waren und primär geschichtlich *sind* in dem Sinne, daß sie uns überhaupt erst zu dem gemacht hat was wir sind. *Les jeux sont faits!* wie der weisere Dichter Sartre selbst dem konstruktiven Philosophen Sartre entgegenhielt. Die Geschichte steht nicht nur zur Auseinandersetzung unserm Geist gegenüber, sondern hat schon viel früher an unserer Substanz mitgebildet, die durch kein Autonomie-Ethos wieder rückgängig gemacht und transmutiert werden kann. Die Existenzphilosophie ist das Rückzugsgefecht des Autonomieglaubens gegen den Historismus. Sie will gleichsam wie die Wiedertäufer an die Stelle der Kindertaufe, die das Symbol für all das ist, was die Kirche schon diesseits unseres Erwachens zur Selbständigkeit in uns legt, die Erwachsenentaufe setzen.

III

Lenkbarkeit und Eigengesetz der Geschichte

a) Freiheits- und Notwendigkeitsglaube im Gegeneinander

Wir sahen, wie tief der Mensch vom Medium der Geschichte durchtränkt ist, und daß sich in der Existenzphilosophie der Freiheitswille, vergeblich, dagegen empört. Aber der Anspruch der Freiheit erstreckt sich primär nicht auf Freiheit von der Vergangenheit, sondern auf Freiheit in die Zukunft hinein, nicht auf unser ganzes Sein, sondern auf unser Handeln. So erhebt sich die Frage: sind wir, wie sehr auch durch die Geschichte geboren und erzogen, dennoch in unserm heutigen Denken und Wollen unabhängig von ihr, oder ist ihre Macht über uns eine totale? Bildet sie nicht nur unser Fundament, sondern unsere Schiene? Sind wir auch mit all dem, was wir selbst an Neuem zu schaffen glauben, in Wahrheit nur in sie gebannt und durch sie gegängelt? Nachdem das Gespenst des physikalischen Determinismus gebannt ist, bedroht uns der geschichtsphilosophische.

Wer Geschichte in größeren Verläufen betrachtet, wird leicht dazu gelangen, in ihr übergeordnete Tendenzen oder Gesetze wirksam zu finden, die ihr aus objektiven Notwendigkeiten jeweils eine bestimmte Richtung verleihen. Man kann diese Gesetze mehr ins Formale verlegen, etwa: daß sich die Geschichte in Wellenbewegungen oder in einem Dreitakt vollziehe, man kann sie mehr inhaltlich wenden, wie z. B. Comtes Drei-Stadien-Gesetz es tut, oder man kann sie auf einzelne Kulturgebiete beschränken, so wie etwa nach Roscher bei jeder wirtschaftlichen Entwicklung erst der Boden, dann die Arbeit, dann das Kapital vorherrscht, oder nach Wölfflin auf einen zeichnerischen Stil immer ein malerischer folgen muß.

Gleichviel aber wie man die Gesetze auch fasse, immer folgt aus ihnen für uns Menschen, die wir die Geschichte tragen, daß im Grunde nicht wir es sind, die sie durch unsere Entscheidungen und Taten vorantreiben, sondern daß dies überpersönlich-stärkere Gewalten tun, die über unseren individuellen Willen hinweg den Weitergang des Geschehens bestimmen. Wir selbst sind nur die Werkzeuge — die »Marionetten« —, deren sie sich bedienen, damit wir die in ihnen vorgezeichneten Notwendigkeiten vollstrecken. Wir sind es so sehr, daß wir gar nicht auf den Gedanken kommen, uns diesen Notwendigkeiten zu entziehen, sondern uns ihnen aus spontanem Antrieb unterwerfen und sie für unsere eigenen halten. Ist also zum Beispiel ein Stilumschwung an der Zeit, so erlegt sich nach Wölfflin dieses objektiv-immanente Entwicklungsgesetz der Malerei den einzelnen Malern auf, es zieht sie in eine neue Richtung, und indem jeder nur seinem persönlichen Schönheitsempfinden zu folgen meint, bewerkstelligen sie den von ihnen unabhängig in der Logik der Sache reifgewordenen Umschwung.

Sind aber die Menschen derart nur die ausführenden Organe im großen vorbestimmter Abläufe, dann gilt dies nicht nur für die Vergangenheit! Wer das Gesetz der Geschichte zu kennen glaubt, der kann auch antizipieren, wie sie sich ab heute weiterbewegen wird. So hat Nietzsche den Nihilismus, Spengler das Eintreten unserer Kultur in die zivilisatorische Spätphase vorhergesagt. Der französische Historiker Bainville hat in einem 1920 erschienenen Buche vorweggenommen, daß der Versailler Vertrag in Deutschland ein Ressentiment schaffen und daß dieses Ressentiment in Nationalismus und Militarismus explodieren würde. Er sah bereits voraus: die Einigung Deutschlands unter einem Führer, die Remilitarisierung, der England aus Gründen des europäischen Gleichgewichts gleichgültig zusehen würde, die Verbündung Deutschlands mit Italien und Japan, die Annexion Oesterreichs und der Tschechoslowakei, die Aufteilung Polens mit Rußland und endlich die Überrennung Frankreichs.

Die Geschichte ist nicht die Geschichte von Einzelnen, die sie erwirken und erleiden, sondern der überindividuellen Völker und Staaten, Religionen und Stile und so fort. Man muß, um ihrer gewahr zu werden, den Blick vom Einzelnen losreißen. Kehrt man dann aber wieder zum Einzelnen zurück, so steht er nicht mehr für sich. Die eigengesetzliche Strömung jener größeren und eigentlichen Geschichtskörper rauscht durch ihn hindurch. Von der Geschichte als eigener höherer Ganzheit, in der die Menschen nur Glieder, vom Seinsgebilde der Kultur, für die sie nur die Bauleute sind, ausgehend und von hier aus erst zum Menschen hinüberschauend, veranschlagen Historiker und Geschichtsphilosophen die menschliche Freiheit oft nur gering.

Ganz anders, ebenso berechtigt, aber mit jener unvereinbar, die Perspektive dessen, für den, noch mehr nach dem Vorbild der Ethik, der Mensch, seine Einsicht und sein Wille, das erste, die Geschichte dagegen seine Aufgabe und das von ihm Geschaffene ist. Hier scheint jeder Schritt in Selbständigkeit zu erfolgen, und daher der autonomistische Protest gegen die Aufsaugung des Individuums durch die Geschichte seit der Hegelkritik Kierkegaards und Stirners. Die Historiker, so malt es sich von hier aus, operieren nur mit allerglobalsten Tendenzen, durch die die Entscheidung in der hochspezifischen jeweiligen Situation, in der immer noch andere Faktoren ins Spiel treten, keinesfalls schon präjudiziert ist. Ihre Anthropologie ist nur eine sekundäre, den Menschen von außen angehende und darum verfälschende.

Umgekehrt nimmt der Glaube an die Geschichtsgesetze die Entscheidung als ein bloßes Vordergrundgeschehen, in dessen Rücken erst die eigentlichen Bewegkräfte des Geschehens liegen. Wer meint, seine Antriebe entsprängen nur ihm selbst, befindet sich gleichsam noch im Stande der Unschuld. Wie sich alles Leben großenteils unbewußt ist, so ruht auch unser Handeln auf vielen Voraussetzungen, die wir selbst nicht kennen. Die geschichtsphilosophische Reflexion jedoch legt diese Voraussetzungen frei und zerstört damit die Unschuld. Sie leitet damit gewissermaßen eine kopernikanische Wendung ein: wie wir naiverweise glauben, die Dinge seien so, wie sie in unsere Sinne fallen, und erst die Erkenntnistheorie uns belehrt, daß sie in Wahrheit transzendental geformt sind, so halten wir unser Handeln naiverweise für frei, und erst die Geschichtsphilosophie belehrt uns, daß es in Wahrheit durch in und hinter uns waltende historische Notwendigkeiten prädeterminiert wird. Während jedoch die Erkenntnistheorie das Subjekt erst seiner eigenen formenden Macht inne werden läßt, wird es durch die Geschichtsphilosophie umgekehrt entmächtigt.

Auch in den beiden namhaftesten Geschichtsphilosophen der ersten Hälfte unseres Jahrhunderts stehen sich die zwei Auffassungen gegenüber. Für Spengler ist jeder Kultur ihre Schicksalslinie unabänderlich vorgezeichnet. Die vorgeblichen Helden der Geschichte sind nicht ihre Beweger, sondern nur ihre Figuranten, die das durchführen, was in der prästabilierten Entwicklung jeweils aktuell und ihnen von ihr zudiktiert wird. Daher könnte, wenn einer ausfiele, grundsätzlich auch ein anderer dieselbe Rolle agieren. Wäre Napoleon bei Marengo gefallen, so wäre, was er geschichtlich »bedeutet«, »in einer andern Gestalt verwirklicht worden«. Daher kann der Einzelne den Forderungen der Phase, in der er sich vorfindet, zwar entgegenzuwirken suchen, jedoch vergeblich: sie sind stärker als er. Es ist wie in der stoischen Metaphysik: die Weisen gehorchen dem Weltlauf freiwillig, die Toren unfreiwillig. *Volentem fata ducunt, nolentem trahunt.*

Für Toynbee dagegen, bei dem noch Bergson fruchtbar geworden ist, gibt es keine Gesetze, sondern nur Trends der Entwicklung. Man kann der Geschichte nie das Horoskop stellen. In ihrer Blütezeit gelingt es der Kultur, auf die Herausforderungen der Umwelt »schöpferische Antworten« zu erteilen, die als solche nicht voraussehbar sind. Erst im Niedergangszeitalter, wenn die schöpferische Minderheit degeneriert und die Herrschaft über die Umwelt verloren hat, setzt der automatische Ablauf der Dinge ein. Auch dann noch ist der Determinismus nicht unverbrüchlich. Selbst uns heute könnte eine schöpferische Antwort aus unsern Nöten befreien.

Einen Ausgleich zwischen den beiden Auffassungen enthält aber bereits die marxistische Geschichtsphilosophie. Auf der einen Seite geht sie davon aus, daß die Menschen sich in dem Maß vom Tierreich entfernen, als sie ihre Geschichte selbst machen. Sie taten es schon bisher ohne es zu wissen (Marx u. Engels, Werke 23, S. 88), sie werden es in Zukunft mit voller Bewußtheit tun.[26] Die Menschen sollen aus Objekten zu Subjekten werden. Auf der andern Seite besteht nach Engels eine der großen Leistungen von Marx darin, daß er die sozialistische Idee, die dadurch erst das Utopische abstreifte und ein wissenschaftliches Fundament gewann, mit der Zeitlage vermittelte, daß er erkannte, wozu die Zeit reif ist, was sie von sich aus fordert, und daß er den Sozialismus als Erfüllung dieser Forderung formulierte. Der »subjektive Faktor« ist also zwar als geschichtsbewegender unerläßlich; Geschichte besteht nicht, soll nicht bestehen, aus sich quasi von selbst vollziehenden Abläufen; er wird aber geschichtlich erst wirksam durch Zusammengehen mit »objektiver Möglichkeit«. Erst aus beidem gemeinsam entsteht, mit dem späteren Ausdruck Ernst Blochs, die »konkrete Utopie« im Unterschied zur bloß imaginären.

b) Freiheit und Notwendigkeit im Ineinander

Was sich gedanklich leicht als Alternative zuspitzt, greift in der Wirklichkeit wie Zettel und Einschlag ineinander. Wir brauchen uns durch das Wissen um die geschichtlichen Abfolgenotwendigkeiten nicht fatalistisch lähmen zu lassen, so als ob es auf unsere Leistungskraft gar nicht ankomme, weil das Geschehen sich auch ohne uns so abspielen wird, wie es sich abspielen muß. In der Geschichte herrschen wohl Tendenzen, die sie nach einer bestimmten Richtung drängen, aber keineswegs ist die Zukunft dadurch wie durch Naturgesetze bis ins letzte festgelegt. Mögen die gröbsten

---

[26] »Die Gesetze ihres eigenen gesellschaftlichen Tuns, die ihnen bisher als fremde, sie beherrschende Naturgesetze gegenüberstanden, werden dann von den Menschen mit voller Sachkenntnis angewandt und damit beherrscht. Die eigene Vergesellschaftung der Menschen, die ihnen bisher als von Natur und Geschichte oktroyiert gegenüberstand, wird jetzt ihre eigene freie Tat. Die objektiven, fremden Mächte, die bisher die Geschichte beherrschten, treten unter die Kontrolle der Menschen selbst. Erst von da an werden die Menschen ihre Geschichte mit vollem Bewußtsein selbst machen, erst von da an werden die von ihnen in Bewegung gesetzten gesellschaftlichen Ursachen vorwiegend und in stets steigendem Maße auch die von ihnen gewollten Wirkungen haben. Es ist der Sprung der Menschheit aus dem Reiche der Notwendigkeit in das Reich der Freiheit« (Engels, Anti-Dühring, Dritter Abschnitt, Marx u. Engels, Werke 20, S. 264, vgl. Dialektik der Natur, ebd. S. 323).

Umrisse vorgezeichnet sein: ob und wie wir sie ausfüllen, das bleibt ewig unserer Initiative und Gestaltungsfähigkeit überlassen. Die Vorzeichnung im großen nimmt uns unsere Pflicht und unsere Verantwortung im einzelnen nicht ab und entwertet sie nicht.

Die Geschichte ist gleichsam voll von bereitliegend offenen Möglichkeiten, aber diese Möglichkeiten realisieren sich nicht selbst; welche von ihnen wirklich wird, und auf welcher Stufe, darüber ist *a parte ante* nichts ausgemacht. Am Ende einer Entwicklung ist es immer leicht zu sagen: sie war geschichtlich reif, entsprach der Logik der Entwicklung und *mußte* sich durchsetzen. Aber hätten wir eine Aufklärung gehabt, wenn nicht Generationen in zäher Energie um sie gekämpft und die Gegenkräfte niedergerungen hätten? Und umgekehrt, bleiben nicht viele geistige Richtungen auf mittlerer Höhe, weil kein Genie sie ergreift und etwas aus ihnen macht? Ist nicht die große Philosophie der Goethezeit, zu der die Weichen schon gestellt waren, ebenso ungeschrieben geblieben wie das große Schicksalsdrama der Romantik?

Wir alle werden in schon vorliegende Aufgaben, nach Völkern und Zeiten, Ständen und Anlagen wechselnde, hineingeboren, die wir uns nicht ausgesucht haben. Bei den Griechen entstehen Philosophen, bei den Hebräern Propheten. Nur im Rahmen des römischen Lebens- und Staatsaufbaus kann der Römer sich entfalten und verwirklichen. Aber all dies ist nur Materie: die Form kommt von uns. In jedem Augenblick unsres Lebens können wir das von uns Erwartete erfüllen oder können versagen, originär oder aus bloßer Routine handeln. So trägt das uns Vorgeschriebene trotz allem den Stempel unseres Eigenen.

Es gibt auch nicht nur ein einziges geschichtliches Gesetz, das auf ein einziges Ziel hinwirkt. Viele Gesetze überkreuzen sich gegenseitig und auch deshalb wirkt keines unverbrüchlich. Sie alle sind nicht Determinationen, sondern nur Inklinationen. In diesem Vielerlei und Gegeneinander fällt dem Menschen die Aufgabe zu, der einen Inklination entgegenzutreten, der andern zum Sieg zu verhelfen, und gerade weil die Kraft einer jeden begrenzt ist, kann es nicht gleichgültig sein, welcher er seine eigene Kraft hinzuleiht. Von unserm Einsatz hängt es ab, nach welcher Seite die Waage des Guten und des Bösen in jeder Zeit sich neigt.

Weiterhin sind auch die geschichtlichen Prägemächte in sich nicht starr, sondern einer verwandelnden Rückprägung durch uns zugänglich. Wählen wir als Beispiel wieder die Sprache. Zunächst trifft gewiß zu, daß jeder sich ihren Formmöglichkeiten und Gesetzen schmiegen muß und sie nur so sprechen kann, wie sie es ihm auferlegt. Aber dennoch ist die Sprache, auf längere Zeitstrecken hin betrachtet, flexibel und paßt sich ihrerseits der wechselnden Geisteshöhe der Sprechenden an. Aus dem Lateinischen, das eine Bauernsprache war, wurde durch jahrhundertelange Bemühung, Begriffliches auszudrücken, das geschliffene Instrument der Philosophen und Gelehrten. Umgekehrt entartete unter den Soldaten in den Feldlagern das schon durchkultivierte Latein zum rohen Vulgärlatein. Würde man eine unserer europäischen Sprachen bei Südseeinsulanern einführen, so würden sie sie um zahlreiche Interjektionen bereichern, die Abstrakta abstoßen, neue umständliche Konkreta hinzuerfinden, und binnen kurzem, in drei Generationen, hätten sie sie in eine Primitivsprache zurückverwandelt. So üben die geschichtlichen Mächte wohl Wirkung, aber nicht Zwang auf uns aus und unterliegen auch der Gegenwirkung von uns auf sie.

Der Schaffende braucht aber überhaupt nicht eine schon in seiner Zeit liegende Richtungstendenz aufzugreifen. Er kann auch, den scheinbaren geschichtlichen Notwendigkeiten überlegen, einen neuen Anfang setzen, der aller Erwartbarkeit zuwiderläuft, so wie einer dämonischen Figur wie Alkibiades die Politik zum eigenen Spielball wird, so wie in Napoleon »Ein Wille feigen Erdteil umschuf / Zum Heldenschauplatz« (Kommerell). Aufklärung und Rokoko empfanden sich bereits als spät und als Ende. Alle Möglichkeiten des Geistes und der Kunst schienen verbraucht. Da brach das Zeitalter Goethes an, durch das der ganze Umkreis der menschlichen und kulturellen Dinge wieder neu wurde. Waren nicht dann wieder mit Heine alle dichterischen Töne offensichtlich erschöpft und schon ins Spiel aufgelöst? Daß im Deutschen noch einmal ursprüngliche Dichter erstehen würden, war damals unwahrscheinlich — und welch eine unerhörteste Epoche der Lyrik setzte dann erst ein! Nicht alles Wirkliche verwirklicht nur Mögliches. Was uns bevorsteht, wissen wir vorher nie. —

Vielleicht ist aber auch das Gewicht der geschichtlichen Notwendigkeit zu verschiedenen Zeiten verschieden groß. Es gibt Augenblicke, in denen alle Möglichkeiten noch offen stehen, in denen an der Entscheidung eines Einzelnen eine ganze unabsehbare Kette hängt und gleichsam die Schlacht auf den katalaunischen Feldern ausgetragen wird, in der Sieg oder Niederlage der Zukunft eines ganzen Erdteils ein anderes Gesicht gibt. Dann wieder sind die Würfel gefallen, die Formen fest geworden, und eine ganze Epoche zieht nur die Konklusion aus weit zurückliegenden Prämissen. Die Ernte kann nur einbringen, was bei der Aussaat gesetzt worden ist, und diese beiden Jahrespunkte wechseln auch in der Geschichte. Beim ersten sind wir frei, beim zweiten sind wir Knechte! Darum kann die Zerstörung der von uns gestifteten und wie sehr auch geliebten Ordnung durch äußere Gewalt eine Gnade sein, denn sie entbindet uns aus den Grenzen, die wir uns selbst auferlegt hatten, und setzt so unsere schöpferische Kraft wieder frei.

Es ist wie im Leben, je älter wir werden, desto festgelegter wird unsere

Bahn. Die Jugend schlägt die Richtung ein, in der das Mannesalter nur noch weitergehen kann. Die Krise um 35 mahnt uns, daß jetzt die letzte Gelegenheit ist, noch einmal von vorn zu beginnen, die Krise um 50 belehrt uns, daß wir von nun an in den Entwurf von einst gebannt bleiben.

Darüber, ob wir in einer lenkbaren oder in einer sich automatisierenden Phase der Geschichte stehen, können wir uns freilich täuschen. Die Zeit kann objektiv für eine neue Weichenstellung reif sein, die Menschen fühlen sich aber noch an starre Traditionen gebunden. Sie wußten oft nicht, wie frei sie (noch) waren. Umgekehrt kann ein höheres Bewußtsein der Freiheit gerade erwachen im inversen Augenblick des fortschreitenden Verlustes der Freiheit. Und dies nicht nur zufällig, sondern reaktiv. Als der Historische Materialismus im 19. Jahrhundert verkündete, jetzt erst werde der Mensch die Geschichte zu seinem eigenen Produkt machen, da hatte gerade die technisch-ökonomische Sphäre einen neuen Virulenzgrad der objektiven Sachzwänge erreicht. Die Angst, daß wir vor der quasi-naturhaften Eigengesetzlichkeit ihrer Dynamik ohnmächtig sind, daß sie uns die Geschichte aus der Hand schlägt, daß sie über die wahren Bedürfnisse des Menschen, über seinen Sinnanspruch, über die Freiheit des Einzelnen hinwegrollt, läßt die heutige »Gegen-Kultur« doppelt exzessiv und hektisch werden. — Die Täuschung kann aber auch darin liegen, daß der sich für geschichtsmächtig hält, der es nicht ist, und der es ist keine Geschichtsmächtigkeit beansprucht. Der Politiker hält die Erde für seinen Spielball, während die wahren Veränderungen aus Gelehrtenstuben kommen. —

Von verschiedenen Seiten sahen wir, daß trotz allen Eigengesetzes der geschichtlichen Kräfte immer ein Raum ausgespart bleibt, der uns gehört und über den wir selbst verfügen dürfen. Aber dieser unser Eigenraum wird von der Geschichte schon im nächsten Augenblick wieder resorbiert! Der Mensch setzt sich ein Ziel und handelt darauf hin, was er jedoch im Ergebnis ausrichtet, ist vielleicht etwas ganz anderes. Selbst wenn das Getane im Moment seinen Vorstellungen entspricht, als von ihm abgelöste Weltwirklichkeit entgleitet es ihm wieder. In den Strom der Geschichte hineingerissen kann es Wirkungen zeitigen, die für den Urheber nicht nur unerwartet sind, sondern seinen Absichten entgegenlaufen. Aus Gutem wird Schlechtes, aus Schlechtem Gutes. Daß es eine Heterogonie ungewollter Zwecke aus gewollten gibt, das erfuhr gerade unsere Zeit: Wissenschaft und Industrialisierung, von denen die Menschheit sich leichteres und reicheres Leben versprach, haben zur Folge auch Bevölkerungsexplosion, Verseuchung der Umwelt, Zerstörung des ökologischen Gleichgewichts. Ein von uns unabhängiger Geschehensablauf benutzt unser Hervorgebrachtes als Element für Unvorhersehbares. So triumphiert doch wieder der Eigenlogos im Gang der Dinge über unsern kleinen Menschenlogos.

There's a divinity that shapes our ends,
Rough-hew them how we will. Shakespeare, Hamlet

c) Rationalität, Rationalisierbarkeit und Transrationalität der Geschichte

Die eine Frage ist, wie sich am und im Menschen die Geschichte auswirkt. Faßt man den Menschen als Vernunftwesen und die Geschichte bloß als den Ort der Interessen und der Machtkämpfe, dann wird der Mensch in seinem höheren Kern von der Geschichte nur hinuntergezogen. Es wird ihm, wie im Epikureismus, der Rat erteilt werden, sich aus der Geschichte möglichst herauszuhalten, oder, wie in der Stoa, sich an ihr nur zu beteiligen wie an einem Schauspiel. Die Vernunft des Menschen kann aber umgekehrt auch als klein und kurzsichtig erscheinen gegenüber der tieferen »Weisheit« der Geschichte. Er kann als »unmündig« aufgefaßt werden: seine Vernunft erwachte erst, respective wird erst erwachen, an einem bestimmten Punkt. Dann ist die Konsequenz im Gegenteil die, daß der Mensch dankbar dafür sein soll, in die Geschichte gestellt zu sein und an ihr teilzuhaben. Er soll sich so sehr er kann von ihr tragen lassen und sich auch anschauend ihr zuwenden.

Die andere Frage ist, ob und wie sich menschliche Vernunft in der Geschichte auswirken kann. Diese Frage aber führt erneut zu der nach dem rationalen oder nichtrationalen Charakter der Geschichte.

Für Aristoteles ist Geschichte das Reich der Zufälle. Da Wissenschaft nach dem Allgemeinen und nach dem Warum fragt und diese beiden Fragen sich an die Geschichte nicht stellen lassen, gibt es von der Geschichte keine Wissenschaft im strengen Sinne. Die Dichtung ist »philosophischer« als die Geschichte, weil sie Sinnzusammenhänge darstellt. Eine Gleichzeitigkeit der Ereignisse kann in der Geschichte eine bloß äußere, in der Dichtung wird sie eine motivierte sein.

Etwas von dieser Aristotelischen Geschichtsauffassung lebt bis heute bei denen, die es für unmöglich halten, Geschichte — als ganze — handlungsrational zu erklären oder systemfunktional abzuleiten. Es gibt Ereignisse, die sich weder als Resultat eines subjektiven Willens noch einer Gesetzmäßigkeit, als Folge aus Regeln, verstehen lassen. Sie sind nicht durch rationalen Zusammenhang, sondern nur durch eine Geschichte miteinander verbunden. Geschichte im spezifischen Sinn beginnt erst dort, wo mehr vorliegt als daß »einer tut, was er will, indem er es kann«. Es bleibt uns nur, die unreduzierbar individuelle Geschichte in »narrativen« Sätzen zu erzählen.[27]

[27] Vgl. Hermann Lübbe, Was heißt »Das kann man nur historisch erklären«? In: Deutscher Kongreß für Philosophie, Okt. 1972, Hamburg 1973.

Im Unterschied zu Aristoteles behauptet zyklische Geschichtsphilosophie, auch die Geschichte befolge Gesetze. Sie ist jetzt rational in dem Sinn, daß wir das Gesetz in ihr entdecken und sie aufgrund davon sogar eine Strecke weit voraussagen können. Die Geschichte wird dadurch aber *nicht* rational in der Weise, daß sie einen objektiven »Sinn« enthielte. Als sich zyklisch wiederholende ist die Geschichte ein Stück »Natur«. Sie kreist wie die Gestirne oder wie das Leben von Geburt zu Tod und neuer Geburt.

Anders in der jüdisch-christlichen Geschichtsphilosophie: hier hat die Geschichte Sinn als Planwerk Gottes. Darein ist der Mensch, wissend oder nicht, einbezogen. Schauend und handelnd, aber in seinem Handeln gelenkt, hat er teil an der Weisheit des göttlichen Heilsplans.

Nachdem diese Geschichtsmetaphysik — nach Hegel — sich auflöst, zeichnen sich zwei Wege ab. Die einen kehren zurück zur Annahme herrschender Verlaufsgesetze und gleichbleibender Strukturen in der Geschichte, die jedoch jetzt nicht mehr einem »Plan« entspringen. Je nach dem wirken sie objektiv zu einem sinnvollen »Ziel« der Geschichte, oder auch diese reduzierte Form, wie Geschichte sinnvoll sein kann, wird (wie im französischen Strukturalismus) fallen gelassen. Die Naturwissenschaften erscheinen als Vorbild, ja es gibt letztlich nur *eine* Wissenschaft. »Idiographische« Methode begründet nach dieser Auffassung nicht gegenüber der »generalisierenden« Naturwissenschaft Historie als einen andern *Typus* von Wissenschaft, sondern gehört in die Vorgeschichte der Historie, bevor sie wirkliche Wissenschaft wurde. Da die Historiker jedoch aus dem romantischen Ursprung der Geschichtsforschung großenteils an der Idiographie festhielten, wird Geschichte als Gesetzeswissenschaft (Metahistorie) bis heute vorwiegend von der sozialwissenschaftlichen Richtung betrieben. Von wissenschaftstheoretischer Seite tritt ihr aber heute auch Popper und seine Schule entgegen: eine Prognose sozialer Abläufe aufgrund von Gesetzen ist wegen deren Komplexität nicht möglich.

Die andern dagegen sagen so: daß wir in der Geschichte Gesetze erkennen, das bildet wohl einen ersten Schritt, ist aber noch nicht genug. Jetzt vielmehr wird es möglich, daß wir die Gesetze nicht mehr nur blind arbeiten lassen, sondern daß wir aufgrund ihrer Kenntnis selbst beginnen, die Geschichte zu dirigieren. Die Gesetze verurteilen den Menschen nicht zu Untätigkeit respective zu bloßem Vollstrecken des jeweils Fälligen. Im Gegenteil: ihre endliche Erkenntnis erhebt ihn zum Herrn der Geschichte. Das ist genau so, wie erst die Erforschung der Naturgesetze uns die Herrschaft über die Natur gab. Die Alternative von »Gesetz oder Freiheit« in der Geschichte ist also falsch gestellt. Das Gesetz macht uns frei, denn wir sind es nun, die es anwenden.

Es gibt offenbar Stufen der Rationalität der Geschichte. Eine erste Stufe besteht bereits darin, daß sie Gesetzen gehorcht, die wir erkennen können. Dadurch ist die Geschichte nichts bloß Kontingentes mehr. Wir verstehen sie. Eine höhere Stufe der Rationalität beginnt dort, wo die Geschichte, sei es durch Plan und Lenkung Gottes, sei es durch eben diese Gesetze, sich einem Ziel, und zwar einem höheren Ziel, einem besseren Zustand, entgegenbewegt. Jetzt ist die Geschichte nicht nur geordnet und in dieser Ordnung erkennbar. Sie hat jetzt Richtung, ist ein Sinnvorgang. Endlich wird eine letzte Stufe der Rationalität erreicht, wenn der Sinn nicht nur schon von sich aus in der Geschichte liegt, so daß der Mensch ihn mit seinem Leben vollstreckt und mit seinem Geist betrachten darf. Der größere Anspruch des Menschen ist: den Sinn durch seine eigene Vernunft zu konstruieren und durch die Initiativkraft seines Handelns erst zu realisieren. Kommt der Sinn durch die Gesetze, wenn überhaupt, so nur von selbst zustande, so hier wieder durch ein planendes Bewußtsein. Was früher Gott war, ist jetzt der Mensch selbst: Geschichtssinn setzendes Subjekt.

Bisher fragten wir mehr anthropologisch: gibt es im Notwendigkeitsgeflecht der Geschichte, in ihren Ursache-Wirkung-Verläufen, noch eine ausgesparte Stelle für die menschliche Freiheit? Hier dagegen zeigt sich: Freiheit ist nicht nur ein Gut, das vom Menschen aus gesehen wünschbar sein mag, das sich aber in diesem »Persönlichkeitswert« erschöpft. Sie dient nicht nur dem Ausdruck und der Selbstdarstellung. Freiheit gibt den Spielraum dafür, daß der Mensch seine Vernunft auf das Ganze von Gesellschaft und Geschichte anwenden, daß er es nach ihren Prinzipien gestalten kann. In der Freiheit schafft sich das Vernunftwesen den ihm gemäßen, den vernünftigen geschichtlichen Rahmen. Ordnet noch Hegel der objektiven Weltvernunft die subjektive unter, so expandiert diese hier über sich hinaus in die Welt.

Aber die »planende Vernunft« traut sich mehr zu, als sie leisten kann. Sie rechnet nicht mit den unbeabsichtigten Nebenfolgen ihres Tuns, nicht mit unvorhersehbaren Störfaktoren.[28] Der Planende neigt dazu, nichtmeßbare Sachverhalte, nicht-erzeugbare Werte als nicht-operationabel fallen zu lassen und nur rechenhafte, technisch-ökonomische Gesichtspunkte walten zu lassen. Er beschränkt sich auf die schon vorgegebenen Gesetzmäßigkeiten der Sache. Indem Planung vom kleinsten Nenner gemeinsamer Interessen ausgeht und politischen Fragen ausweicht, verstellt sie den Blick auf die genuine geschichtliche Wirklichkeit. Der Zwang der Sache

[28] Vgl. Friedrich H. Tenbruck, Zur Kritik der planenden Vernunft, Freiburg i. Br. 1972.

wird zum totalitären Zwang.[29] — Auch der Mensch als autonomer Täter der Geschichte sieht sich derselben Anklage konfrontiert, die früher angesichts des Übels in der Welt gegen Gott erhoben wurde. Daher entwickelt der geschichtsmündig gewordene Mensch zugleich »die Kunst, es nicht gewesen zu sein«. Sie »läuft darauf hinaus, es andere gewesen sein zu lassen«. »Der Autonomieanspruch erzeugt Alibibedarf und mindestens in diesem Sinne Heteronomie.« »Die Emanzipation ist durch sich selbst überfordert.« [30] — Emanzipationsgeschichte ist nur »Siegergeschichte« und damit »halbe Geschichte«. Alle geschichtsphilosophischen Emanzipationstheorien bedürfen für die Nachtseite der Geschichte eines Entschuldigungsmechanismus'.[31]

---

[29] Nach Wolfgang Lipp, Plan, Sprache und Gründung — Zur Soziologie geschichtlicher Initiative, in: Theorie der Gesellschaft oder Sozialtechnologie, Theorie-Diskussion I, Frankfurt 1973. Lipp stützt sich auf Argumente sowohl von Habermas wie von Popper und referiert über die Gegenposition N. Luhmanns.

[30] Odo Marquard, Wie irrational kann Geschichtsphilosophie sein? In: Philosophisches Jahrbuch, 79. Jg. 1972. Jetzt auch in: Schwierigkeiten mit der Geschichtsphilosophie, Frankfurt 1973. Ders., Beitrag zur Philosophie der Geschichte des Abschieds von der Philosophie der Geschichte, in: Geschichte — Ereignis und Erzählung, hrsg. Koselleck u. Stempel, München 1973.

[31] Johann Baptist Metz, Erlösung und Emanzipation, in: Stimmen der Zeit, Bd. 191, Heft 3, 1973.

DIE ZUKUNFT DER GESCHICHTE IM REGNUM RATIONIS

Die Vielheit der Kulturen vor dem Ultimum

I

Universalisierung und Partikularisierung

a) Pluralität der Kulturen als Anthropinon

Im Unterschied zu den anderen Wesen ist beim Menschen das ihm von Natur Mitgegebene noch nicht das Ganze. Er muß es allein zu Ende führen, muß in kultureller Tat selbst erst etwas aus sich machen. Hierbei empfängt er von der Natur keine oder nur rudimentäre instinktive Vorzeichnungen und ideelle Wegleitungen — sonst wäre die Vollendung, die er sich gibt, letztlich doch auch wieder, wenn auch auf vermittelte Weise, Natur —. Völker wie Einzelne dürfen und müssen — auch ohne es zu wissen und zu wollen und jeweils in verschieden hohen Graden — individuell, frei, schöpferisch vorgehen. Deshalb variiert alles Kulturelle notwendig und unberechenbar nach Völkern und Zeiten. Die biologisch überall gleiche Spezies Mensch erzeugt aus sich eine unabsehbare geschichtliche Mannigfaltigkeit der sozialen und kulturellen Ordnungen.

In einem früheren Kapitel führten wir aus, daß der Mensch seinem Bauplan nach das individuierteste Wesen ist. Die fehlenden Präformiertheiten geben Raum für gewachsenes wie gewolltes Eigensein, ja sie fordern es. Genau dies wiederholt sich, und mit derselben Motivation, auch bei den menschlichen *Objektivationen.* Wie die einzelnen Personen sich durch ihre Individualität voneinander unterscheiden, so auch die Völker und die von ihnen geschaffenen und getragenen Kulturen.

b) Die zwei Typen der Vereinheitlichung — Der Weltstaat

Der spontan, nach anthropologischem Gesetz entstehenden Verschiedenartigkeit des Kulturellen wirken von einer bestimmten Höhe der Entwicklung ab Tendenzen zur Vereinheitlichung entgegen. Wir können zwei Typen solcher Vereinheitlichung unterscheiden.

1. Entdeckungen und Einsichten, die zwingend sind und sich bewähren, Erfindungen, die das Leben erleichtern und ihm größere Möglichkeiten bieten, strahlen von ihrer Ursprungsstelle aus und teilen sich auch anderen

Völkern mit. Magische Scheu wird sich zwar aus Traditionalismus selbst gegen das Überzeugendere und Zweckmäßigere sträuben, bloß weil es neu ist und von außen eindringt. Bei steigender Rationalisierung dagegen werden diese Kulturgüter um so leichter »wandern«. Deshalb hat sich in der Antike die griechische Kultur, ohne hinter ihr stehende Macht wie die römische, rein durch ihre innere Einleuchtendheit überallhin fortgepflanzt; dasselbe wiederholt sich heute in größerem Maßstab: die von der griechischen Kultur gespeiste abendländische wird planetar. Die einzelnen Kulturen bleiben zwar unterschieden genug, formen auch das Empfangene jeweils nach ihrer eigenen »Konstellation«, ihrem »Kulturwillen« um. Dennoch bildet sich so innerhalb getrennter Kulturen ein Stratum des überspannend Gemeinsamen.

Im früheren Kapitel über das Individuum stellten wir dar, daß ein Hauptfaktor für die sich heute ankündigende Auflösung des Individuums kein anderer als die steigende und allerobernde *Vernunft* ist. Sowohl Individualität wie Vernunft sind zwar Anthropina. Trotzdem erweisen sie sich von einem gewissen Perfektionsgrad der Vernunft ab als antagonistisch (so wie auch ein anderes Anthropinon: die Modellierbarkeit, die übernehmende Wiederholung traditioneller Muster, der Individualität entgegensteht). Dieser selbe Antagonismus kehrt nun wieder zwischen der Vernunft und den individuellen *Kulturen*. Denn was sich als das Überall-Gleiche über die Welt verbreitet, was jeden Widerstand des Eigenständigen bricht, ist abermals die Vernunft, sind ihre Funde und Ersinnungen. Ihre Eine und einförmige Wahrheit applaniert die differentielle Identität, wie der Einzelnen, so der Kulturen.

Im Individuums-Kapitel sahen wir: was von der einst schöpferischen, auch von der Gesellschaft geachteten und gerufenen Individualität zurückbleibt, ist nur das unbeträchtlich Private. So nun auch auf der gesamtkulturellen Ebene. Ein Weltzustand ist ausmalbar, bei dem sich die Kontinente nur noch dadurch unterscheiden, daß die Eisenbahnwaggons in dem einen grün und im andern blau angestrichen sind.

2. Die andere Form der Vereinheitlichung geht von der politischen *Macht* aus, die bisher getrennte und selbständige Menschengruppen durch Unterwerfung oder Föderation zusammenschließt. Die zunächst nur staatliche Einheit zieht dann auch kulturelle Gleichheiten nach sich. Fustel de Coulanges hat in seiner »Antiken Stadt« anschaulich beschrieben, wie ursprünglich jede staatliche Gemeinschaft auch Kultgemeinschaft war und Familien und Stämme einander auch wegen ihrer verschiedenartigen Kulte fremd blieben. Jede höhere politische Organisation, einer Stadt oder eines ganzen Landes, hatte zur Voraussetzung, daß ein Kult für alle verbindlich erklärt wurde, daß sie zu derselben Gottheit beten konnten. Es ist

ebenso mit der Sprache: Regierung und Kriegführung größerer Staaten — die bis heute ihre Grenze sehr oft an Sprachgrenzen zu finden pflegen — sind erleichtert, wenn eine Sprache von allen verstanden wird oder doch die Zahl der Sprachen begrenzt ist. Daher müssen regionale Dialekte sich einer Hochsprache unterordnen, muß, wie wir es heute noch in Indien erleben, das bunte Sprachengewirr beschnitten werden. —

Alle solche Vereinheitlichungen, sei es von Nachbarstädten zu einem bloßen Schutzbündnis, sei es größerer Distrikte zu zentralistischen Riesenreichen, gehören aber noch als bloß relative zusammen gegenüber dem Gedanken, daß die Menschheit als ganze eine große *civitas maxima*, eine einzige Kulturgemeinschaft bilden solle. Der Gedanke stammt in verschiedenen Ausprägungen von Griechen und von Juden. Bei den Stoikern ist es das Vertrauen in die in allen Menschen identische Vernunft, das die Unterschiede der Völker und Staaten bedeutungslos werden läßt und bei Zenon zur Konzeption des »Weltstaates« führt; bei den Propheten der Glaube an den einzigen wahren Gott, den schließlich alle anerkennen und unter dem geeinigt sie sich im Messianischen Reich nicht mehr bekriegen werden. In der Realität beginnt sich erst heute, seit dem Zeitalter der Weltkriege, nachdem bisher »Weltgeschichte« nur die äußere Addition nebeneinander herlaufender partikularer Geschichten war, ein gemeinsames Leben und Schicksal aller Menschen, die die Erde bewohnen, und damit erst Weltgeschichte im echten, substantialen Sinn abzuzeichnen.

Verwirklicht sich aber damit der alte Menschheitstraum? Nicht die Herrschaft Gottes oder der Vernunft ist es, die sich ausbreitet, sondern die einer technisch-wirtschaftlichen Zivilisation. Stoikern und Propheten erschien die geeinigte Menschheit als ein wünschenswertes Ziel; heute mag man sich fragen, ob nicht vielleicht das Optimum der Vereinheitlichung auf mittlerer Höhe lag, während man vor ihrer letzten Konsequenz nur bangen kann. Ein Beispiel unter vielen möglichen: bis heute konnten religiös oder politisch Andersdenkende, die verfolgt wurden, dorthin auswandern, wo ihre eigene Gesinnung die herrschende war oder wo sie zumindest frei atmen durften; kommt ein Weltstaat und wird er, wogegen es keine Garantie gibt, doktrinär und intolerant sein, so wird er die Macht haben, die renitenten Ketzer im letzten Schlupfwinkel aufzustöbern und zu vernichten.

c) Die Gegentendenz: Bewahrung des Besonderen

Neben der Tendenz zur Universalisierung steht heute auch die umgekehrte, die das jeweils Besondere gerade bewahren und stärken will. Reaktivierung des Besonderen hat es immer gegeben, wenn die Großgebilde, durch die es unterdrückt oder eliminiert war, schwach wurden und sich auflösten, so wie in den letzten Tagen des Römischen Reiches die Nationalitäten wieder erhöhte Bedeutung gewannen. Heute bedarf es nicht der Hinfälligkeit der Großgebilde. Das Besondere wird aus sentimentalischer Distanz konserviert, weil wir in ihm eine eigene Kraft, eine eigene Köstlichkeit entdeckt haben, gerade im Gegenschlag zum überhandnehmenden Grau-in-Grau der Unifizierung. Bräuche und Trachten, die in der natürlichen, einebnenden Entwicklung schon zurückgegangen waren, genießen Schutz wie aussterbende Tiere, offiziell bewußte Steuerung ermutigt sie wieder. Neue Völker, wie Norweger und Israelis, beleben, um eigene Sprachen zu haben, eine schon nicht mehr gesprochene Sprache. In der Schweiz fand während der Hitlerzeit, in Opposition zu der damals in Deutschland herrschenden »Gleichschaltung«, eine Abstimmung statt, die das Rätoromanische, das nur in wenigen Gegenden Graubündens gesprochen wird, ausdrücklich zur vierten Landessprache erhob. Selbst der russische Bolschewismus, wiewohl politisch-sozial auf einen Endzustand der Menschheit gerichtet, hat in seinen Anfängen die kulturelle Autonomie der Nationalitäten begünstigt.

Kolonialverwaltungen haben oft die christliche Mission, deren Eifer für den einen Gott ein Pendant zum Eifer des Philosophen und Wissenschaftlers für die eine Wahrheit bildet, so wie die Europäisierung überhaupt, eher gebremst. Nicht nur, weil die Eingeborenen für sie »noch nicht reif« seien. Man erkannte, daß eine Kultur eine Gestalteinheit ist, daß man sie, wenn man ihr zu viele Elemente aus fremdem Bereich einpflanzt, als ganze schwächt und daß die einheimische, traditionsverankerte, vitale und haltgebende Kultur der von außen als Abklatsch übernommenen, sei es gleich vielleicht die höhere, vorzuziehen ist. Heute vollends werden aus ehemaligen europäischen Kolonien unabhängige Staaten, was freilich unter dem Diktat von Weltpolitik und -markt gesellschaftlich und ökonomisch nun erst recht eine Europäisierung nach sich zieht, während sich unterm Abschirmschild der Kolonialmächte die alten Eigenständigkeiten noch eher halten ließen.

d) Platonismus als universalistische, Herderismus als partikularistische Philosophie

Die Philosophie befindet sich zu der faktischen geschichtlichen Bewegung in einem gewissen Gegenrhythmus, so als ob ihre Aufgabe nur darin bestünde, Komplement und Korrektiv zu sein. Solange das Spezifische noch relativ ungebrochen in naturhafter Variabilität wuchs, stellte ihm die Philosophie die Phantasmagorie der notwendigen und gesollten, gleichsam apriorischen, *einen* Kultur gegenüber, während doch Kultur, wie wir sahen, als frei geschaffene ihrem Wesen nach zu Vielheitlichkeit inkliniert. Seit Platon verkündete die Philosophie die Idee des besten Staates, der naturgegebenen Wirtschaftsordnung, des vernünftigen Rechts, der wahren Religion und so fort. An dieser einen Idee maß sie die Geschichte, die ihr in ihrer ganzen Mannigfaltigkeit nur als der immer wieder nach anderer Richtung mißlingende (oder durch Bösartigkeit und Egoismus hintertriebene) Versuch erschien, die Norm zu erreichen; successive schon geschehene und nun noch weiter bis ans Ziel voranzutreibende Annäherung an sie war Geschichte für Fortschrittsmetaphysik des 17. Jahrhunderts und der Aufklärung. »Es gibt nur Ein Schönes, wie es nur Ein Wahres gibt« (Winckelmann). Alles Vertrauen in das Recht, das mit der Vernunft einmal als wahr und vollkommen Erkannte überall, auch in ganz anderen Verhältnissen und entgegen bestehenden Traditionen, durchsetzen zu dürfen, hat hier seine Wurzel.

Dann jedoch hat der philosophische Glaube an das *unum verum et bonum* begonnen, tatsächlich die Realität zu verändern. Seit dem 18. Jahrhundert setzt zunehmend die rationale Gestaltung aller Lebensbereiche ein, die dann auch zu ihrer ubiquitären Gleichartigkeit führt. In diesem Augenblick, in dem eine gemeinsame Weltkultur sich auf den Weg macht — von der freilich noch zu fragen wäre, ob sie wirklich jene apriorische oder ihrerseits nur eine beliebige neben vielen anderen, ebenso möglichen ist —, nimmt sich der philosophische Gedanke der Pluralität und der Geschichtlichkeit an.

Bei Herder und in der Romantik entdeckt die Philosophie, was dann zur Begründung der Historischen Schule führte, daß Kulturelles gar nicht Abspiegelung einer für alle gleichen Wahrheit, Konkretisierung ewiger Normen, sondern daß es Ausdruck des wechselnden Lebens und daß es gerade in seiner gewachsenen Individualität tiefsinnig und schön ist. Es gibt in der Geschichte überhaupt nur Individuelles, und dieses Individuelle ist nicht bloß schlechte Faktizität — wozu erst der Positivismus es machte —, sondern pantheistisch sinnhaltig. Daher bejaht die Romantik die Nationen, hinter denen sie nicht nur, wie die Aufklärung, die überall gleiche Menschennatur, das Menschenrecht, das die Menschen Verbindende sucht. Daher kehrt Savigny entgegen den Naturrechtsideen seiner Zeit die Mannigfaltigkeit der stets in einem Volk und einer Epoche wurzelnden Formen des Rechts hervor, begründet die historische Rechtsschule und wendet sich gegen die willkürlichen, nur rationalen Rechtserneuerer.

Ganz greifbar wird der Umschwung anhand des Verhältnisses zur Sprache bei Leibniz und Herder: Leibniz ist der erste, der eine Universalsprache vorschlägt — müßten wir nicht mehr so viele fremde Sprachen lernen, sagt er, so würden die Menschen ein Drittel ihres Lebens gewinnen; für Herder dagegen ist jede Sprache, zusammen mit der in ihr verfaßten Literatur, gerade in ihrer Einzigartigkeit eine unmißbare und unersetzbare Offenbarung. Wir haben, mit dem Bilde schon des Nicolaus Cusanus, das Absolute nur in den es immer wieder anders reflektierenden Spiegeln der Individualität. Es ist mit dem Kulturellen überhaupt wie nach Humboldt mit den Einzelnen: die Menschheit kann die Fülle der in ihr liegenden Möglichkeiten nur dadurch verwirklichen, daß jeder sie wieder auf unverwechselbar persönliche Weise ausprägt, und erst alle diese Ausprägungen zusammen machen die Menschheit vollständig.

Auf den Platonismus und Rationalismus kann sich die Tendenz berufen, die die neueste Erfindung womöglich gleich im hintersten Hottentottenkral einführen möchte. Hier begründet sich dagegen die Bereitschaft des Geistes, sich, statt Normen zu konstruieren, geschichtlich und ethnologisch liebevoll in fremde Sonderarten zu versenken, sie als sinnvoll zu verehren. Da jede Besonderheit auch Einseitigkeit und Schranke ist, muß nach Humboldt das Individuum, um die Totalität der Menschheit in sich zurückzuholen, das, was es im Sein nicht darstellen kann, wenigstens im Geist in sich aufnehmen und sich verstehend auch um die anderen Individualitäten ausweiten. Dann ist — Goethesch — der Weimaraner Weltbewohner. Neben der Bildungsforderung begründet sich aber hier zugleich eine reale Verhaltensforderung — von der wir schon hörten —: nämlich die, fremde Sonderart, soweit sie nicht eine zurückliegende, sondern noch eine gegenwärtig wirkliche ist, unangetastet bestehen zu lassen.

II

Eine Antinomie

a) Thesis: Das Realrecht des Einen Höheren gegen das viele Niedrige

Wir stehen damit im Überschneidungspunkt widersprüchlicher Traditionen und Tendenzen. Daß Kultur bisher vielheitlich entstand, schließt nicht aus, daß von einem bestimmten Punkt ab der Weg der Menschheit einheitlich sein könnte. Daß er es aber sein *kann*, das besagt noch nicht, daß er es sein *soll.* Wir sind hier aufgerufen, nicht nur festzustellen, was ist, sondern darüber zu entscheiden, was wir für wünschenswert halten. Da die Entwicklung sich nicht zwangsläufig vollzieht, so ist diese Entscheidung nicht nur eine theoretische.

Über eines müssen wir uns von vornherein klar sein. Die Goethezeit entdeckte die Vielheit des Kulturellen als eine gegenüberstehende, betrachtete, ästhetisch in ihrer Sinnhaftigkeit erfühlte und genossene. Alles Fremdkulturelle steht für die Goethezeit im Prinzip gleichrangig nebeneinander, so wie uns die heterogensten Stile gleichermaßen bezaubern können. Prinzip historischer Forschung ist es, eine Kultur nicht an der anderen, Früheres nicht an Späterem zu messen. Weil im 19. Jahrhundert die Sklaverei abgeschafft wurde, dürfen wir das Altertum um ihretwillen nicht tadeln.

Diese rein ästhetische und historische Sehweise, für die die Mannigfaltigkeit um ihrer selbst willen einen Wert darstellt, kann nicht genügen im Augenblick, in dem wir Mithineinverflochtene, verantwortlich Mithandelnde in der sich real bewegenden Geschichte selbst sind. Von diesem Augenblick an wird das *Neben*einander bestritten durch das *Über*einander des Höher und Niedriger. Wir müssen dem Wahreren den Vorzug geben vor dem Abwegigen, dem Menschenwürdigeren vor dem Barbarischen. Zustände, in denen die Medizin noch eine primitive Besprechungskunst, die Frau eine ausgebeutete Sklavin, mit 25 Jahren alt und verbraucht, ist, mögen ihren folkloristischen Reiz haben, sie sind pittoresk; aber sie sind, nachdem das Bessere gefunden ist, schlechthin nicht mehr wollbar und erhaltenswert. Damit er für uns pittoresk sei, kann man niemandem ein Opfer zumuten. Hier sind diejenigen, die das Rückständige beseitigen wollen um der modernen Errungenschaften willen, ohne weiteres im Recht, weil die Menschen, bei denen solche Zustände noch herrschen, uns nicht aus einem historischen *tableau* entgegentreten, sondern leidende Brüder sind.

Das bedeutet nicht, daß jede Erfindung, weil sie gemacht ist, auch ausgenützt, jede Erleichterung gewährt werden muß. In Huxleys »Brave New World« beträgt die tägliche Arbeitszeit fünf Stunden, wiewohl Methoden entwickelt sind, sie weiter zu verkürzen. Aber die längere Arbeitszeit wird nicht verlangt, um den Menschen etwas vorzuenthalten, sondern um ihnen zu dienen: aus der Erkenntnis heraus, daß der Mensch darauf eingerichtet und daß es ihm zuträglich ist, eine bestimmte Zeit des Tages zu arbeiten.

Grundsätzlich sticht dabei das einmal gewonnene Werthaftere das Unwertigere von selbst aus, das von Stund ab nicht mehr dasselbe ist, das es bisher war: es tritt durch jenes in eine neue Phase, ist jetzt das Antiquierte und Provinzielle, lebt nur noch gleichsam wie Saurier im Säugetierzeitalter. Nur sich künstlich abschirmend, im Schutz unbefragter Selbstverständlichkeit, kann es sich noch halten. Ernstlich mit jenem konfrontiert, muß es sich umbilden oder untergehen. Das ist nicht nur in der Wissenschaft so, in der es Evidenz und Stringenz gibt, nicht nur im Technischen und Ökonomischen, wo der materielle Vorteil in die Augen springt.

Freilich kann die Einsicht, ja der Einsichtswille fehlen: die Aristoteliker von Pisa weigerten sich, durch das Fernrohr des Galilei zu schauen. Es kann die Kraft fehlen, das als höher Erkannte selbst zu verwirklichen: der Hellenismus lebte unter dem Eindruck der Klassik, aber kein Dichter vom Rang der früheren stand wieder auf. Trägheit zementiert das einmal Instituierte, Selbstverliebtheit das Eigene, bloß weil es das Eigene ist; ja gerade nachdem seine Unwürdigkeit weiterzuexistieren eklatiert ist, kommt ihm reaktiver Trotz, das »Standesbewußtsein der Deklassierten«, zuhilfe und perpetuiert es erst recht. »Nichts verteidigen die Völker zäher als ihre eigenen Verunzierungen.« Auch die gerechte Sache muß für sich kämpfen und siegt nicht von selbst.

b) Antithesis: Differentielle Individuierung des Besseren und allverbindendes Schlechteres

Wir legten bisher noch eine Gleichung stillschweigend zugrunde, die wir jetzt problematisieren müssen. Das Höhere, so sagten wir, setzt sich durch oder soll sich durchsetzen als das allgemein werdende Eine. Dann ist offenbar das Niedrigere das, wovon es eine Vielheit unterschiedlicher Formen gibt und auch umgekehrt das Vielheitliche das Niedrigere. Aber trifft diese Gleichung zu? Kann nicht auch das sich allgemein Verbreitende das Niedrigere und das nach Region und Epoche Wechselnde das Höhere sein?

Es gibt Lebenskreise und -ordnungen von hiercharchistisch-repressiver Art, das *sacrificium* des Intellekts und der Sexualität verlangend, statisch und neophob. Bei ihnen folgt in der Tat aus der Niedrigkeit die Vielheitlichkeit, denn sie üben nach außen keine Suggestivkraft aus — nur mit dem Schwert können sie verbreitet werden —, bleiben also zumeist auf eine enge, sich unter sich gegenseitig bestätigende Gruppe beschränkt. Kompensatorisch gehört zu ihnen die selbstgerechte *haine de l'étranger.* Sie sind antifeministisch, antisemitisch, antibolschewistisch und antiamerikanisch. Die Angehörigen jener anderen Sekte werden in der Hölle schmoren; jenseits des Baches hört das richtige Sprechen auf. Angesichts solcher Hinterwäldlereien scheint Platon recht zu behalten: das Individuelle ist das Zufällige, Beschränkte, Unvollkommene und zu Überwindende. Es wird uns nicht leid tun, wenn sie weichen müssen vor einer Nüchternheit, die die absperrenden Affekte, vor einer Ratio, die die mesquinen Vorurteile bricht und die uns aus der Stickluft hinausführt in eine gemeinsame Welt, in der sich Menschen über Grenzen hinweg begegnen, verstehen und lieben können.

Man muß jedoch zwei Formen der Individualität unterscheiden. Es gibt eine *kleine* Individualität, die wert ist, daß sie zugrunde geht. Auf der andern Seite ist alles Höchste ein Besondertes, nicht ohne weiteres Übertragbares. Sowohl in seiner Entstehung wie zu seinem Verständnis ist es an komplexe Voraussetzungen gebunden. Läßt man dieses Sondertümliche fahren zugunsten dessen, was allen Menschen gemeinsam sein kann, so behält man nur das Dürftige, Flache, Farblose und Monotone zurück. Von hier aus gesehen wird man zwar nicht restaurativ die Eigenart jeder Talschaft retten wollen, aber trotzdem nicht mehr das Allverbindende *eo ipso* glorifizieren.

Dies auch deshalb nicht, weil auch innerhalb des Allverbindenden seinerseits abermals die Spannweite der guten wie der schlechten Möglichkeiten besteht. Stoiker und Propheten identifizierten noch: wenn erst die Einheit der Menschheit hergestellt sein wird, dann wird es eine Einheit auf höchster Stufe sein. Aber es hätte nicht viel gefehlt, und die ganze Welt wäre nationalsozialistisch geworden. Negative Geschichtsteleologie: der Erdball wird übersichtlich und verfügbar, damit das Abscheulichste überall seine Herrschaft errichten kann.

Stoiker und Propheten identifizierten auch die Einheit mit dem Ultimum. Aber die Menschheit kann auch auf der Stufe der Einheit noch eine weitere, unabsehbare Geschichte haben, und auch innerhalb dieser Gesamtgeschichte kann es dann wieder helle und dunkle Zeiten, Fortschritte und Rückschläge geben.

Weder also ist das begrenzt vielheitlich Kulturelle als solches verwerflich noch die Monokultur um ihrer selbst willen zu bejahen.

III

Gleichförmige Weltzivilisation und Mannigfaltigkeit der Kulturen?

a) Die Denkmöglichkeit

Vielleicht kommen wir ein Stück weiter, wenn wir, wie viele, Zivilisation und Kultur unterscheiden und mit Alfred Weber Zivilisation als dasjenige bestimmen, was allgemein einsichtig und was nützlich ist. Kultur im engeren Sinne dagegen schafft einer Menschengruppe den Seelenausdruck der Mythen und Symbole. Damit scheinen auch Kriterien für die Expansionsfähigkeit und für ihre Wünschbarkeit gewonnen.

Zivilisation ist ablösbar und übertragbar. Höhere Zivilisation, die sich als solche objektiv ausweist, weil sie aus sich selbst heraus zwingend ist, erlegt sich andern nicht nur auf, sondern wird von ihnen gesucht. »Though I lived in the middle of a forest, if I built a better mouse-trap, then other men would beat a path to my door« (Emerson). Zivilisation teilt diesen Charakter der Irresistibilität mit der Wahrheit selbst. Sie *soll* sich auch übertragen, denn es gibt kein inneres Recht, den Menschen das Wahre und das Nützliche vorzuenthalten. Aller Fortschritt ist zwar nicht nur ein reiner Segen, sondern auch grausam und zerstörerisch gegen das Bisherige. Für die farblose Unifizierung, die er bringt, forderte er das Opfer uralter, dem Leben Form und Reiz gebender Traditionen. Trotzdem ist er, wenn nicht religiöse oder politische Gewalt ihn unterbindet, zwangsläufig, weder aufzuhalten noch zurückzudrehen. Der Reisende in Marrakesch mag es bedauern, daß sich auch dort der Handel heute nicht mehr, wie noch vor wenigen Jahren, mit Hilfe von Kaurischnüren, sondern wie bei uns mit gemünztem oder gedrucktem Geld vollzieht: eine Sehenswürdigkeit weniger! Für den dortigen Einwohner aber bedeutet es Zeitersparnis, Bequemlichkeit, leichteren Austausch mit anderen Wirtschaftsgebieten, höheren Reichtum.

Kulturelles dagegen läßt sich nicht so leicht ablösen, weil es intimer mit der einmaligen geschichtlichen Stelle, an der es wuchs, verflochten ist. Es gehört immer zu einer engeren Gemeinschaft, zu einem Lebenskreis, mit dessen ganzem Charakter es imprägniert ist und den es nicht abstreifen kann. Was von ihm zu einem andern Volk gelangt, das ist sehr oft nur die äußere Form, nicht die volle Sinnhaftigkeit.

Faktisch sind kulturelle Güter seit je ebenso gewandert wie zivilisatorische. Insbesondere wird reicher entfaltete Kultur von noch archaisch gebliebenen Völkern, die sich, mit Spengler zu sprechen, noch in der »Merowingerzeit« befinden, aufgesaugt und eingeschmolzen. Von den politisch besiegten Griechen übernahmen die bäuerlichen Römer — *victi leges dederunt* — philosophische Begriffe und Dichtweisen, ebenso die Germanen von den Römern Lehnworte, unter dem Einfluß von Missionaren das orientalische Christentum.

Sprache, Religion, Sitte und Kunst hat jedes Volk immer schon selbst. Bei gleicher Ranghöhe ist ein Grund, weshalb es sie aufgeben und gegen andere tauschen sollte, nicht ersichtlich. Im Gegenteil, jede Eigentümlichkeit ist — wir sprachen von dieser goethezeitlichen Erkenntnis — an ihrer Stelle sinnvoll, notwendig und damit auch bewahrenswert. Viele Kulturen pflegen darum nebeneinander zu existieren, ohne daß sie sich deswegen durchmischten und zur Einheit verschmölzen. Sie werden sich wohl in Einzelheiten befruchten, so wie etwa künstlerische und literarische Strömungen die europäischen Kulturnationen gemeinsam erfassen, aber die grundsätzliche Unterschiedenheit der eigenen Überlieferungen und Gepflogenheiten berührt dies nicht. Als im 19. Jahrhundert die Berührung der asiatischen Kulturen mit dem Westen verstärkt einsetzte, da war es von vornherein ihr Bestreben, von uns zwar Wissenschaft, Technik und Methode zu lernen, sich aber in der Tiefe, in Lebensstil und Weltanschauung, dadurch nicht ummodeln zu lassen, sondern den angestimmten *way of life* weiterhin fortzusetzen (»Mittelalter mit Elektrizität«).

So scheint das Ergebnis zu sein, daß Zivilisation sich immer mehr ausbreiten und daß in Zukunft eine einheitliche Weltzivilisation herrschen muß und soll; daß dagegen die bestehenden Kulturen in ihrer Vielheit erhalten bleiben können und sollen.

b) Der realgeschichtliche Trend zur Gleichförmigkeit

Aber es scheint nur so. Wie die Unterscheidung der beiden Sphären begrifflich fragwürdig ist — auch das Symbolische kann nützlich, auch das Nützliche Symbolträger sein —, so greifen sie auch real ineinander. Das Zivilisatorische ist nichts Abgekapseltes, das fortschreiten und sich ausbreiten kann, ohne daß dies auch das Kulturelle in Mitleidenschaft zöge. Marx hat gezeigt, wie der sich verändernde Unterbau den Überbau mitverändert; zum Beispiel gerät durch die Erfindung des Schießpulvers mit der bisherigen Heeresordnung die ganze Gesellschaftsordnung ins Wanken. Aus der gemeinsamen Weltzivilisation dringen neue Institutionen ein und drängen das Bisherige an den Rand. Was gelten noch regionale Überlieferungen, wenn das gemeinsame große Erlebnis aller Menschen die Landung der Astronauten auf dem Mond ist, am Fernsehschirm verfolgt? Mit den Institutionen überträgt sich aber auch eine ganze Denk- und Verfahrensweise, überträgt sich die Lebensauffassung, aus der sie hervorgingen. Bei Völkern, die noch in anspruchsloser »Bedarfsdeckungswirtschaft« leben, bei denen das Arbeitsethos (der ursprünglichen »innerweltlichen Askese«), Erwerbs-»Trieb« — der alles andere als eine menschliche Konstante ist —, Aufstiegswille, Rechenhaftigkeit und Pünktlichkeit fehlen, läßt sich keine Industrialisierung einführen. Sobald sie aber eingeführt ist, verstärkt sie vom Institutionellen her noch diese Seelenhaltungen, und so werden die fremden Kulturen auch von innen her ausgehöhlt. In Japan sind heute einst allverbreitete Sitten, wie etwa die, bei bestimmten Gelegenheiten eine selbstgemachte Strophe zu sprechen, schon so aus der Übung gekommen, daß nur noch die ältere Generation sich auf sie versteht.

Während für Alfred Weber Kulturprozeß und Zivilisationsprozeß stets nebeneinander herlaufen, mündet für Spengler jede Kultur in die zivilisatorische Spätphase. Heute scheint der Prozeß der sich gebärenden und sterbenden Kulturen am Ende. Die Menschheit als ganze tritt in die zivilisatorische Spätphase und verharrt in ihr. Deshalb unterliegt sie als ganze dem Gesetz der Zivilisation: der gleichmachenden Unifizierung. Spengler wies morphologisch auf, wie in den verschiedenen Kulturen sogar das »Technische« verschieden ist, weil es die Farbe der jeweiligen »Kulturseele« trägt. Heute emanzipiert sich das Technische zu reiner Rationalität. Um so uniformierender breitet es sich aus.

Das letzte, vielleicht uneinnehmbare Bollwerk des Pluralismus sind die Sprachen und Literaturen. Es ist zwar grundsätzlich denkbar, daß ein künftiger barbarischer Weltherrscher alle Sprachen bis auf eine ausrottet. In Huxleys »Brave New World« ist Englisch alleinige Weltsprache. Anderseits wächst gerade in einer immer gleichförmiger werdenden Welt, in der alles mit dem Verstand gemacht wird, kompensatorisch auch das Bedürfnis nach dem Besonderen und Eigenen, das ein Gewachsenes ist. Die Pflege der nationalen Sprache, Literatur und Geschichte ist dasjenige Gebiet, auf dem diesem Bedürfnis am ehesten stattgegeben werden kann. Seit der Romantik empfinden wir die Muttersprachen so sehr als kostbares uns anvertrautes Gut, daß trotz aller Mühen und Schwierigkeiten, die ihr Nebeneinander mit sich bringt, kaum einer ernstlich an ihre Preisgabe denkt. Man könnte neben den Sprachen noch die Religionen nennen, wenn nicht die Religion beim modernen Menschen derart auf ein formales Minimum reduziert wäre, daß ihr keine ernstliche Prägekraft mehr zukommt. Toynbee spricht von einer bevorstehenden planetaren Religion.

Gilt dies für das *be*stehende, so ist für das *ent*stehende Kulturelle auch Folgendes zu bedenken:

In einem kleinen Gemeinwesen entstehen andere Leistungen als in einem großen. In geschlossenen Verhältnissen hat das Kulturelle immer sehr stark auch noch die Funktion des sozialen Kittes. An gemeinsamen Anschauungen und Gepflogenheiten erkennt man sich gegenseitig als demselben Clan zugehörig, und so steigert das Objektive, dessen Träger der Clan ist, rückwirkend noch seine Clanhaftigkeit, die nicht nur auf den Familienbanden und dem Nebeneinanderwohnen beruht. Was nach außen hin unterscheidet, steigert nach innen hin das Solidaritätsgefühl. Deshalb entwickelt jede Schulklasse ihren *slang*, hat jeder Verein sein Emblem. Erst durch seinen Mythos, so sah Schelling, durch die Übereinstimmung in dem von ihm gestifteten Medium, konstituiert sich ein Volk überhaupt zur Einheit dieses Volkes. Dies um so mehr, als bei den Nachbarn ein anderer Mythos herrscht, so daß man bei ihnen im letzten immer der unverstandene und unverstehende Fremde bleibt. So wirft einen der eigene Mythos doppelt auf die eigene Gemeinschaft zurück, die sich durch ihn als abgesonderte rechtfertigt und stützt. »Will (ein Volk) sich erhalten, so darf es nicht schätzen wie der Nachbar schätzt« (Nietzsche). Der Mythos ist insofern der Gegenpart des Rationalen, des Evidenten, das sich dem Geist quer zu allen geschichtlichen Bedingtheiten auferlegt und das so die Völker verbindet.

Nun hat jede Gruppe ein Interesse daran, ihre Mitglieder möglichst eng an sich zu ketten, sie gewissermaßen zu Komplizen zu machen, die sich nicht mehr trennen können. Deshalb begünstigt sie gerade Einrichtungen und Überzeugungen, die nicht aus sich heraus einleuchten, sondern denen im Gegenteil etwas Uneinsichtiges, im Extremfall geradezu etwas Unglaubwürdiges und Absurdes anhaftet und die in ihr nur deshalb gelten, weil sie hier nun einmal Tradition und gegenseitige Konvention sind. In möglichst krause Dogmen und Bräuche, in skurrilen Aberglauben und abwegiges Vorurteil eingesponnen, ist jeder auf den eigenen Stammesgenossen, der allein sie teilt und einen in ihnen bestärkt, rückverwiesen, während das Luzide, für sich selbst Sprechende, Wahre, die Stammesbarriere sogleich durchbricht in Richtung auf das Universale.

Aber wie nach dem russischen Sprichwort in jedem Unglück ein Glückchen verborgen liegt, so können auch archaische Motive Großes bewirken. Das Bestreben, sich sozial abzuheben und zu konsolidieren, beflügelt die Produktivität zu einer phantasievollen Formenfülle. Was wir soeben in einen Gegensatz zur überall durchschlagenden Evidenz und Wahrheit stellten, das ist andersherum besehen etwas eminent Positives, es sind die »Symbole« der Kultur. Werden nun die Gemeinschaften größer und etabliert sich schließlich eine uniforme Weltgesellschaft, so fällt ein starkes Motiv, das bisher diese Symbole hervortrieb, dahin. Der ganze schöpferische Impuls geht jetzt nicht mehr auf das Besondere, sich Unterscheidende, sondern auf das, was von allen verstanden, bejaht und gelebt werden kann. Man bedarf anderer Denkmittel, Verhaltensweisen und Objektivationen als bisher. Damit eröffnet sich zwar eine neue Richtung und Dimension der Produktivität; dasjenige aber, was nur im engeren Kreis gedieh, muß sich, sobald die planetare Ebene erreicht ist, zurückbilden. Wir besitzen es dann nicht mehr als ein aktuell Erzeugtes, sondern nur noch als ein von früher zu uns Herüberragendes. Freilich kann es auch so noch lebendig sein, so wie schon heute keine Heldenepen oder Offenbarungsreligionen mehr entstehen, aber wir noch immer von den vorhandenen zehren.

c) Aussichten für die Mannigfaltigkeit

Die Aussichten des Kulturpluralismus scheinen für kommende Zeiten nicht günstig zu stehen. Immerhin mögen zwei Überlegungen Raum finden.

1. Früher waren zwar die Kulturen untereinander verschiedener, aber innerhalb von ihnen wurde von jedem noch mehr dasselbe erwartet, überhaupt war der Spielraum des Individuums geringer. Es gab noch weniger Institutionen und Berufe, weniger Dimensionen des Schaffens und Genießens. Heute dagegen gleichen sich zwar die Kulturen als ganze einander an, innerhalb von ihnen aber ist das Individuum in seiner Entfaltung weniger gebunden, nicht so sehr auf bestimmte Typen festgelegt. Jeder kann wieder andere Interessen haben, sich eine eigene Anschauung bilden. Es gibt nebeneinander die mannigfaltigsten Aufgaben, Beschäftigungen, Vergnügen. Die Egalität nach außen wird also kompensiert durch eine steigende Differenzierung nach innen hin, durch die wir auf die Differenzierung der Kulturen als ganzer verzichten können.

2. Es ist ein häufiger Vorgang, daß neu in die Kultur eintretende Völker sich ihr gegenüber zunächst rezeptiv verhalten, nach einer Inkubationszeit aber beginnen, einen eigenen Beitrag zu leisten. Das könnte sich heute wiederholen. Weil heute alle Völker die westliche Zivilisation übernehmen, glauben wir, ihr werde überall die Zukunft gehören. Das ist voreilig geschlossen. Vielleicht wird, wenn die Menschheit nicht zu früh in der einmal gefundenen Form erstarrt, die Vereinheitlichung der Welt nur eine Übergangsphase sein, und in einer ferneren Zukunft wird eine Vielzahl gleichrangiger Zivilisationstypen nebeneinander bestehen. So wie es nicht einen Monotheismus gibt, sondern Judentum, Christentum und Islam, nicht eine Demokratie, sondern die englische und die französische verschieden gebaut sind, so könnte es auch auf anderen Gebieten sein. Das erscheint zunächst befremdlich, weil wir uns die fortschreitende Kultur als eine fortschreitend vernunftgeprägte vorstellen und weil gegenüber dem vielheitlich Wachsenden die Ratio Eine, in allen Menschen die gleiche und in ihren Ergebnissen unwiderstehlich ist. Trotzdem könnte sie in sich Raum bieten für eine Variationsbreite von *rationes,* das Ultimum für Ultima.

Solange wir uns durch das Spengler-Toynbeesche Schema der »Hochkulturen« fangen lassen, sieht es so aus, als ob heute eine einzige von ihnen siegte. Vielleicht neigt sich aber das »Zeitalter der Hochkulturen« überhaupt dem Ende zu. Eben deshalb entfalten die verschiedenen Kulturen keine Kraft mehr und es entsteht zunächst eine überkontinentale Weltkultur. Das könnte aber Ausgangspunkt für eine neue Lebensstufe der Menschheit sein, die sich dann wieder ebenso in Typen und Unterarten zerlegen würde, wie bisher die Hochkulturen es taten.

So mag in Erfüllung gehen, was der Vorsitzende Mao am 2. Mai 1956 vor der obersten Staatskonferenz als Forderung aussprach: »Laßt hundert Blumen blühen und hundert Schulen miteinander wetteifern.«[32]

---

[32] Mao Tse-Tung, Ausgewählte Schriften, Frankfurt 1963, S. 379. Vgl. S. 94: »›Hundert Blumen blühen nebeneinander‹, ›Hundert Denkrichtungen streiten miteinander‹, ›Zusammenleben auf lange Zeit‹ und ›Gegenseitige Kontrolle‹ — wie kam es dazu, daß diese Losungen ausgegeben wurden? Wir erkennen, daß es für die Entwicklung von Kunst und Wissenschaft schädlich sein würde, wenn administrative Gewalt angewandt wird, um einen bestimmten Kunststil oder eine bestimmte Lehrmeinung durchzusetzen und andere zu verbieten.« Mao knüpft damit an europäische demokratische Tradition an. Vgl. Mill, Essay über die Freiheit: Unterdrückung der Gegenmeinung ist ein Schwächezeichen, da wir in letzten Wertungen keine Gewißheit haben.

Ihr lernt: das haus des mangels nur kenne die schwermut ·
— Nun seht im prunke der säulen die herbere schwermut —

Der stets nach dem ziel sich verzehre nur fühle das schicksal ·
Ich zeige euch in der erfüllung das grausamste schicksal

Des der die stunden vertrauert bei köstlichem kleinod ·
Der schmächtigen fingers spielt mit dem sprühenden kleinod ·

Und des der angetan mit der könige purpur
Das schwere bleiche antlitz senkt auf den purpur.

Stefan George

I

Die Trauer der Schönheit

a) Stimmen der Klassiker

Seit Winckelmann hat die deutsche Klassik gewußt und daran herumgerätselt, daß sich im Gesicht der griechischen Statuen neben der Harmonie und Enthobenheit auch eine Trauer malt.[33] Schon Winckelmann selbst bemerkt das gedankenvoll Ernsthafte, das die Heiterkeit der Statuen beschattet. Wie Herder erblickt er jedoch darin nur ein Moment der ästhetischen Steigerung. — Dagegen hat Fritz Stolberg die Schwermut des griechischen Menschen darauf zurückgeführt, daß er als Heide der Vergänglichkeit ausgeliefert ist: ihm fehlen noch Versprechen und Hoffnung jenseitiger Erlösung. »Es schwebet, selbst auf den Gesichtszügen der ewigen Götterjugend, wie eine schwarze Wolke, der Gedanke der Todes.« Goethe hat Stolberg deswegen in einem Xenion verspottet, während Adam Müller sich ihm anschloß. — Die Verbindung der griechischen Melancholie mit der Vorstellung des Todes wird in der Goethezeit noch in anderer, wechselnder Weise durchgespielt. Der Schatten auf der heiteren stillen Stirn der Götter, so hören wir, liegt daran, daß sie sich, selbst unsterblich, um

[33] Das Folgende nach Walter Rehm, Götterstille und Göttertrauer, München 1951.

den Tod ihrer Lieblinge, der Menschen, grämen, den sie nicht abwenden können. »Auch das Schöne muß sterben ...« (Schiller). — Nach andern ist es eher umgekehrt: wie die Menschen die Götter um ihr leichtes Dahinwandeln beneiden, so neiden die Götter den Menschen ihr unselig-seliges Schicksal. Die in sich ruhende Vollkommenheit, auch des griechischen *Menschen* in seiner unerschütterlichen Ataraxia und windstillen Galene, ist ein Ausgeschlossensein vom Leben. Die abgeschlossene Selbstgenügsamkeit wirkt sich, anders als bei dem seines Alleinseins frohen runden Sphairos des Empedokles, auch als Einsamkeit aus, als qualvolle Sehnsucht nach den Mitfühlenden.

Geschichtsphilosophisch wendet den Gedanken zuerst Herder: nur wir selbst legen die Trauer in die antiken Statuen, weil wir wissen, wie vergänglich diese Blüte war (dieses Motiv einer Projektion der *eigenen* Melancholie bleibt überhaupt zu bedenken). Dagegen trauern nach Novalis die griechischen Götter, weil ein dunkles Bewußtsein ihrer Todverfallenheit sie selbst schon heimsucht. Schelling, noch spät Lasaulx, nehmen das auf. Schon 1809 läßt Schelling einen Schleier der Schwermut über die ganze Natur ausgebreitet sein, den erst Christus tilgt. In der »Philosophie der Offenbarung« spricht er dann über den esoterischen Glauben der Griechen an eine künftige Herrschaft des Dionysos und über »jenes Bewußtsein, das sie in der ausgelassensten Lust nicht verläßt, daß all dieser Glanz einst erlöschen, daß diese ganze schöne Welt des Scheins einst versinken und einer höheren, truglosen Klarheit weichen werde. Dieser Gedanke erklärt jene Schwermut, die wie ein süßes Gift die trefflichsten Werke der Hellenen, besonders die der bildenden Kunst durchzieht, in denen die höchste Anmut und Lebendigkeit selbst vom Schmerz der unüberwindlichen Endlichkeit ihres Daseins durchdrungen zu sein und ihre eigne Vergänglichkeit still zu betrauern scheint. Dieser *geheime* Schmerz verklärt, veredelt und heiligt gleichsam die Schönheit griechischer Bildungen, *er* ist der Talisman, der auch uns mit so ganz andern Empfindungen begabten, in so völlig andern Begriffen lebenden Menschen noch immer unwiderstehlich anzieht. Dieses Tragische, das in die religiösen Empfindungen Griechenlands gemischt ist, leitet sich eben von dieser Mitte her, in welche der Hellene zwischen eine sinnliche Religion, der er für die Gegenwart unterworfen ist, und eine rein geistige, die ihm nur in der Zukunft gezeigt wurde, gestellt ist.«

Auch losgelöst von solcher Geschichtstheologie weiß Schelling, daß Fülle der Form sich auf ihrem Gipfel selbst vernichtet, weil sie hier mit dem Unendlichen zur Einheit verschmilzt. Durch Vollendung nähert sich nach Schleiermacher jede Natur ihrem Gegensatz. Daß Schönheit und Tod nah aneinandergrenzen, höchste Schönheit Sterbensreife, Sehnsucht nach Schönheit Todessehnsucht ist, dieses Motiv durchzieht die Romantik. Keine Vollkommenheit ohne Klage. — Nach Solger sind sich das göttlich geistige Prinzip und die sinnliche Erscheinung entgegengesetzt. Im Schönen geht es zwar in sie ein und wird anschaulich, doch nie ganz. Daher ist diese Vereinigung von Anfang an tragisch. Das Schöne bleibt vor dem Göttlichen unzulänglich und muß sich als ein Nichtiges wieder auflösen. Im Moment, in dem wir die göttliche Idee erkennen, geht das Schöne unter, ja es ist dieses Opfer selbst, in dem sie sich offenbart. »Aus diesem Gegensatz erklärt sich der melancholische Anstrich der ganzen griechischen Kunst.« — Bei Hegel ist die »Schmerzlichkeit des göttlichen Friedens« ein Ausdruck dafür, daß auch der griechische Gott durch seine Ziele und Taten am Menschlichen, Zufälligen, beschränkt Endlichen teilhat, daß er aber dadurch in Widerspruch zu seiner eigenen Hoheit und Würde gerät. Die einsam selige Ruhe der Statuen und der stille Zug der Trauer suchen diesen Widerspruch vergeblich zu versöhnen. — In die griechische Synthese, so spinnt Kierkegaard die romantisch-idealistischen Spekulationen fort, war der Geist, wie erst das Christentum ihn sichtbar machte, noch nicht einbezogen. »Insofern ruht eine Sicherheit, eine stille Feierlichkeit über der griechischen Schönheit; eben deshalb aber auch eine Angst, welche der Grieche wohl nicht merkte, obwohl seine plastische Schönheit in ihr erbebte. Weil der Geist ausgeschlossen ist, ist die griechische Schönheit schmerzlos; eben deswegen aber auch unerklärlich tief schmerzlich.«

Von solchen Flügen lenkt das gegenklassisch-realistische eigentliche 19. Jahrhundert zurück. Es isoliert die Kunst nicht mehr von ihrer Lebensgrundlage, aus der es sie vielmehr neu versteht. Für Jacob Burckhardt stehen die leuchtenden Bildwerke wie Wunschbilder auf dem Hintergrund einer furchtbaren politischen Wirklichkeit des Bösen. Die Trauer der Götter ist das Hineinragen dieser gnadenlos schuldbeladenen Wirklichkeit der Griechen in die Sphäre der Kunst.

b) Weitere Interpretationen

Diesen verschwenderischen und tiefsinnigen Interpretationen aus dem Heroen-Zeitalter des deutschen Geistes fügt der Spätling nicht ohne Zögern noch Interpretationen hinzu:

1. Die Griechen sind die Entdecker der »Autonomie« des sich aus eigener Vernunft lenkenden Individuums. Aber entgegen späteren philosophischen Übergipfelungen der Autonomie wissen sie ursprünglich auch um die Grenzen der Kräfte der Vernunft. Da sind die Götter, ist ein Schicksal, die sich dem von uns Geplanten entgegenstellen. Ja selbst wenn wir erreichen, was wir suchten, so erreichen wir es nicht nur, weil wir uns anstrengten, son-

dern auch weil jene unberechenbaren Mächte es gewährten. Noch das Glück ist ein uns »Widerfahrendes«.[34] Die Trauer der griechischen Statuen ließe sich nun erklären als ein Reflex dieses Wissens. Im Augenblick, in dem die Autonomie und in dem mit ihr das Menschsein neu entdeckt wird, wird schmerzlich auch bewußt, daß ihr Umkreis beschränkt ist, daß sie auf ein ihr Entzogenes, ihr Entgegenwirkendes stößt. Der Grieche trauert über die Schwäche des Prinzips, dem er sich anvertraut hat, über die »Grenzen des Menschseins«.

2. Als Entdecker der Autonomie sind die Griechen auch die Entdecker des Individuums. Nun steigt, wie Georg Simmel in seiner Philosophie des Todes gezeigt hat, im gleichen Maßstab wie die individuelle Differenzierung auch die Todesfähigkeit, ja sie ist deren Indikator. Denn je ausgeprägter die Eigenart eines Wesens war, desto weniger bleibt von ihm bei seiner Zerstörung erhalten, desto unrettbarer ist es der Welt verloren. Kein anderes kann für es eintreten. Das Individuiertere also ist das Sterbendere. »Sterben zu können ist das Siegel der höheren Existenz.« Darum stellt die Tragödie den Heros, gerade um seine Größe sichtbar zu machen, als einen Zerbrechenden dar. Sie kann ihn in seinem Herausragen nicht *mehr* bestätigen, kann ihn nicht ernster feiern, als indem sie Tragödie ist und ihn stürzen läßt. Was die Tragödie als Ablauf darstellt, das preßt die Plastik in einen Moment. Die Bedrohtheit des Individuums, gerade weil es Individuum ist, durch den Untergang, das Gefälle, dem es sich durch seine eigene Einzigkeit und Kostbarkeit ausgesetzt sieht, schattet sich in ihm vor als Trauer.[35]

II

Die Trauer des Sieges

Wie auf den Glanz der vollkommenen Form ein Reif fällt, so auch auf den Triumph des Sieges. Das gilt im unmittelbaren wie im übertragenen Sinn.

---

[34] Vgl. Verf., Virtus und Fatum, in: Pluralität und Antinomie, München 1963. Ders., Eine Lanze für das Schicksal, in: Das Ende des Individuums, Stuttgart 1971.

[35] Vgl. Verf., Zeit und Tod, in: Ursprungsbild und Schöpfertat, München 1966.

a) Nero und der Künstler als Melancholiker

Schon das Barockzeitalter erblickte das Paradigma des Melancholikers in keinem andern als in — Nero, dem Herrscher über das größte Weltreich der Geschichte.[36] Bei Pascal — selbst einem der Väter der »philosophischen Melancholie« — wird Nero zum Symbol der Einsamkeit, der Langeweile, des Menschen voller Elend mitten im Glanz der Thrones. Noch bei Kierkegaard verführt den Kaiser die Macht zu ästhetischem Selbstgenuß, sie läßt ihn nicht mehr ungeteilt das Gute wollen, darum ist er voll geheimer Angst und Unlust. Ähnlich in der französischen Literatur der Zeit: weil er aus schrankenlosen Mitteln schöpft, weil keiner ihm entgegentritt, deshalb verfällt er in Grausamkeit und Wollust, unter denen er dann aber selbst leidet.

Der Bruder Neros in einer ganz andern Sphäre ist der Künstler. Schon Aristoteles und Cicero hatten von der Melancholie des Ingeniums gewußt. Das nimmt die Renaissance wieder auf. Dem Mittelalter galt *acedia* als Todsünde, die aus Gottferne quillt. Sie war die Mönchskrankheit. Bei Petrarca und im Florentiner Humanistenkreis dagegen erfährt sie eine Nobilitierung als diesseitig-psychologisch gedeutete Melancholie, und gerade der schöpferisch-geniale Mensch ist es, den sie auszeichnet. Melancholie wird jetzt der Zoll, den das Genie für seinen Tiefsinn und seine Geistigkeit erlegen muß. Ihm ist der Genuß der Melancholie erlaubt. Sie gehört steigernd zu seinem Selbstgefühl.

b) Mitgefühl mit den Besiegten und Unterdrückten

Sieg ist ein Relationsbegriff. Wir müssen ihn analysieren als Glied einer Ganzheit, zu der komplementär das Besiegte gehört. Ursprünglich ist nicht die Trauer, sondern sind Frohlocken, Stolz, Unbarmherzigkeit des Siegers. Dieser Haltung entspringt auch eine Kunst, die entsprechend heute der »Verdächtigung« verfällt. »Wo je die dorische Säule stand, verhallte der Schrei des Sklaven ungehört« (Herbert Read). Früh tritt religiös-ethisches Empfinden dem ungebrochenen Siegesjubel entgegen. Als Eurykleia über die erschlagenen Freier jubeln will, hält Odysseus sie zurück:

> Freu dich im Herzen, Alte, und hüte dich, laut zu frohlocken!
> Sünde wärs, über tote Feinde offen zu jauchzen.[37]

---

[36] Das Folgende nach Walter Rehm, Jacobsen und die Schwermut, in: Experimentum medietatis, München 1947. Ferner Lepenies, op. infra cit. S. 46 ff. und 215 ff.

[37] Odyssee, 22. Gesang, V. 411 f.

Das mag ursprünglich in der Furcht vor den Geistern der Getöteten begründet sein, kann sich aber auch ethisieren. Nach einem Midrasch-Traktat wollten die Engel, als die Ägypter im Meer ertranken, Gott ein Loblied singen. Er aber rief: »Menschen, von mir geschaffen, gehen unter im Meer, und ihr wollt jauchzen?«[38] Deshalb wird von frommen Juden beim Morgengebet zu Pessach nur das halbe Hallel gesprochen.[39] Dies sind die ersten Regungen, aus denen später diejenigen schöpfen werden, die sich zu Anwälten der Besiegten gegen die Sieger erheben.

Gegen die Sieger, das heißt sozial und politisch: gegen die Herren für die Sklaven, gegen die herrschende Klasse für die Unterdrückten, gegen die Ausbeuter für die um den von ihnen geschaffenen Mehrwert Verkürzten. Es heißt aber auch: gegen eine Geschichte, die von den Überlebenden geschrieben wird und die Geopferten vergißt, sie auf den »Kehrichthaufen der Geschichte« (Lenin) wirft; die den Erfolg so hinstellt, als habe er auch die geistigen und ethischen Gründe auf seiner Seite, während doch in Wahrheit das, was sich geschichtlich nicht durchzusetzen vermochte, das Bessere gewesen sein (zwar nicht muß aber) kann (Ernst Blochs »Zukunft in der Vergangenheit«). Auch hinsichtlich der Geschichte bildet sich im Zug der allgemeinen »Entdeckung der Unterprivilegierten« eine »neue Sensibilität« heraus. Walter Benjamin[40] stellt der siebten seiner Geschichtsphilosophischen Thesen[41] ein Zitat von Bert Brecht voran. Auch die folgenden Brecht-Verse könnten ihnen als Motto dienen:

> Was ist das für eine Welt, in der ein Gespräch über
> Blumen fast ein Verbrechen ist,
> Weil es ein Schweigen über so viele Untaten einschließt.

»Der Geschichtsschreiber des Historismus«, so führt Benjamin hier aus, fühlt sich ein »in den Sieger«. »Die heute Herrschenden«, wie er sagt, »sind aber die Erben aller, die je gesiegt haben. Die Einfühlung in den Sieger kommt demnach« ihnen »zugute«. Folglich muß nach Benjamin die Geschichtsschreibung des Marxisten, der die Herrschenden stürzen will, eine andere sein.

Benjamin weitet dies aus von der politischen Geschichtsschreibung auf die Kulturgeschichtsschreibung. »Die Beute wird, wie das immer so üblich war, im Triumphzug mitgeführt. Man bezeichnet sie als die Kulturgüter.

---

[38] Nach Micha Josef Bin Gorion, Die Sagen der Juden, Frankfurt 1962, S. 464.
[39] Aufgrund von Babyl. Talmud, Traktat Sanhedrin 39/b.
[40] Vor allem für die Gedanken zu Benjamin, aber auch für andere Überlegungen dieses Aufsatzes, verdanke ich wertvolle Hinweise Ernst Erdös (Zürich).
[41] In: Illuminationen, Frankfurt 1961, S. 271 f.

Sie werden im historischen Materialisten mit einem distanzierten Betrachter zu rechnen haben. Denn was er an Kulturgütern überblickt, das ist ihm samt und sonders von einer Abkunft, die er nicht ohne Grauen bedenken kann. Es dankt sein Dasein nicht nur der Mühe der großen Genien, die es geschaffen haben, sondern auch der namenlosen Fron ihrer Zeitgenossen. Es ist niemals ein Dokument der Kultur, ohne zugleich ein solches der Barbarei zu sein ... Der historische Materialist ... betrachtet es als seine Aufgabe, die Geschichte gegen den Strich zu bürsten.« Benjamin interpretiert hier den Historischen Materialismus in seiner Weise. Er gewichtet ganz anders als Marx, für den Homer trotz des sich in ihm spiegelnden Feudalismus ein Klassiker blieb, und als Ernst Bloch, für den die großen Schöpfungen der Vergangenheit über ihren Überbau-Charakter hinaus einen »utopischen Vorschein« enthalten: durch ihn geben sie der Zukunft ein Signal und behalten deshalb in ihr als »Erbschaft« ihren Platz.

In schwer verständlicher Weise verwirrt jedoch Benjamin seinen Gedanken, wenn er nun für das Einfühlungs-Verfahren des Historisten die *acedia*, die Traurigkeit, verantwortlich macht. Aber was hätte der Historiker, der sich mit dem Sieger identifiziert, der die, »die ... am Boden liegen«, übergeht, also die Barbarei gar nicht sich zu Bewußtsein bringt, zur Traurigkeit für einen Anlaß? Diese Traurigkeit gehört doch offenbar auf die Seite des historischen Materialisten, der sich vom »Triumphzug« der Herrschenden nicht faszinieren läßt; auf die Seite des »Grauens«. Hier scheinen bei Benjamin in der Eile der Niederschrift die Zettel in die falsche Reihenfolge geraten zu sein. Oder Benjamin versteht hier *acedia* nicht als »Traurigkeit«, sondern als »Trägheit«.[42]

c) Mitgefühl mit den der künftigen Weltharmonie noch nicht Teilhaftigen

Sieger und Besiegte kennt der Geschichtsprozeß aber noch in anderer Weise. Dann nämlich, wenn man annimmt, daß er ein steigender Fortschrittsprozeß ist, oder auch nur: daß ein künftiger höherer Zustand den jetzigen ablösen wird. Das bedeutet eine Benachteiligung für die früher Lebenden, wenn man so will ein Unrecht an ihnen. Über das Individuum hinweggehender Fortschrittsoptimismus findet für die Qualen der Väter den Trost im Glück der Enkel, aber was fruchtet dieser Trost den Verstummten und Vergessenen?[43] Sollen wir dazu verurteilt sein, nur die Teile

---

[42] Zur Geschichte und Bedeutungsdifferenzierung der acedia vgl. Siegfried Wenzel, The sin of sloth, 1960.

[43] Dieser Gedanke auch bei Max Horkheimer, kritische Theorie I S. 47 und II S. 199. Vgl. Johann Baptist Metz, Erlösung und Emanzipation, in: Stimmen der Zeit, Bd. 191, Heft 3, 1973.

abzugeben, aus denen eine spätere Totalität sich zusammensetzt (Schiller)? Denselben Einwand erhob Mendelssohn gegen die Geschichtsphilosophie Lessings. Der Schrei der Märtyrer scholl nicht schwächer, weil sie »eingeschreint sind im Herzen der Arbeiterklasse«. Hier klafft in allem Zukunftsglauben, in aller teleologischen Rundung der Welt, eine Wunde.

Ein Motiv dafür, daß die Pharisäer den ursprünglich unbiblischen Auferstehungsglauben einführten, war auch dies: weshalb sollen nur die, die zufällig das Glück haben, gleichzeitig mit dem Messias zu leben, das messianische Reich schauen, während die ganzen älteren Geschlechter, die verdientesten Männer der Vorwelt, keinen Anteil an ihm gewinnen?[44] Ihre Auferstehung ist ein ethisches Postulat, die Gerechtigkeit ist sie ihnen schuldig. Denn in hellenistischer Zeit empfindet sich der Einzelne als eigene Ganzheit, nicht nur als Glied des weiterlebenden Stammes oder Volkes. Daher bedarf es für ihn einer Retribution. Das pharisäische Argument kehrt noch bei Ernst Bloch im »Geist der Utopie« wieder. Der auferstandene Leib macht zwar die Schmerzen des nicht auferstandenen nicht ungeschehen, gibt aber für sie einen Ausgleich. — In anderer Wendung: das messianische Mahl ist, wie ein Freudenmahl, so auch ein Trauermahl, weil es so spät kommt, weil die Toten von ihm ausgeschlossen sind. Eschatologie, die die Bundessolidarität mit ihnen, die Erinnerung an ihre nie gutzumachenden Leiden vergäße, wäre gewissenlos. Kreuz ist noch im neuen Himmel und der neuen Erde.

In seinem großen Ausbruch gegen die Weltharmonie sagt noch Iwan Karamasoff: »Ich habe geglaubt, also will ich auch mit eigenen Augen sehen, und wenn ich zu der Stunde schon tot bin, so soll man mich auferstehen lassen — denn es wäre doch, wenn alles ohne mich geschehen sollte, gar zu kränkend für mich. Will ich doch nicht dazu gelitten haben, um mit meinen Verbrechen und meinen Leiden für irgendeinen Anderen die zukünftige Harmonie zu düngen. Ich will mit meinen Augen sehen, wie das Reh arglos neben dem Löwen ruht, und wie der Ermordete aufsteht und seinen Mörder umarmt.« — Völlig verweltlicht heißt es in Samjatins Roman »Wir« nach der russischen Revolution von 1905: »Was soll ich mich aufhängen lassen, damit die Arbeiter des 32. Jahrhunderts keinen Mangel an Nahrung und Vergnügungen mehr haben?« Er will nicht mehr nur Sprosse sein, will nicht, daß eine Generation für die Zukunft verheizt wird, wendet sich ab und wird Epikureer.

---

[44] Vgl. Verf., Unsterblichkeit und Geschichtlichkeit, in: Ursprungsbild und Schöpfertat, München 1966.

d) Die unrealisierten Möglichkeiten

Endlich läßt sich von einer Trauer des Sieges auch noch in anderem, übertragenem Sinn sprechen:

In jedem Augenblick gibt es viele Möglichkeiten, die ins Sein dringen könnten. Aber wie das Reich der Möglichkeiten unendlich ist, so das der gestaltbaren Wirklichkeit eng. Sie muß sich jeweils für eine von ihnen und damit gegen alle übrigen entscheiden. So ruht jede Form auf einem Opfer, auf einer Tragödie. Wie die bei der Entstehung eines Geformten konkurrierenden Möglichkeiten, so werden aber auch die durch sein eigenes Dasein neu erwachsenden Möglichkeiten von ihm durch sein eigenes Formsein, das im Zeitfluß eine Gestalt fixiert, ins Nichtsein verbannt. Das Wissen um all diese Keime, die sich, so wie auch in der Natur die meisten Keime zugrunde gehen, nicht entfalteten, deren Nichtentfaltung Bedingung seiner eigenen Existenz war, der Verzicht auf die vielleicht lockenden und dennoch notwendig erstickten, schlägt sich im Geformten nieder als Trauer. Rudolf Borchardt sagt von einem Goldschmiede-Kunstwerk:

> Darin ist die vollkommene Traurigkeit
> Des ganz Gebildeten, das seine Grenzen
> Füllend in seiner Form gefangen ist,
> Und wie es vom Ergreifenden des Werdens
> Nicht weiß, noch irgend wächst, so nährt es keinen
> Als der verlobt an sein Geschick und Weg
> Der Lust des vielen Möglichen entsage.

Man könnte aber auch so sagen: auch die nicht-realisierten Möglichkeiten haben gleiches Recht wie die realisierte. Gerade *weil* sie sich realisiert hat, muß — so weiß es Hegels Geschichtsphilosophie — diese Gestalt der Wirklichkeit wieder abtreten, um andern Raum zu geben. Wie sie andern den Untergang bereitete, so bereitet sie ihn durch ihre eigene Einseitigkeit auch sich selbst. Ihre Trauer ist das Wissen um diesen ihr bevorstehenden Untergang.[45] Seine geschichtsphilosophische Gerechtfertigtheit nimmt ihm nicht die Furchtbarkeit für den ihn Erleidenden.

---

[45] Vgl. Verf., Fruchtbarer Tod, in: Das Ende des Individuums, Stuttgart 1971.

III

Die Trauer des Gelingens

a) Die Nichteinlösung des Ersehnten durch die Erfüllung

Beim Sieg ergab sich die Trauer aus der Relation zum Besiegten. Beim Gelingen ergibt sie sich wieder aus einer Relation, aber aus einer andern: aus der zu der Phase, die *vor* dem Gelingen lag, zur Sehnsucht, zur Vorbereitung. Das erreichte Ziel tritt in eine feindselige Spannung zu dem, als was es in der Näherung auf es hin vermeint war.

In diesem Sinn ist »Melancholie der Erfüllung« das geheime Schlüsselwort unserer Zeit. Denn wir leben im »Zeitalter der Erfüllungen«. Exemplifizieren wir mit dem Sozialismus: 1917 siegte er in Rußland, nach dem Zweiten Weltkrieg in China und verbreitete sich in Osteuropa. Aber während vorher Franz Mehring noch sagen durfte: »Wir sind unseres Sieges sicher und unserer Zukunft froh«, geht von Alexandra Kollontai[46] bis Rossanna Rossanda[47] die Klage um, daß der Sieg kein echter sei und eher Anlaß zu Verlegenheit als zu Genugtuung gebe. Die Verwirklichung macht entweder das Ideal oder alle Verwirklichung fragwürdig oder heißt das Ideal noch höher stecken. War es dies, so fragt man sich jetzt, worauf wir hofften, wofür wir kämpften? Hat die Mühe gelohnt? *Vor* der Revolution vertraute der Sozialist noch darauf, es gehe um die Herstellung einer menschlicheren Gesellschaft; betroffen entdeckt er jetzt, daß das, wofür er sich in Wirklichkeit einsetzte, nur die Etablierung einer »neuen Klasse« war. Der Kampf war noch nicht der Endkampf, der Vorgeschichte von Geschichte trennen wird. »Der Gott, der keiner war« (Arthur Koestler) konnte wohl manche geschichtlich bedingten Schwächen beheben. Allein er kann erstens nicht die geschichtliche Großwetterlage verändern — »Entfremdung« als Schicksal der Neuzeit bleibt auch im Sozialismus bestehen. Zweitens zeigen sich uns hinter den geschichtlich gewordenen Schwächen nun erst die bisher durch sie verdeckten Schwächen der menschlichen Natur als solcher, die unbehebbar sind. »Der Sozialismus verändert den ganzen Menschen« —? »Anthropologische Enttäuschung« greift Platz. *Vor* der Revolution glaubte der Sozialist noch in guten Treuen, der Mensch sei ein Produkt der Gesellschaft und für sie bestimmt; jetzt dringt im Osten

---

[46] Manifest der Arbeiteropposition 1921.

[47] Kursbuch Nr. 30/1972. Auch diese Hinweise sowie den auf Franz Pfemfert, der um 1920 in »Die Aktion« Expressionismus und Linkskommunismus verband und von der KPD ausgeschlossen wurde, erhielt ich durch Ernst Erdös.

(z. T. in Anknüpfung an den *frühen* Marx) Existentialismus und Personalismus in den Dialektischen Materialismus ein, und die Russen lesen Rilke.

Man könnte diese sich heute ausbreitende Stimmung mit einem Ausdruck schon Walter Benjamins »Linke Melancholie«[48] nennen. Er verwendet ihn als Überschrift für eine Rezension von Gedichten Erich Kästners. Allein die Beziehung auf den inaktiven revolutionären Selbstgenuß, auf eine angebliche Schwermut Kästners, auf seine »gequälte Stupidität: das ist von den zweitausendjährigen Metamorphosen der Melancholie die letzte«, wirkt selbst gequält. Eher dürfte es sich um eine Ellipse handeln, in der Benjamin seine eigene, aus dem Briefwechsel hervorgehende »Melancholie eines Linken über die Linke« zusammenzog und die er erst nachträglich umdeutend und kryptisch für die Rezension verwandte.

Wie der Sozialismus ein universalistischer, so ist der Zionismus ein partikularistischer Erbe des Messianismus. Wie der Sozialismus eine neue Gesellschaft, so wollte der Zionismus eine neue Nation: insofern gehören die beiden, so viel sie sich auch geschichtlich bestritten, strukturell zusammen. Auch der Zionismus hat heute sein Ziel oder zumindest die erste Etappe seines Ziels erreicht. Deshalb gerät auch er heute, gleichzeitig mit dem Sozialismus, in eine verwandte Krise. Das Nation-*werden*, das Wieder-Nation-werden: das konnte eine Aufgabe sein, so lange es eine neue Entdeckung, solange die Nation bedroht oder erst zu gründen, ihre Identität zu bestimmen war. Dagegen das Nation-*sein*, nachdem es eine Selbstverständlichkeit wurde, zum Inhalt der Politik und des Lebens zu machen, wäre anachronistisch, pervers und würde von den sich jetzt stellenden Problemen abführen: den menschlichen und politischen Problemen unserer Zeit als ganzer, den Problemen der Nationalität selbst. Die schwache Position des Zionismus in unserer Zeit besteht darin, daß er erst lernen muß, aus dem, worauf er bisher als Zukunftslicht *hin* lebte, als aus einem Hintergrund *heraus* zu leben. Gerade daß er sein Ziel verwirklicht und nicht verzerrt hat, läßt seine Krise als noch schwerer erscheinen. Denn wo es verzerrt wurde, bleibt immer noch die Hoffnung auf die »wahre Verwirklichung«.

Solcher Umbau ist typisch für alle Bewegungen, die sich konsolidieren.

---

[48] In: Angelus Novus, Ausgewählte Schriften 2, Frankfurt 1966. »Er hat ja von vornherein nichts anderes im Auge, als in negativistischer Ruhe sich selbst zu genießen« (S. 459). Vgl. den Melancholie-Exkurs im Trauerspielbuch von 1925, Schriften I, S. 271. Adorno nannte seine Wissenschaft »traurige Wissenschaft« (Minima Moralia, 1969, S. 7). Man könnte die »Dialektik der Aufklärung« so kennzeichnen. Über deren Wurzel im Schopenhauerschen Pessimismus vgl. Horkheimer-Adorno, Sociologica II, 1962, S. 126.

Er war auch die Not des Christentums nach Konstantin. Als ein weiteres Beispiel aus unserer eigenen Zeit von einer Bewegung, deren Sich-erfüllthaben als Menschheitsschicksal noch tiefer greift als das von Sozialismus und Zionismus, nennen wir die Aufklärung. Sie ist heute im doppelten Sinn des Wortes »am Ende«. Von der Vernunft versprach sich der Mensch Freiheit und Glück. Jetzt triumphiert sie. Das »Zeitalter der Erfüllungen« ist auch das Zeitalter der sich erfüllenden Vernunft. In diesem Augenblick erkennt er, daß er, wie durch sie ausgezeichnet, auch mit ihr geschlagen ist. Die Vernunft selbst schränkt nun die Freiheit ein. Die Aufklärung, die gegen die Priester angetreten war, erzeugt aus sich selbst eine neue Priesterkaste. Früher war Aufklärungs- und Fortschritts-Skepsis konservativ, heute wird sie durch die Realisation des Fortschritts selbst motiviert.

Zeiten, zu deren Selbstverständnis die Ideologie des Angekommenseins am Ziel gehört, sind schlimmer als solche, die sich ohne solche Geschichtsphilosophie schlicht in ihrem Sosein hinnehmen. Um die Enttäuschung über die Erfüllung zu verschleiern, erheben sie, daß die Erfüllung da sei, zum Dogma, hinter dessen Abblendeschild sich die Realität um so unkontrollierter diabolisiert. In solchen Zuständen, in denen die, die es anders wissen, ohnmächtig sind, bildet Melancholie eine Art der Opposition. Auch die Flucht ins Ästhetische oder ins Erotische kann Ausdruck solcher Melancholie sein, die sich bis zum Hedonistischen tarnt oder selbst fehlinterpretiert. Wenn diese Opposition auch nur im Rückzug besteht, so wird sie daher trotzdem von den Glorifikatoren des Bestehenden als solche diagnostiziert und verurteilt. In Campanellas »Utopie der Ordnung«, deren Normen rigoros internalisiert werden müssen, herrscht, wie in einem vorweggenommenen »1984«, gesetzliche Verdammung der Schwermut, ein Melancholie-Verbot.[49] In der Nachfolge Campanellas finden wir noch heute Wolf Lepenies. Sein Buch »Melancholie und Gesellschaft«[50] ist eine Proskribierung der Melancholie. Für jede herrschende Ideologie ist der Desillusionierte ein schlimmerer Gegner als der ihr nie anhing; daher sucht sie ihm seine Enttäuschung wegzusuggerieren.

b) Der kritische »Moment des Erreichens«

Wir gaben eine historische Ableitung der Melancholie. Sie findet ihren Realgrund in bestimmten geschichtlichen Situationen. Solange man so

---

[49] Nach Ernst Bloch, Das Prinzip Hoffnung, S. 39.

[50] Frankfurt 1972. Bei ihm im Kapitel über Robert Burton und seine geschlossen verplante Gesellschaft S. 37ff., eine Geschichte des Melancholie-Verdikts, vgl. S. 90f.

denkt, wird man die Melancholie vielleicht noch für vorläufig halten. Sie gehört nur einem Zwischenstadium vor der erfüllteren Zukunft an. Neben der historischen Deutung steht aber, mit ihr schwer versöhnbar und tiefergreifend, die anthropologische Deutung. Nehmen wir selbst an, die »geschichtliche Melancholie« wäre behoben, so bliebe immer noch Melancholie als eine Befindlichkeit, die an typischen Stationen des menschlichen Lebens notwendig wiederkehrt.[51] Zum Irrtum — und vielleicht zum erfolgsnotwendigen Irrtum — revolutionärer Bewegungen gehört der Irrtum über das Ziel. Um ein *partielles* Ziel zu erreichen, stecken sie sich das Ziel weiter. Damit ein bürgerlicher Klassenstaat entstehen kann, wird *égalité* ausgerufen, und mit der Geschichte wollen sie den Menschen verändern. Geschichtsphilosophischer Rausch schlägt Anthropologie und Psychologie, die erst in der Ausnüchterungszelle wieder in ihr Recht treten.

Die sozialistische Geschichtsphilosophie ist nur ein Ableger der allgemeinen aufklärerischen Geschichtsphilosphie. Ein Rückschlag auf die Erwartungen, die sich an das Erreichen des Ziels knüpften, findet daher auch überall dort statt, wo Aufklärung sich durchgesetzt hat. Auch die Griechen vertrauten schon der »Vernunft«, der jedoch bei ihnen noch die geschichtsphilosophische Dimension fehlte. Daher wußten sie noch, daß, wie wir sahen, Vernunft immer durch ihr entgegenstehende Mächte begrenzt wird. Aufklärerische Geschichtsphilosophie dagegen hofft auf eine kommende Alleinherrschaft der Vernunft, die jedoch von der Gegenwart partiell schon antizipiert wird. In idealen Zuständen kommt an den Idealmenschen nichts Wertnegatives heran. Daß der Angehörige eines aufgeklärten Volkes und Zeitalters nicht anders als glücklich sein könne, das bildet hier die Grundüberzeugung. Die Folge ist, daß dunkle Erfahrungen entweder a limine abgewiesen, nicht akzeptiert werden. Es entsteht »die Unfähigkeit zu trauern« und damit eine Verflachung des Lebens. Oder, wenn Trauer, Problem und das Gefühl des Andersseins sich dennoch einnisten, so wecken sie Selbstvorwürfe bis zum Selbstmord. In den USA nehmen sich täglich etwa dreißig Jugendliche das Leben als Folge des »amerikanischen Märchens«. Eine Reihe amerikanischer Autoren bemüht sich heute, auf die Dichtung und auf Existenzphilosophie gestützt, ein neues Menschenbild zu vermitteln, in dem Konflikt und Tragödie nicht mehr als Anomalie erscheinen. —

---

[51] Vgl. Verf., Das Zeitalter der Erfüllungen, in: Das Ende des Individuums, Stuttgart 1971. Ferner Suchen und Haben, in: Erkenntnis und Erlebnis, Berlin 1951. Der Moment des Erreichens, in: Pluralität und Antinomie, München 1963.

Solange die Erfüllung noch vor uns liegt, spannen sich die Kräfte auf sie hin an. Wir wachsen über uns hinaus. Das Hoffen läßt die Erfüllung in reinem Licht erstrahlen. Sie zu erreichen und zu genießen erscheint als ein letzter Sinn. Sind wir dagegen angelangt, so liegen die bis dahin zusammengerafften Kräfte brach und werden schlaff. Mit der Aufgabe ist uns das *challenge* und mit ihm der Schwung genommen. Es ist, als hätten wir einen Freund verloren, der bisher um uns war. Das Leben stagniert und verkümmert. Die Idee ist Erde und Gegenwart, das Phantasieumspielte ein Gewöhnliches geworden. Während von dem vor uns Liegenden und Umkämpften Sinn ausströmte, wacht jetzt die Frage nach dem Sinn in ihrer Qual wieder auf. Sie kann nur gestillt werden durch das Wozu eines neuen Ziels.

Die Psychiater sprechen von einer »Entlastungsdepression«. Wir sind im Erreichen nicht nur Gewinnende. In ihm zerbricht ein Kostbarstes. Der Ärmere war auch ein Erwählter. Aus der Fülle des Besitzes gibt es, so paradox dies scheinen mag, so sehr es dem Richtungssinn des Lebens widerspricht, ein Verlangen zurück nach der Gnade des Noch-nicht, den »Neid auf die Sehnsucht« (Nietzsche). Verglichen mit der Melancholie des Nicht-Habens erscheint die des Habens als die schwerere. Im I Ging ist die Stufe »nach der Vollendung« nur die vorletzte, die letzte und höchste Stufe dagegen die »vor der Vollendung«.

In der Erfüllung springt ein Subjektives um ins Objektive, das sich nunmehr als solches verselbständigt. Kulturgeschichtlich wird aus Spontaneität Form, aus Gefühl Regel und Sitte, aus Vernunft Institution, aus Gerechtigkeit gesatztes Recht, aus frommer Ergriffenheit Kirche; individualgeschichtlich aus Liebe Ehe, aus Inspiration das Kunstwerk, aus Intuition ein System. In all diesen Objektivierungen wird Subjektivität begraben. Sie fühlt sich durch das Abgeleitete in ihrer eigenen Ursprünglichkeit, durch das Verfestigte in ihrer Aufbruchhaftigkeit verkürzt. Die Trauer des Gelingens ist auch die Trauer der eingekerkerten Subjektivität. In der Trauer kündigt sich aber ein Aufruhr an. Sie will das Gewordene als das Unechte wieder einreißen und damit sich selbst erlösen. Sie will zurückkehren in die dionysischen Anfänge ihrer Freiheit und ihrer Herrschaft.

Man kann das geschichtsphilosophisch auch so wenden. Nachdem seit den Hochkulturen und den Griechen auf allen Gebieten unaufhörlich Formen gefunden und durchexperimentiert wurden, ist heute der Kreis der Formen überhaupt durchmessen. Die Menschheit tritt in Cournots *»posthistoire«* ein, in dem sie nichts grundsätzlich Neues mehr hervorbringen kann, da ihr alles durch die verflossene »schöpferische Phase« ihrer Geschichte schon vorweggenommen ist. Eben damit aber sind wir selbst um die kostbarste menschliche Kraft, die schöpferische, verkürzt. Wir kehren damit gewissermaßen in die Urzeit zurück, in der schon einmal die Zeit stillstand, weil magische Scheu das Bestehende konservierte und kein Neues aufkommen ließ. Heute wird zwar jede Begabung ermuntert, dennoch steht die Zeit abermals still, weil alle großen Möglichkeiten längst ans Licht getreten sind. Aber dem Frühmenschen fehlte noch der Vergleich mit der bewegten Zeit, daher war bei ihm der Stillstand ein naiver. Wir haben sie gekannt und verloren, daher herrscht bei uns ein trauernder Stillstand.

c) Der Sinn der »Ziele«

Sehr oft wird uns ferner erst im Moment der Erfüllung der folgende Zusammenhang klar. Immer stecken wir uns Ziele, müssen sie uns stecken, weil menschliches Leben nicht nur ein organisches Sich-entfalten, Sich-ausblühen, sondern durch Geist und Willen bestimmt ist, die ihrem Gesetz nach ein Worum-willen verlangen. Daher sind wir, solange wir auf das Ziel hinstreben, völlig von ihm gefangen. Es kommt uns wirklich darauf an, uns ihm zu nähern, es zu ergreifen. Sobald wir dagegen das Gelobte Land betreten, ist es, als ob eine Illusion, die nur bis dahin notwendig war, von uns abfiele. Jetzt nämlich wird uns erst deutlich, daß das Ziel auch die Funktion hatte, das Leben zu einer bestimmten Aktivität zu stimulieren und ihm für eine Strecke eine Richtung zu geben. Das Ziel war nur ein Vorwand für diese Steigerung und Formung des Lebens. Es zu erreichen, war nur das vordergründige Ziel, in ihm verborgen stak das wahre Ziel, eine Bewegung zu ihm hin auszulösen und diese Bewegung an jedem ihrer Punkte mit Sinn zu durchtränken.

Es gibt Ziele, die von vornherein einen fiktiven Charakter tragen und bei denen wir dies daher in einer zweiten Schicht des Bewußtseins auch schon wissen, während sie uns noch in Atem halten. Nicht um beim Ausflugsziel einzutreffen, machen wir den Ausflug, sondern wegen des Ausflugs selbst. Nicht für den Sieg beim Wettkampf trainieren wir, sondern um die Leistungskraft des Körpers zu erhöhen. Etwas von dieser Akzentvertauschung stellt sich bei tieferem Eindringen auch dort her, wo das Ziel »ernst« ist, der auf es gerichtete Prozeß also wirklich »um seinetwillen« da zu sein scheint. Nach einer Auffassung des Erkenntnisfortschritts werden wir erst im letzten Schritt und nur in ihm die volle Wahrheit in Händen halten; demgegenüber ist die tiefere Auffassung Hegels die, daß auch alle früheren Stadien nicht nur notwendig waren, sondern daß auch sie schon Teilwahrheiten enthalten, die daher in die Endwahrheit eingehen müssen: »Die Wahrheit ist das Ganze.«

Analog beim Geschichtsprozeß: Utopismus fabelt von einem Endzustand, in dem erst das Leben lebenswert wäre und zu dem hin alles Bisherige nur

»Vorgeschichte« war; aber gegen diese entwertende »Mediatisierung« der gesamten geschichtlichen Bewegung zugunsten des Ziels in seiner Erreichtheit haben sich die Historiker immer wieder gewandt. Auch »die Geschichte ist das Ganze«. Deshalb brach schon der junge Herder mit dem teleologischen Schema der Geschichte überhaupt. Die Geschichte hat nach ihm kein »Ziel«. Sie kennt wohl Blütezeiten, aber neben ihnen stehen im Wert gleichrangig die Frühzeiten, die nicht nur der Vorbereitung jener dienen, sowie die Spätzeiten, die ihrerseits mehr sind als Ausklang und Niedergang. Diese neue Sehweise wird gleichzeitig auch auf die Phasen des menschlichen Lebens angewandt und daher das Jünglingsalter neu entdeckt, das sich nicht darin erschöpft, Vorstufe der späteren Reife zu sein. Das war noch ein Credo der Jugendbewegung. Auch »das Leben ist das Ganze«.

Eine Trauer des Gelingens liegt somit auch darin, daß sich uns in ihm das bisher absolut genommene Ziel als bloßes Scheinziel entlarvt; wir erkennen, daß sein Sinn nur darin lag, einen Prozeß in Gang zu setzen; in diesem gleichen Augenblick aber ist der Prozeß auch schon abgeschlossen. Wer dies erfahren hat, bei dem wird es zur Reife gehören, die Ziele insgesamt nicht mehr überzubewerten und die Prozeßphase ihnen gegenüber aufzuwerten. Für diese Haltung schuf Konstantin Kavafis ein Symbol in seinem Gedicht »Ithaka«:

ITHAKA

Wenn du zur Fahrt aufbrichst nach Ithaka,
So bete, daß ein weiter Weg es werde
Voller Umschwünge, voller Einsichten.
Die Laistrygonen oder die Kyklopen,
Den zornigen Poseidon fürchte nicht,
Dergleichen triffst du nie auf deinem Weg,
Solang dein Denken hoch bleibt und erlesne
Erregung dir an Geist und Körper rührt.
Den Laistrygonen oder den Kyklopen,
Dem wütigen Poseidon wirst du nicht begegnen,
Wenn du sie nicht in deiner Seele schleppst,
Wenn deine Seele sie nicht vor dich stellt.

So bete, daß ein weiter Weg es werde.
Mögen der Sommermorgen viele sein,
Wo du — o wie mit Dank, o wie mit Freude! —
Einfährst in Häfen, die du siehst zum ersten Mal.
Mögest du halten an den Handelsplätzen
Phönikiens und die schöne Ware kaufen:

Perlmutter und Korallen, Ebenholz und Amber
Und jeder Art erregende Duftflüssigkeit,
Je reichlicher du kannst, erregende Duftflüssigkeit.
Mögest du gehn in viele Städte nach Ägyptenland,
Damit du lernst — und lernst von Eingeweihten.

Behalte stetig Ithaka in deinem Geist.
Die Ankunft dort ist deine Vorbestimmung.
Doch haste mit der Reise nimmermehr.
Besser, sie daure vieler Jahre Lauf,
Und auf der Insel ankerst du als Greis,
An allem reich, was auf dem Wege du erwarbst,
Niemals erwartend, daß dir Reichtum schenke Ithaka.

Ithaka schenkte dir die schöne Reise.
Zu ihm allein bist du hinausgefahren.
Verlange andre Gaben nicht von ihm.

Findest du's arm, Ithaka trog dich nicht,
So weise, wie du wurdest, so erfahren,
Erkanntest du nun wohl, was Inseln Ithaka bedeuten.

Noch etwas weiteres wird uns oft erst im Moment des Gelingens deutlich[52]: daß wir nämlich das Ziel falsch, sehr oft: daß wir es zu niedrig gesteckt, daß wir nur das »kleine Glück« angestrebt hatten. Wie eine Enttäuschung über das Nicht-gelingen, so gibt es in solchen Fällen auch eine Resignation und Verzweiflung des Gelingens. Was aus der Ferne als ein Glück leuchtete, erweist sich in der Gegenwart nur als ein »Schatten von Glück« (Thomas von Aquin).

Nought's had, all's spent
Where our desire is got without content.
Nichts taugt und alles trügt
Wenn der erlangte Wunsch uns nicht genügt.
Lady Macbeth
Macbeth III, 2

Diese Erfahrung, so schmerzlich sie an sich ist, braucht anderseits nicht nur negativ zu bleiben. Denn sie löst den Menschen von seinen fixierten

[52] Vgl. hierzu Norbert Hinske, Glück und Enttäuschung, in: Anatomie des Glücks, ed. Herbert Kundler, Köln 1971, S. 216—225. Ders., Todeserfahrung und Lebensentscheidung, in: Trierer Theologische Zeitschrift, Bd. 82, 1973, S. 206 bis 227.

Erwartungen und gibt ihm die Chance, sich zu gemäßeren, tragfähigeren Lebensgehalten umzuentscheiden. Die Krise leitet Besinnung ein, sie entbindet etwas. »Die Stunde der Enttäuschung ist zugleich auch die Stunde der Freiheit« (Norbert Hinske).

d) Die metaphysische Trauer — Das Messianische bei Walter Benjamin und Ernst Bloch

Die Trauer im Gelingen kann aber noch einen andern Grund haben als den, daß wir die Glücksinhalte falsch wählten. Sie kann unkorrigierbare, unbehebbare Trauer sein. Damit betreten wir eine neue Dimension, in der sich eine *grundsätzliche* Distanz auftut zwischen unserm Anspruch und dem Gewährbaren. In unserm Verlangen liegt etwas Unendliches, verglichen mit dem auch die höchste Erfüllung irdisch beschränkt und unebenbürtig bleibt. In der Reinheit, mit der sie vorfühlend imaginiert war, besteht sie die Wirklichkeitsprobe nie. Neben die zufällige tritt hier eine metaphysische Trauer.

Reich-Gottes-Hoffnung läßt das Versprechen, das diese Welt nicht befriedigen kann, eingelöst werden von einer anderen Welt. Nur Gott selbst aber ist auch der Schenker seines Reiches. Immerhin wird menschlichem Verhalten zumindest ein Einfluß auf sein Wann eingeräumt. Für die biblischen Propheten kann das Volk durch Gesetzlosigkeit sein Erscheinen verzögern. In der Kabbala sammelt der Mensch durch seine Gerechtigkeit die in der um Erlösung bangenden Welt verstreuten messianischen Funken ein und beschleunigt so ihre Restitution (Tikkun).[53] Ebenso kennt das Christentum (an Habakuk anschließend, vgl. Lukas 17,20) die »Bedränger des Endes«, die, die »Christus treiben«.

Demgegenüber kehren andere die unendliche Differenz zwischen dem Ethischen und dem Religiösen hervor. Das Nahen des Reiches mag in der Geschichte angelegt sein und liegt doch nicht einfach in deren Konsequenz, ist nicht nur ihre zu Ende gezogene Vollkommenheit. Die Erlösung bleibt ein Übergang, ein Sprung. Auch die Auseinandersetzung Augustins mit Pelagius über das Verhältnis von menschlicher Synergie und göttlicher Gnade umfaßt neben der persönlichen die eschatologische Perspektive.

In seinem »Theologisch-politischen Fragment«[54] macht sich W. Benja-

---

[53] Nach Gershom Scholem, Jüdische Mystik, Frankfurt 1957, S. 300.

[54] In: Illuminationen, Frankfurt 1961, S. 280 f. Dazu Rolf Tiedemann, Studien zur Philosophie Walter Benjamins, Frankfurt 1965. Bei ihm ein Vergleich mit der Geschichtsphilosophie Augustins, Verweis auf die parallele Unterschei-

min diese Inkommensurabilität der zeitlichen und der messianischen Kategorien zu eigen, während er sie in den »Geschichtsphilosophischen Thesen«, die daher aus einer andern Zeit oder zumindest Stimmung stammen müssen, promiscue benutzt (»anders gesagt« XVII). Während heute sowohl das jüdische wie das marxistische Lager Benjamin ganz für sich reklamiert, dürfte seine Größe darin gelegen haben, daß er, wie aus seinen Briefen hervorgeht, beides in steter Spannung und als Identität in sich trug. Es mag auch das Messianische gewesen sein, das ihm in seiner politischen Entwicklung die Distanz zur Linken gab, aus der seine »linke Melancholie« erwuchs. Aber auch umgekehrt band ihn die Enttäuschung (nicht über die linken Ideen als solche, wohl dagegen) über die KPD an den Gedanken des Messianischen, von dem er herkam.

»Die Ordnung des Profanen«, so schreibt Benjamin, »hat sich aufzurichten an der Idee des Glücks.« Es bezieht sich nicht von sich aus auf Messianisches, ja »das Glückssuchen der freien Menschheit« strebt »von jener messianischen Richtung fort«. Erst der Messias selbst vollendet alles historische Geschehen, indem er diese Beziehung »erlöst«, indem er sie »schafft«. Aber dennoch: »Wie eine Kraft durch ihren Weg eine andere auf entgegensetzt gerichtetem Wege zu befördern vermag, so auch die profane Ordnung des Profanen das Kommen des messianischen Reiches«. Das zur Vollkommenheit gediehene, sich glückhaft erfüllende »Profane ist also zwar keine Kategorie des Reichs, aber« ein Indiz »seines leisesten Nahens«. Mithin »erstrebt« — metaphysisch, vom Ganzen, vom Endpunkt her gesehen — »im Glück ... alles Irdische seinen Untergang«. Indem es seinem Bewußtsein nach nur nach Glück strebt, strebt es, wenn wir Benjamin richtig interpretieren, in Wahrheit schon darüber hinaus, erstrebt es seinen eigenen Untergang, der jedoch Verwandlung in eine höhere Existenzform ist. »Nur im Glück ... ist ihm« dieser emporhebende »Untergang zu finden bestimmt.«

Diese Spannung zwischen dem Messianischen und dem Profanen fehlt bei Ernst Bloch. Nicht dagegen fehlt das Messianische, so daß man sich fragen mag, ob bei ihm dieses auch profan oder das Profane auch messianisch gedacht ist. Nach Ernst Bloch dürfen wir uns durch kein Gegebenes verführen lassen, es als ein schon Abgeschlossenes schlechterdings hinzu-

---

dung von profanem Fortschritt und Heilsgeschichte bei Th. W. Adorno, Fortschritt, in: Stichworte, Frankfurt 1969, S. 32. Vgl. noch Jürgen Habermas, Bewußtmachende oder rettende Kritik, in: Zur Aktualität Walter Benjamins, Frankfurt 1972. Dort auch Bibliographie. Henning Günther, Walter Benjamin (Zwischen Marxismus und Theologie), Olten 1974, S. 91 ff.

nehmen. Alle Dinge gären noch von ungehobenen Möglichkeiten, tragen Utopien im Blut, leben im Exil und sehnen sich nach der Heimat, in der sie noch nie waren. In aller Wirklichkeit wirkt etwas, was sich noch nicht verwirklicht hat. »Das Wesen — die höchstqualifizierte Materie — ist noch nicht erschienen.« — »Die große Werkstatt der Mensch- und Weltmaterie ist noch nicht geschlossen.«[55]

Dieses Wissen ist einesteils mit Hinblick auf den überall noch herauszuprozessierenden utopischen Überschuß »Hoffnung«. Wo er wegfiele, müßte »verdorrende Traurigkeit« Platz greifen. Dagegen wirkt sich mit Hinblick auf das schon Erschienene dieses Wissen doppelt aus.

a) Einmal vermißt es in jedem auch Gelingenden das Noch-nicht-manifestierte. Es wendet sich gegen die »Optimisten der Fleischwerdung«, bleibt mißtrauisch »gegen jede allzu dick sich gebende Verwirklichung«.[56] Daher Ernst Blochs Vorliebe für das noch urtümlich Rohe[57], für den barockromantischen »offenen Stil«, fürs Fragment, für Michelangelos Torsi. In ihnen liegt noch ein Aufbegehren, ein Protest. In ihrer Präfinitheit lassen sie einen nichtrealisierten Horizont aufscheinen. Während die klassisch »geschlossene Form« Vollendung als schon bestehende suggeriert und damit künftige höhere Vollendung verhindert.

b) Zum andern jedoch bringt die Notwendigkeit, mit jedem Schon-da sein Noch-nicht mitzudenken, in die hoffnungsfroh kämpferische Stimmung des Blochschen Denkens auch eine dunkle Melodie. Hier ist es, wo Bloch die Begriffe von der »Melancholie der Erfüllung«[58] prägt, von der »Nicht-Ankunft im Advent« und vom »bitteren Rest« in allem Realisierten. »In Arkadien würden wir nach Utopien schmachten« (Jean Paul). Hier fühlt man sich wieder an Benjamin erinnert: auch das gelingendste Glück ist nur Vorstufe, es muß »untergehen« für ein noch höheres Heil.

---

[55] Das Prinzip Hoffnung, S. 221—223. Das Materieproblem, S. 478.

[56] Das Prinzip Hoffnung, S. 210.

[57] Vgl. Th. W. Adorno, Henkel, Krug und frühe Erfahrung, in: Ernst Bloch zu ehren, ed. Siegfried Unseld, Frankfurt 1965.

[58] Das Prinzip Hoffnung, S. 343.

IV

Das Glück des Besiegten

Wenn im Sieg eine Trauer liegt, folgt daraus, daß es dann auch umgekehrt ein Glück, einen geheimen Stolz und Jubel des Besiegten gibt?

In einem berühmten Gedicht spricht Rilke von der Gnade, die darin liegt, sich »vom großen Sturm bezwingen« zu lassen. Wen der Engel überwand, der geht aufgerichteter, als wer im Kleinen erfolgreich war.

> Die Siege laden ihn nicht ein.
> Sein Wachstum ist: der Tiefbesiegte
> Von immer Größerem zu sein.

Die Heimat solchen Empfindens, die auch Rilke nicht verleugnet, ist die Religion. In Gott drehen sich die irdischen Maßstäbe um. Bei Jesaia, bei Paulus verachtet Gott, was in der Welt hoch und groß dasteht, dagegen erwählt er das Geringe. Das kann im religiösen Gemüt den Wunsch wekken (so wie andere aus der notwendigen Funktion des Bösen im Weltplan für sich die Konsequenz zogen, das Böse darzustellen), die Rolle des Geringen zu übernehmen und so Gott näher zu sein. Sturz von der Höhe kann als Gott-gewollt und zu ihm führend empfunden werden: »Wer mehr vernichtet ist, der hat mehr Göttlichkeit« (Angelus Silesius). In anderer Wendung: Gott zerbricht unser kleines Gebautes, »daß wir den Himmel schauen«.

Dieses religiöse Denken bestimmt auch die Eschatologie. Das Niedrige empfängt eine Glorie. Die hier die Letzten sind, werden drüben die Ersten sein. Erscheint Göttliches auf Erden, so gerade im Unscheinbaren. Christus wurde im Stall geboren. Nach einer kabbalistischen Legende wird der Messias aus einer Nuß brechen: ganz klein und wo niemand ihn erwartet. Oder: er sitzt als Bettler an den Toren Roms. Kierkegaard: wenn Christus wieder erschiene, würde er aussehen wie ein Briefträger; ein Apostel hat es nicht nötig, ein Genie zu sein.

Die Inversion der Perspektiven erobert sich auch die profane Geschichtsphilosophie. In großen Zeiträumen, so weiß sie, schwingt das Pendel zurück. Es findet eine »Umwertung der Werte« statt, die, wie im Zeitalter Konstantins, das einem Jahrtausend Selbstverständliche nicht mehr versteht, sein Hochgehaltenes mit andern Augen sieht und sein Verworfenes inthronisiert. Verbrenne was du angebetet hast, und bete an was du verbrannt hast. Dann schleppt sich aus den üppigen Palästen des neuen Hafens ein Zug von Flehenden zur bisher bemitleideten und vergessenen »Toten Stadt«; dann dringt der »Gehenkte« als Sieger ins Hirn der Nachwelt und wirkt als Held, auf den man Lieder singt (George).

Wir sprachen vorhin von Benjamin, der eine neue Geschichtsschreibung entwirft, die sich im Unterschied zur bisherigen gerade der Besiegten annehmen soll. Aber sie soll dies nicht nur aus Gerechtigkeit, nicht nur, weil die Sieger von ehemals ebenso die Gegner des Marxisten sind wie die Herrschenden von heute, während er sich mit der *res victa* solidarisiert. Hinzu tritt das Motiv, daß die *res victa* auf uns und unser revolutionäres Tun vordeutet. Sie war in der Entstellung des Besiegtseins der Keim, den wir erst zur Reife bringen. Indem wir sie als Historiker evozierend retten, neigen wir uns also nicht zum *underdog* hinab, sondern stellen das wahrhaft Große und Zukunftsvolle heraus. »Die Besiegten von heute sind die Sieger von morgen.«

Das steht aber bei Benjamin in einem größeren Kontext, der ihm durch Jahre mit Ernst Bloch gemeinsam war und der ihn nicht nur dem Besiegten zuführte. Auch als Schriftsteller suchte er, ähnlich wie es schon der *spleen* der französischen Symbolisten tat, das von den herrschenden Interessen Übergangene auf, das aus den herkömmlichen Stilen Herausfallende, das den gängigen Zusammenhang »Unterbrechende«. Denn der Zusammenhang ist »Verblendungszusammenhang« und das Unterbrechende daher das Aufbrechende, das objektive Proletariat der Dinge, womit sich eine Welt aus den Angeln heben läßt, Vorbote einer geahnten Welt.

Daß der spätere Historiker von ihm angezogen wird und es in seinem inneren Rang über das Siegende stellt, lindert das Reallos des Besiegten, das ja ein Vergangenes ist, ebensowenig, wie es das der lasttragenden Generationen lindert, daß sie in der Fortschrittstheorie beitrugen zum leichteren Leben der Nachfahren. Man müßte dem Besiegten denn selbst etwas wie ein Wissen vom größeren Ganzen, in dem es ein Glied ist, und von den möglichen Umschwüngen zubilligen, aus dem es etwas wie eine geschichtsphilosophische Gefaßtheit ziehen könnte. Unweit der Akropolis ragt in Athen noch eine zweite Anhöhe empor:

LYKABETTOS

Gleich prangenderem hügel mächtig auch du
Zogest, zeichengebend ihm bruder.
Götter erlasen, könige jenen,
Ihn schmückten die genien.
Du aber ruhmlos schauend den siegenden
Schimmerst ihm zu deiner weisheit
Gegenwiegende gabe.
Glücklich mit mohn mit finken und schlichtem altar

Füllst du notwendiges los
Denkend uralten rechts.
Horch! die geopferten
Retten das bleibende.
Die unbeschenkteren
In gängen des lichts
Sind die gesparten.
Aus ihrem samen wählt der kommende.
In ihren nächten glimmt
Geheimnis stärkeren sterns
Fern aus unfaßlicher gnade.

Michael Landmann

Entfremdende Vernunft

EDITION ALPHA

235 Seiten. Kartoniert. ISBN 3-12-905230-5

Ist Entfremdung nur das Produkt einer geschichtlichen Entwicklung oder ein Vorgang, der anthropologisch bestimmt ist? Dem marxistischen Verlangen, die Entfremdung abzuschaffen, tritt Landmann mit der provokant anmutenden These entgegen: Entfremdung ist das Werk der Vernunft.

»... Es gilt also, mit der Entfremdung zu leben. Die Entfremdung hat auch positive Aspekte, die Kehrseite der Medaille. Sie kann sich verbinden mit Selbstverwirklichung. Einerseits die Teilung der Arbeit, die aber andererseits auf engerem Feld meine Fähigkeit verfeinert. Daß der Arbeiter seine Arbeitskraft verkauft, bedeutet eine Entfremdung, es macht ihn aber andererseits zum freien Vertragspartner. Landmann sieht überall Pro und Kontra. Er wägt ab, er steht im Zeichen der Waage. Sein Motto könnte lauten: Dafür? Dagegen? Darüber! Was nicht heißen soll, daß er über den Dingen und den Menschen schwebt. Ihnen gilt seine leidenschaftliche Anteilnahme.«

Die Tat, Zürich